Horst Höfler
Berchtesgadener Alpen

Horst Höfler

Berchtesgadener Alpen

Landschaft – Geschichte – Wandern – Bergsteigen

rosenheimer

Titelbild:
Wie ein gigantischer Schiffsbug ragt die Gipfelpartie des Dritten Watzmannkindes gegen das Eisbachtal. In der Tiefe ein Teil des Königssees und, ganz hinten, der Obersee. *(Foto R. Köfferlein)*

Aufnahme der Seiten 2 und 3:
Morgendlicher Ausblick vom Kammerlinghorn über Alpelhorn und Palfelhörner hinweg auf Teufelshörner (links), dahinter der Hochgolling in den Niederen Tauern. Im Mittelgrund Rotleitenschneid, dahinter Gjaidkopf und Schneiber des Steinernen Meeres. Im Hintergrund der Hochkönigstock mit Tenneck und Schoberköpfen. Links im Mittelgrund der Einschnitt des Trischübelpasses. *(Foto: F. Baumann)*

Aufnahme der Seiten 6 und 7:
Im Hagengebirge. Ausblick auf Schönfeldspitze und Wurmkopf (links); rechts Breithorn und Mitterhorn.
(Foto F. Baumann)

Die Aufsätze von Albert Precht »Neue Dimensionen in Solo« (im Original »Süchtig nach den Bergen«) sowie von Henner Schülein »In der Südwand des Vierten Watzmannkindes – mit und ohne Zeitverschiebung« wurden mit freundlicher Genehmigung der Redaktion BERGSTEIGER & BERGWANDERER, Verlag F. Bruckmann, München, abgedruckt.

Bildnachweis
Michael Bannert, S. 40 unten; Franz Baumann, S. 2/3, 6/7, 32, 70; Foto Baumann-Schicht, S. 44 unten, 46, 49, 50, 51 oben, 59, 76, 87, 89, 91, 92; Joachim Blauel, Artothek in Peissenberg, Nr. 48282, S. 58; Christoph Blechschmidt, S. 30 unten; Bernulf von Crailsheim, S. 79; DAV-Archiv, S. 68, 72, 78, 80; Deutsche Alpenzeitung, VIII. Jahrgang 1908, S. 60; Willi End, S. 22 oben, 36, 74, 136; Donatus Fuchs, S. 94; Hauptstaatsarchiv München, S. 44 oben (Kaiserselekt 490); Horst Höfler, S. 14, 16, 17, 21, 28, 29, 33, 48, 85, 95, 98, 101, 106, 112, 115, 132, 134, 138, Umschlag-Rückseite links oben; Thomas Huber, S. 83; Keltenmuseum Hallein, S. 53; Rainer Köfferlein, Titelbild, S. 19, 35, 37, 100, 101, 123; Umschlag-Rückseite rechts oben; Kurdirektion Berchtesgadener Land/Vollmer, S. 51 unten, dto/Ammon, S. 52; Foto Löbl-Schreyer, S. 12, 20, 47, 56, 71, 104/105, 122, Umschlag-Rückseite unten; Nationalparkverwaltung Berchtesgaden, S. 31, 96; Archiv Albert Precht, S. 86, 109; Eckehard Radehose, S. 131; Anna Rasp, S. 81 unten; Rosenheimer Verlagshaus, S. 18 oben; Karl Schrag, S. 81 oben, 82; Kurt Schubert, S. 24; Henner und Frieder Schülein, S. 113, 114; Rupert Schulz, S. 142; Umschlag-Rückseite Mitte links; Hans Steinbichler, S. 18 unten, 22 unten, 25, 127; Hubert Tafelmaier, S. 30 oben, 103; Michael Waeber, S. 11; Paul Werner, S. 45, 66; Jürgen Winkler, S. 27; Gerlinde M. Witt, S. 40 oben, 77; Jürgen Wolter, S. 119; Franz Zengerle, S. 54, 62 oben, Umschlag-Rückseite Mitte rechts; Hans Zweckl, S. 41, 42, 62 unten, 63, 65; Archiv Heinz Zembsch, S. 23, 118.

ISBN 3-475-52759-6

Dieses Buch erscheint in der Reihe »Rosenheimer Raritäten« im Rosenheimer Verlagshaus Alfred Förg GmbH & Co. KG, Rosenheim. Es wurde gesetzt von ew print & medien service g.m.b.h. in Würzburg. Die Lithographie der Abbildungen und Karten besorgte Fotolito Longo in Frangart, Italien. Das Buch wurde gedruckt und gebunden von Gorenjski Tisk in Kranj, Slowenien.
Den Umschlag gestaltete Ulrich Eichberger, Innsbruck, die Karten zeichnete Wolfgang Bayer, München, nach Vorlagen des Verfassers.

Dank
Besonderer Dank gebührt Karl Schrag für die fachliche Beratung im Hinblick auf die moderne klettersportliche Erschließung der Berchtesgadener Alpen, sowie Christl und Heinz Zembsch, die mich mit ihrem Wissen unterstützten.

Besonderen Dank richte ich darüber hinaus an Albert Precht und an Hellmut Schöner für ihre uneigennützigen Hinweise.

Besonderer Dank gebührt ebenso Frau Baumann, Bad Reichenhall, die historisch wertvolles Fotomaterial aus dem Archiv ihres Mannes, Ernst Baumann, zur Verfügung stellte.

Ein herzliches Dankeschön sage ich Freiherrn Bernulf von Crailsheim, weil er mir Unikate von Bildern seiner Wintererstbegehungen in den Berchtesgadener Alpen zur Reproduktion überließ. Das ist nicht selbstverständlich!

Dank gebührt allen Fotografen für ihr ganz spezifisches »Bild der Berchtesgadener Alpen« sowie der Alpenvereinsbücherei in München für die Überlassung von Porträtaufnahmen.

Danken möchte ich auch der Lektorin, Stefanie Zweckl, für die kritische Durchsicht des Textes und die Mitarbeit am Kapitel über den Nationalpark Berchtesgaden.

Inhalt

*Die Faszination der Berchtes-
gadener Alpen hat viele
Gesichter:
Grau-gelb-rote Sagenmauern am
Untersberg.
Spiegelbilder des Hohen Göll
im Böcklweiher.
Frühlicht auf der riesenhaften
Ostwand des Watzmanns.
Nebel über dem schmalen See.
Traurige Öde karstiger Weiten.
Schuttwüsten unter zerrissenen
Dolomitruinen.
Täler – herb, lieblich,
allemal schön.
Berchtesgaden und Watzmann,
das ist wie Zermatt und
Matterhorn, Chamonix und
Montblanc.*

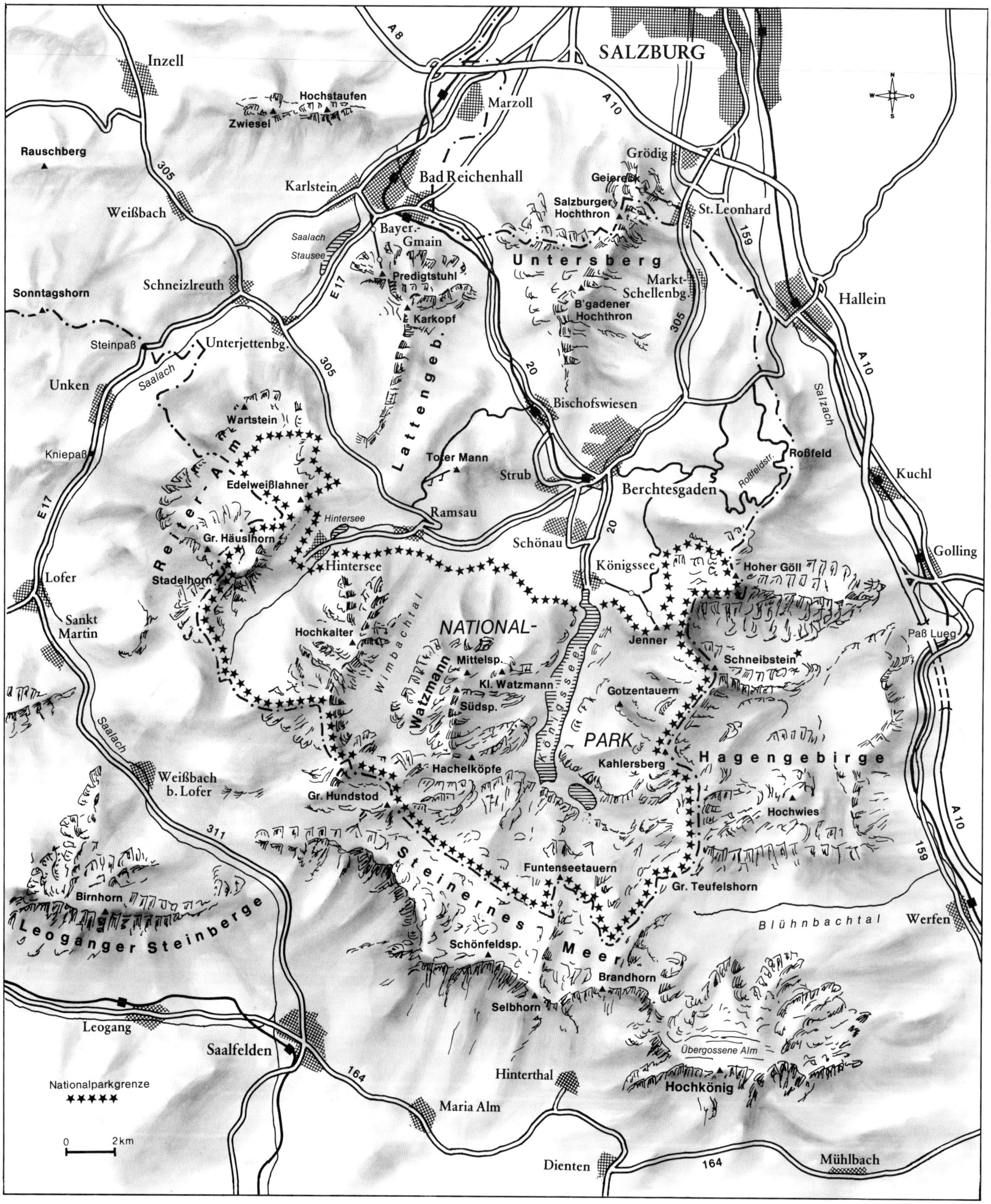
SALZBURG
Inzell
Hochstaufen
Zwiesel
Marzoll
A8
A10
Rauschberg
305
Grödig
Bad Reichenhall
Karlstein
Geiereck
Salzburger Hochthron
St. Leonhard
Weißbach
Bayer.-Gmain
Saalach Stausee
Untersberg
159
Predigtstuhl
Markt-Schellenbg.
Sonntagshorn
Schneizlreuth
E 17
Hallein
B'gadener Hochthron
Karkopf
Steinpaß
Unterjettenbg.
305
Lattengeb.
20
Saalach
Unken
A10
Bischofswiesen
Salzach
Wartstein
Kniepaß
Toter Mann
Roßfeld
Roßfeldstr.
Reiter-Alm
Strub
Kuchl
Edelweißlahner
Berchtesgaden
E 17
Ramsau
Hintersee
Gr. Häuslhorn
Schönau
20
Golling
Hintersee
Königssee
Hoher Göll
Lofer
Stadelhorn
Sankt Martin
Paß Lueg
NATIONAL-
Jenner
Hochkalter
Wimbachtal
Mittelsp.
Schneibstein
Watzmann
Kl. Watzmann
Gotzentauern
Südsp.
Königssee
Saalach
PARK
Kahlersberg
Hagengebirge
Hachelköpfe
Weißbach b. Lofer
Gr. Hundstod
Hochwies
311
A10
Steinernes Meer
Funtenseetauern
159
Gr. Teufelshorn
Birnhorn
Blühnbachtal
Werfen
Leoganger Steinberge
Schönfeldsp.
Brandhorn
Selbhorn
Leogang
Saalfelden
Übergossene Alm
164
Hinterthal
Hochkönig
Nationalparkgrenze
Maria Alm
0
2km
Dienten
164
Mühlbach

Dieses Buch zu schreiben ...

verlangte ein gerüttelt Maß an Skrupellosigkeit. Denn als Münchner kann ich in den Berchtesgadener Alpen nicht gut »zu Hause« sein. Trotzdem mag ich diese Gegend derart, daß ich das Vermessene wagte. Die Einheimischen mögen es mir nachsehen – oder auch nicht.

In der Vergangenheit wurde immer wieder einmal versucht, die zauberhafte Bergwelt der Berchtesgadener Alpen umfassend darzustellen. Was das rein Sportlich-bergsteigerische betrifft, so sind diese Möglichkeiten auf den rund 950 Seiten der beiden *Alpenvereinsführer* »Berchtesgadener Alpen« und »Hochkönig« nahezu lückenlos aufgeschrieben.

Die Berchtesgadener Alpen als Landschaft schilderte ganz großartig *Hellmut Schöner* in seinem leider längst vergriffenen Buch »Rund um den Watzmann«. Ein Werk, das – insbesondere, wenn man Schöners Watzmann-Ostwand-Buch »Zweitausend Meter Fels« als Lektüre mit einbezieht – stark an Fritz Schmitts »Buch vom Wilden Kaiser« erinnert. Als Monographien im besten Sinne dürfen die teilweise mehrfolgigen Einzelgebietsabhandlungen etwa von *Wilhelm von Frerichs* über den Watzmann oder von *Max Zeller* über die Reiter Alm und das Hochkaltergebirge, erschienen in der Zeitschrift des Deutschen und Österreichischen Alpenvereins, gelten. *Moritz von Zeppezauer* schrieb eine 42 Druckseiten umfassende Arbeit über den Hohen Göll. *Kaspar Wieder* aus Salzburg stellte in der »Zeitschrift« 1931 akribisch die bergsteigerische Erschließung der Mandlwand dar. In einem Sonderheft »Hochkönig« der Österreichischen Alpenzeitung dokumentierten *Richard Gerin, Hubert Peterka* und *Willi End* den Erschließungsstand 1951 von Hochkönig, Großem Bratschenkopf und Mandlwand.

Das *Jahrbuch des Deutschen Alpenvereins* 1969 brachte zehn große Beiträge über das Steinerne Meer, und das *Alpenvereinsjahrbuch* 1972 schließlich porträtierte Hagengebirge und Hochkönig aus den unterschiedlichsten Blickwinkeln.

Eine Bergsteiger-Monographie mit den Schwerpunkten Sektions- und Schutzhüttengeschichte, bergsteigerische Erschließung, Skitourenmöglichkeiten und Bibliographie der Berchtesgadener Alpen, verfaßt von *Werner Crantz, Erika Schwarz, Hellmut Schöner, Hans Räthling, Otto Schultheiß* und *Franz Graßler*, brachte die Sektion Berchtesgaden des Deutschen Alpenvereins anläßlich ihres 75jährigen Bestehens im Jahre 1950 heraus.

Paul Werner legte mit seinem Prachtband »Bäuerliche Baukultur im Berchtesgadener Land« eine Detailgeschichte der Berchtesgadener Alpen mit populärwissenschaftlichem Anspruch vor. Sowohl Werner als auch alle anderen, die über die Besiedelungsgeschichte des Berchtesgadener Landes geschrieben haben, griffen auf die »Geschichte des Fürstenthums Berchtesgaden und seiner Salzwerke« von *Josef Ernst Ritter von Koch-Sternfeld* aus dem Jahre 1815 zurück.

Ein Buch, das Landschaftsbeschreibung, Besiedelungs- und Bergsteigergeschichte bis in die Jetztzeit vereint, fehlte. Die vorliegende Arbeit ist ein Versuch, all das in knapper Form darzustellen. Zugegebenermaßen ein Versuch von einem, der nur Gast in den Berchtesgadener Alpen sein kann. Ein sehr häufiger zwar, und einer – so hoffe ich –, der mit offenen Augen die Berge ersteigt. Auch mit einer bisweilen kritischen Distanz, die sich Allzuschwärmerisches verbittet.

Immerhin durfte ich aus dem vollen des Erinnerungsschatzes schöpfen. Wenn ich die detailgenaue Gebietskarte vor mir auf dem Tisch ausbreitete, tauchten Szenen von ungezählten Tagen in allen Gebirgsgruppen zwischen Saalach und Salzach vor meinem inneren Auge auf. Bilder des Unterwegsseins mit Freunden und allein. Des Unterwegsseins mit Tourenskiern und Kletterseil, auf ausgedehnten Wanderungen über die Reiter Alm, im Hagengebirge und im Steinernen Meer; des Hinaufsteigens am steilen Firn des Blaueisgletschers oder in der riesigen Felsenlandschaft der Watzmann-Ostwand.

Ich denke, ich war an die dreißigmal am Untersberg – meinem »Herzensberg«, würde Hubert Peterka sagen; wandernd, bergsteigend und kletternd. Mit siebzehn erstieg ich den Hohen Göll an einem langen Frühherbsttag zu Fuß von Oberau über Roßfeld, Purtschellerhaus, Salzburger Steig und Gölleiten. Hinunter über den Mannlgrat zum Kehlstein und, alles per pedes, nach Oberau zurück. Das war der Anfang. Darüber sind fast drei Jahrzehnte vergangen, während denen ich jedes Jahr die Berchtesgadener Alpen besuchte. Es gibt nur fünf Gebirge im Alpenbogen, die einigermaßen zu kennen ich behaupten darf. Eines davon sind die Berchtesgadener Alpen. Ist meine Zuneigung zum Kaisergebirge von fast schwärmerischer Art, jene zu den Bayerischen Voralpen die des Daheimsein-Gefühls, so ist die zu den Berchtesgadener Bergen die der beständigen Sehnsucht, die nie enttäuscht wird. Eine dauerhafte Zuneigung, die aufzufrischen ich nicht müde werde. Aus ihr heraus sind die folgenden Texte entstanden. Mögen sie denen, die in den Berchtesgadener Alpen unterwegs waren, Gedankenbilder aufleuchten lassen. Und den anderen, denen Untersberg, Reiter Alm, Göll, Watzmann und wie sie alle heißen, noch fremd sind, Anregung zum eigenen Kennenlernen sein. Zu einem behutsamen Kennenlernen, das in der Landschaft keine Spuren hinterläßt. Nur Spuren in der Erinnerung. Spuren der Freude auf der Seele.

Annäherung

Aus dem unmittelbaren Alpenvorland zeigen die Berchtesgadener Berge nicht viel. Der Untersberg steht zwar breit und dunkel da, doch der schroff-felsige Hochstaufen stiehlt ihm die Schau. Nur an Stellen, wo der Blick zwischen Untersberg und Lattengebirge gen Süden frei wird, sind Kahlersberg, Hochkönig und dann noch der Watzmann zu sehen.

Wer bei Siegsdorf die Autobahn verläßt und über Inzell, Schneizlreuth und die Schwarzbachwacht nach Berchtesgaden fährt, den beeindrukken zunächst die geschlossenen grauen Kalkmauern von Hirschwieskopf, Hirscheck und Wartstein – der Nordwestabbruch der Reiter Alm. Aber dann, ehe sich nach der Schwarzbachwacht die Straße ins schmale Tal der Ramsauer Ache hinunterzuwinden beginnt, tut sich ein überwältigender Anblick auf: rechterhand die prall-steilwandige Reiter Alm mit dem Wagendrischlhorn als lustigem Gupf; daneben der grimmige Hochkalter, dessen steiler Blaueisgletscher zwischen Wänden und Graten pappt, und endlich die ungeschlachte Felsenmasse des Großen Watzmanns – nur Wucht, nur Größe, keine Eleganz. Ehe einen das Tal schluckt, rücken noch ein Teil des Hagengebirges und der Hohe Göll mit seiner herrlich in Pfeiler und Schluchten gegliederten Westwand ins Blickfeld.

Fährst Du von Nordosten, von Bad Reichenhall, nach Berchtesgaden, zieht weniger der gründunkle Untersberg, sondern eher das rötliche Gestein des Lattengebirges Dein Interesse auf sich. Da ragen senkrechte Türme direkt aus dem Wald. Es lohnt sich, hinter Hallthurm den Blick zu wenden. Du staunst ob der Schlafenden Hexe, wie sich der Volksmund die Berggestalten von Großem und Kleinem Rotofenturm und Signalkopf zusammenreimt. Watzmann und Hochkalter dominieren freilich. Und wenn man die von Bischofswiesen über Strub nach Berchtesgaden führende Straße ein wenig verläßt, hat man vom Westufer des Böcklweihers aus den vielleicht schönsten Anblick des Hohen Gölls. So behäbig der Untersberg von Nordwesten aussieht, so wild zeigt sich seine Ostseite. Wahrhaftig ein Berg mit zwei Gesichtern. Gegen das Tal der Berchtesgadener Ache weisen senkrechte, farbenprächtige Wände; eine einzige, mehrere Kilometer lange, geschlossene Wandflucht.

Dem Salzachtal zwischen Hallein und Golling wendet der Hohe Göll seine geheimnisvolle Ostwand und den einsamen Kuchler Kamm zu. Danach beeindruckt mehr das Tennengebirge. Das Hagengebirge mag aus der Talsohle nicht allzuviel an Attraktivität bieten. Der Hochkönigstock versteckt sich noch. Man überschaut seine Mächtigkeit erst, wenn man dem Ort Eben im Pongau entgegenfährt.

Auch aus dem Saalachtal geben die Berchtesgadener Alpen zunächst nur wenig von sich preis. Etwas Reiter Alm, ja. Der Loferer Steinberg ist Magnet. Doch im Talkessel von Saalfelden werden plötzlich wilde Hörner und steiles Gewänd zum Blickfang: die Südabstürze des Steinernen Meeres. Wer des Hochkönigs schroffe und zugleich liebliche Südseite bewundern möchte, sollte von Saalfelden über Alm und den Dientner Sattel nach Mühlbach fahren. Da setzt sich das höchste Massiv der Berchtesgadener Alpen ins rechte Licht: die lotrechte Hochkönig-Südwand, die Tausendmeterwände des Großen Bratschenkopfs, die zerzackte Mandlwand.

Straßen und Seilbahnen

Bergsteiger sind Widerspruch in sich tragende Egoisten. Einerseits möchten sie das Gebirge am liebsten für sich alleine haben und es nicht mit zigtausend Gleichgesinnten teilen müssen. Andererseits nehmen sie bereitwillig jede sich bietende Aufstiegshilfe an: den Lift, die Seilbahn, die mit dem Auto oder mit dem Motorrad befahrbare Bergstraße. Puristen mögen dies verteufeln. Doch was dann, wenn das Unterwegssein plötzlich Mühe bereitet? Wenn die Wände steiler werden, wie es Karl Lukan so trefflich auf den Punkt bringt? Wenn die Zipperlein zu plagen beginnen, die Kondition geringer und der Atem kürzer wird? Dann sind diese allzu idealistischen Bergfreunde vielleicht auch froh um eine Seilbahn, die sie auf den Untersberg trägt; oder um eine Dürreckstraße, auf der sie zur Scharitzkehl unterhalb der grandiosen Göll-Westwand fahren können. Nur so, um Erinnerungen nachzuhängen: »Was waren das für Zeiten, als unsere Kniegelenke noch funktionierten ...«

In den Berchtesgadener Alpen gibt es besonders viele Tal- und Bergstraßen. Da führt eine Hauptverkehrsader bis ans Nordufer des Königssees, eine andere zum Hintersee in der Ramsau. Die Roßfeld-Höhenringstraße, in den dreißiger Jahren als Endschleife der Deutschen Alpenstraße erbaut, ist ein *typisches Beispiel für Gebirgsstraßen, die man nicht aufgrund einer unbedingten Verkehrsnotwendigkeit plante, sondern bei denen man von der Absicht geleitet war, dem Motorfahrzeug die Schönheiten der Alpenlandschaft zu erschließen* (Schöner [3]). Von der Scheitelstrecke der Roßfeldstraße zwischen Roßfeld und Oberahornalm geht die Schau weit über die Berchtesgadener Alpen hinaus; über die Salzach hinweg auf Teile der Salzkammergutberge, des Dachstein- und des Tennengebirges. Ganz nah ragt der massige Hohe Göll auf. Ungehindert trifft der Blick auf Lattengebirge und Untersberg.

Der Berchtesgadener Talkessel, fotografiert vom Watzmannhaus. Dieses Bild läßt die starke Zersiedelung ahnen. Links der Untersberg.

Landschaftliche Glanzpunkte der Berchtesgadener Alpen – hier der Hohe Göll vom Bereich der Roßfeld-Höhenringstraße gesehen – sind auch den ganz normalen Reisenden erschlossen worden. Für den öffentlichen Kraftfahrzeugverkehr freigegebene Straßen gibt es allerdings nur an den Rändern der Berchtesgadener-Alpen-Gebirge.

Soll man es überhaupt sagen? Auch an den Untersbergfuß leiten Straßen. Eine von Bischofswiesen und Berchtesgaden hinauf nach Maria Gern mit seiner vielfotografierten Rokoko-Wallfahrtskirche. Eine andere von Marktschellenberg nach Ettenberg mit Wallfahrtskirche und Wirtshaus.

Für den Individualverkehr gesperrt, da zu schmal, ist die Kehlsteinstraße, die zu einem grandiosen Aussichtspunkt führt. Per Bus gehts steil durch Tunnels und mit einer einzigen Kehre von Obersalzberg auf den etwas über 1800 Meter hohen Kehlstein. Das ehemalige »Teehaus« Hitlers ist heute Gaststätte. Die Rundumsicht verschlägt einem die Sprache. Man staunt über die Architektur einer Göll-Westwand.

Auch über die Zersiedelung der Talschaft, und plötzlich wird einem bewußt: Das ist Kulturlandschaft im Übermaß. Hier hat nichts mehr Platz.

Nun ja, es gibt noch andere Straßen. Jene aus dem Saalachtal über Au zum Gasthaus Obermayrberg an der Reiter Alm. Oder die mit Kleinbustaxi befahrene, von Weißbach bei Lofer über die Kallbrunnalm zum Dießbachstausee am Steinernen Meer führende. Das Arthurhaus im Süden der Mandlwand wird auf mautfreier Asphaltstraße von Mühlbach her erreicht. Und die von Tenneck bei Werfen zur Dielalm leitende Fahrstraße verkürzt den Aufstieg zur Ostpreußenhütte am Hochkönig wesentlich.

Durch die Verwirklichung des Nationalparks konnte eine Watzmannbahn, zumindest für den gegenwärtig menschlichen Maßstab, endgültig verhindert werden. Fünf Seilbahnen und einige Lifte sollten genug sein. Von Sankt Leonhard-Gartenau fährt eine Gondel auf das Geiereck des Untersberges; von Bad Reichenhall-Kirchberg schweben Kleinkabinen auf den Predigtstuhl im Lattengebirge. Die Obersalzbergbahn

ist, allen Unkenrufen zum Trotz, immer noch in Betrieb. Von Hallein aus läßt sich Bad Dürrnberg mit einer Seilbahn erreichen. Auch ihr wird eine längere Zukunft aus wirtschaftlichen Gründen abgesprochen. Die bekannteste Berchtesgadener Seilbahn ist die Jennerbahn, die von Königssee in zwei Teilstrecken bis östlich unterhalb des Jennergipfels führt.

Ein guter Teil der Berchtesgadener Alpen, vorwiegend jener um den Markt Berchtesgaden selbst, ist also verkehrstechnisch bis über die Belastungsgrenzen hinaus erschlossen. Drei Auto-Verkehrsadern zielen gegen den Ort. Während der Saisonzeiten sind Staus um Berchtesgaden herum unvermeidlich. Immerhin ist man bemüht, das Zentrum weitgehend autofrei zu bekommen. Seit Sommer 1992 ist die Durchfahrt über den Schloßplatz gesperrt. Außerdem wird der Verkehr aus Bischofswiesen über die Gmundbrücke zum Bahnhof geleitet. Im Ortskern gibt es seitdem spürbar weniger Staus.

Die Bahn hat über Bad Reichenhall und Hallthurm Zugang. Buslinien verkehren auf allen wichtigen Strecken. Dazu kommt die umweltfreundliche Königssee-Schiffahrt mit ihren drei Haltepunkten, deren berühmtester Sankt Bartholomä am Fuße der 1800 Meter hohen Watzmann-Ostwand ist.

Die höchsten Gipfel der Berchtesgadener Alpen

Untergeordnete Erhebungen wie Lammkopf, Schneekarkopf, Kummetstein, Kohlhaufen, Schareck, Hochponeck, Kleinkalter oder Hocheiskopf wurden hier nicht berücksichtigt.
Die Höhenangaben dieser Auflistung sowie des gesamten Buches entsprechen denen der topographischen Karten 1:50000 des Bayerischen Landesvermessungsamtes, Blätter Berchtesgadener Alpen, Ausgaben 1975 und 1986.

Hochkönig, 2941 m	Hochkönigstock
Großer Bratschenkopf, 2859 m	Hochkönigstock
Hochseiler, 2793 m	Hochkönigstock
Watzmann, 2713 m	Watzmannstock
Südwestlicher Schoberkopf, 2704 m	Hochkönigstock
Kleiner Bratschenkopf, 2684 m	Hochkönigstock
Selbhorn, 2655 m	Steinernes Meer
Schönfeldspitze, 2653 m	Steinernes Meer
Königsköpfl, 2632 m	Hochkönigstock
Brandhorn, 2610 m	Steinernes Meer
Hochkalter, 2607 m	Hochkaltergebirge
Großer Hundstod, 2593 m	Steinernes Meer
Torsäule, 2587 m	Hochkönigstock
Funtenseetauern, 2578 m	Steinernes Meer
Wildalmkirchl, 2578 m	Steinernes Meer
Nixriedel, 2561 m	Hochkönigstock
Großer Gamsleitenkopf, 2532 m	Hochkönigstock
Teufelskirchl, 2523 m	Hochkönigstock
Hocheisspitze, 2523 m	Hochkaltergebirge
Hoher Göll, 2522 m	Göllstock

Die neun Gebirgsgruppen

Die Gebirgsgruppen der Berchtesgadener Alpen – Untersberg, Lattengebirge, Reiter Alm, Hochkaltergebirge, Watzmannstock, Göllstock, Gotzenberge und Hagengebirge, Röth und Steinernes Meer sowie Hochkönigstock – bauen sich weiträumig um den Königssee auf. Er ist Mittelpunkt, sozusagen das Herz der Berchtesgadener Berge. Eine Übersichtskarte vermittelt diesen Eindruck deutlich. Auch den, daß die in den Kitzbüheler Alpen entspringenden Flüsse Saalach und Salzach die Grenze der Berchtesgadener Alpen bilden. Deren Gebirge werden im folgenden kurz charakterisiert.

Untersberg

Wenn man von Maria Gern, besser noch von Ettenberg aus zum Untersberg hinaufschaut, ist man gefangen von dem Anblick, den diese fünf Kilometer lange, grau-, teilweise auch rot- und gelbfarbene Wandflucht vermittelt. Sie ist nur im Bereich der Mittagscharte, die wie von gewaltigen Urkräften aus den geschlossenen Mauern herausgehauen scheint, relativ niedrig. An diesen 150 bis 400 Meter hohen Süd- und Ostwänden wurden einige Dutzend Kletterrouten eröffnet. Der prächtigen Schau-Seite des Untersberges steht indessen die weniger anziehende, latschen- und waldbewachsene Nordseite gegenüber. Westseitig ist die am weitesten nach Norden reichende Gruppe der Berchtesgadener Alpen ein ausgeprägtes Plateaugebirge.

Kulminationspunkt ist der Berchtesgadener oder auch Bayerische Hochthron mit 1972 Metern. Gamsalmkopf (1888 m) und Rauheck (1892 m) sind weitere wichtige Erhebungen auf bayerischer Seite. Großer Heubergkopf (1819 m), Salzburger Hochthron (1853 m) und Geiereck (1805 m) heißen die Gipfel des salzburgischen Teiles. Als Aussichtswarte empfohlen sei die dem Untersbergstock zugehörige Kneifelspitze (1189 m), ein sogenannter »Inselberg« östlich oberhalb Vordergern. Ihre Rundumschau mit vorzüglichem Watzmann-Anblick ist berühmt. In diesem Zusammenhang müssen auch die Rauhen Köpfe (1604 und 1518) erwähnt werden; jene Erhebungen, mit denen der Untersbergstock im Süden endet. Auch dort hinauf lohnt sich eine Wanderung der Aussicht wegen.

Drei Schutzhütten werden durch das Untersberg-Wegenetz miteinander verbunden: das Stöhrhaus nahe des Berchtesgadener-Hochthron-Gipfels, das Zeppezauerhaus nördlich unterm Geiereck, und die kleine Toni-Lenz-Hütte (auch Schellenberger-Eishöhlen-Hütte) unterhalb der Steilwände des Salzburger Hochthrons. Auf das Geiereck führt von Sankt Leonhard-Gartenau eine Großkabinenbahn, die den Untersberg auch für den Skitourismus erschließt. Als Pisten- und Skitourenziel ist dieses Gebirge der Berchtesgadener Alpen jedoch nicht deren erste Adresse.

»Wunderberg« wurde der Untersberg früher häufig genannt. Er ist sagenumwoben wie kaum ein anderes Bergmassiv in den Nordalpen. Zwerge, Riesen, Moosweiblein und Wildfrauen wohnen in seinem Schutz. Tief im Berg lagern unermeßliche Schätze. Herr über alles aber ist Kaiser Karl der Große. Er sitzt schlafend an einem marmornen Tisch, um den sein Bart wächst. Erst wenn der Antichrist die Welt betört, wird der Kaiser erwachen und zu den Waffen greifen. Der Berg wird sich donnernd öffnen und Karl mit einem mächtigen Heer auf die Walser Heide ziehen. Dort wird er in einer erbitterten Schlacht den Antichrist besiegen.

Der Untersberg ist durch Hunderte von Höhlen und Schächten so durchlöchert, daß man ihn

◁ Die »wilde« Seite des Berchtesgadener Hochthrons. In Bildmitte der Südpfeiler, rechts davon der Ostpfeiler. An diesen bis zu 270 Meter hohen Wänden gibt es überwiegend extrem schwierige Kletterführen.

Alte Wegeschilder am Untersberg. Das obere Schild stammt noch aus der Zeit vor 1938, als Deutscher und Oesterreichischer Alpenverein zum »D.u.Ö.A.V.« zusammengeschlossen waren.

von der Struktur her mit einem riesigen Laib Emmentaler vergleichen könnte (Schöner[3]). Als größte der Untersberghöhlen gilt das Gamslöcher-Kolowrat-System im Massiv des Geierecks mit einer Länge von 14 Kilometern. Bekannter ist die Schellenberger Eishöhle am Südostwandfuß des Großen Heubergkopfes. 1874 von Salzburger Höhlenforschern entdeckt, sind die Gänge, Hallen und Dome im eisigen Innern des Untersberges seit 1925 auch für normale Touristen zugänglich. Mitte der dreißiger Jahre wurde der Zustiegsweg vom Plateau durch die Südwand der Mittagscharte fertiggestellt. Ein Wunder der Wegebaukunst: Dieser Thomas-Eder-Steig führt vollkommen unschwierig in und an lotrechtem Gewänd. Treppen, Geländer und Tunnels mit Ausgucklöchern erschließen auch Ungeübten das Erlebnis Steilfels. Trotzdem ist Vorsicht geboten.

Wenn man von den gesicherten Untersbergwegen spricht, darf der zum Zeppezauerhaus führende Dopplersteig nicht unerwähnt bleiben. Ideal ist es, Thomas-Eder- und Dopplersteig zu kombinieren: Man fährt mit der Seilbahn aufs Geiereck, wandert über den Salzburger Hochthron hinweg zur Mittagscharte und steigt auf dem Thomas-Eder-Steig zur Schellenberger Eishöhle hinunter. Eine der stündlichen Führungen mitzumachen, ist Pflicht! Dann zur Toni-Lenz-Hütte hinübergeschlendert, behaglich gerastet, und unterhalb der Geiereckwände in den Schellenberger Sattel spaziert. Nur die letzten Meter sind etwas schweißtreibend. Jetzt ins Rosittenkar gewechselt und über die nicht endenwollenden Holz- und aus dem Berg gehauenen Steinstufen des Dopplersteiges zum kleinen Plateau unterhalb des Zeppezauerhauses hinaufgeschnauft. Uralte Eisengeländerstangen laden zum Sichfesthalten. Weiter oben sind Stahlseile verspannt worden. Hand aufs Herz: Das ist *die* Bergwandertour am Untersberg. Wen sie einmal begeistert hat, der kommt immer wieder. Ich spreche aus Erfahrung.

Eine Klasse schwieriger, doch für routinierte Bergsteiger genußvoll, ist der Grubenpfad, den man über den Scheibenkaser und das grobe Geröllkar unterhalb der Berchtesgadener-Hochthron-Ostwand erreicht. Zwischen Nordostflanke und Gamsalmkopf führt dieser wildromantische Anstieg auf einem ausgeprägten Schrofenband zur Hochfläche. In einer geräumigen Nische befindet sich sogar ein »Wandbuch«.

Eine touristische Attraktion ist auch die Almbachklamm, die Gern und Ettenberg trennt. An ihrem Ausgang befindet sich seit 1683 die, heutzutage letzte, Kugelmühle. In kleinen, vom Almbachwasser gespeisten Mühlen werden Steine und Steinchen des edlen, bei Fürstenbrunn gebrochenen Untersberger Marmors zu Kugeln geschliffen. Welches Kind kennt nicht »Murmeln« oder »Schusser«, die unter anderem in solchen Kugelmühlen hergestellt wurden?

Lattengebirge

Zwischen Saalach, Bischofswiesener Ache, Ramsauer Ache und Schwarzbach steht das Lattengebirge: ein in Nord-Süd-Richtung verlaufender Hauptkamm, der sich am Karkopf (1738 m), der höchsten Erhebung, verästelt.

Von Bad Reichenhall-Kirchberg führt eine alte Kabinenbahn auf den Predigtstuhl. Sie eröffnet lohnende Kammwanderungen, die wenig Mühe kosten. Romantisch ist der zwischen Karkopf und Dreisesselberg (1680 m) in Ostrichtung abzweigende Steig, der nahe am pilzförmigen Ramsaudolomit-Felstürmchen der »Steinernen Agnes« vorüber in den Rotofensattel leitet.

Die Agnes war der Sage nach eine Sennerin und eines der schönsten Mädchen im Land. Bei

aller Lebensfreude galt sie als fromm, was den Teufel nicht wenig ärgerte. Er stellte ihr nach in allerlei Gestalt, doch Agnes blieb standhaft. Da griff der Leibhaftige zu einer List. Er versprengte der Sennerin schönste Kuh. Als Agnes das Tier endlich, weit von der Alm entfernt, fand und es heimtreiben wollte, stand der Teufel in Gestalt eines Wildschützen vor ihr. Es lief davon, vom Leibhaftigen gejagt. Vor einer Felswand sank Agnes entkräftet zu Boden und rief die Muttergottes um Beistand an. Die verwandelte den Körper des Mädchens zu Stein. Die Seele der Agnes jedoch trugen zwei Engel in den Himmel.

Im Rotofensattel ragt jäh der Kleine Rotofenturm, das Kinn der Schlafenden Hexe, auf. Deren Nase bildet der Große Rotofenturm (1369 m), vom Kleinen durch die Montgelasscharte getrennt; wie auch der Große Rotofenturm gelegentlich als Montgelasnase bezeichnet wird, benannt nach dem in der Tat beeindrukkenden »Riecher« jenes bayerischen Ministers Graf Maximilian von Montgelas, dessen Reformbestrebungen ab 1803 mit der Säkularisation den verheerenden Niedergang der Klöster und Abteien seines Landes bewirkten.

An den Rotofentürmen gibt es einige Übungsklettereien, wenngleich das Gestein nicht überall fest ist. Die Brust der Hex', der Signalkopf oder Bayerische Löwe (1393 m), vom Rotofensattel relativ einfach zu erreichen, bietet an seiner 100 Meter hohen Nordwand ernste, schwierige Klettermöglichkeiten. Guten Tourenskiläufern ist die steile Alpgartenrinne, die am Hochschlegel (1688 m) ihren Anfang nimmt

Das Stöhrhaus vom Gipfel des Berchtesgadener Hochthrons. Über das Lattengebirge hinweg geht der Blick zum Sonntagshorn der Chiemgauer Alpen und (links) zur Reiter Alm. Im Hintergrund das Kaisergebirge und ein Teil der Loferer Steinberge.

Rotofentürme und Signalkopf, Kopf und Brust der »Hex'« im Lattengebirge. Friedrich Gauermann, »Weidelandschaft bei Berchtesgaden«, Öl auf Papier.

Das sagenumwobene Ramsaudolomittürmchen der »Steinernen Agnes«, eines der Wahrzeichen des Lattengebirges.

und nordseitig gegen Bayerisch Gmain hinunterzieht, fester Begriff. An den Predigtstuhl-Südwesthängen wurde ein kleines Pistenskigebiet erschlossen. Auch das Hochschwarzeck-Skigebiet, das ebenfalls zum Lattengebirge zählt, sei erwähnt. Ein auch im Sommer betriebener Sessellift führt bis fast zum Gipfel des Toten Mannes (1391 m) hinauf; ein »Inselberg« wie die Kneifelspitze und wie diese als hervorragender Aussichtspunkt begehrt.

Reiter Alm

Die Reiter Alm, früher auch auf amtlichen Kartenblättern recht geschniegelt »Reiter Alpe« geschrieben, hat ihren Namen von der kleinen Ansiedlung Reit zwischen Unken und Lofer im Saalachtal. Die Almen von Reit also sind namengebend für ein Gebirge der Berchtesgadener Alpen, das deren gefragteste Kletterberge trägt. Ein Plateaugebirge wie der Untersberg, nur größer und mehr gegliedert. Ein Teil davon dient, nebenbei bemerkt, als Hintergrund für eines der meistfotografierten Alpenmotive überhaupt: die Ramsauer Kirche mit Bach und Brücke.

Der Begriff Reiter Alm weist auf die einzige Schwachstelle dieses »wehrhaften« Gebirges. Nur durchs Alpatal, das von Reit aus erreicht wird, ist Viehtrieb problemlos möglich. Halbwegs trittsichere Bergwanderer gelangen über Schrecksteig und Schrecksattel oder über den Wachterlsteig auf die Alm und zur Neuen Traunsteiner Hütte. Seit einiger Zeit ist auch der Steig über den Laufsattel wieder markiert und gangbar, wobei man wochentags Wartezeiten wegen des im Nordteil der Reiter Alm üblichen Bundeswehrgeballers in Kauf zu nehmen hat. Damit Gebietsfremde nicht falsche Schlüsse ziehen: Die von Oberjettenberg zur Hochfläche fahrende Seilbahngondel ist nicht für zivile Zwecke.

Der von Hintersee auf das Plateau führende Böslsteig ist ebenso wie der von Obermayrberg übers Hochgscheid in die Mayrbergscharte verlaufende Loferer Steig stellenweise gesichert. Der Loferer Steig weist in seinem Schlußstück sogar Klettersteigcharakter auf. Neben den alten ovalen Eisenbügeln sorgen festverspannte Stahlseile dafür, daß man nicht hinunterfällt. Wer sich gerne anstrengt, findet mit dem nahe der Engertalm an der Hirschbichlstraße beginnenden Schaflsteig, der zuletzt in den Loferer Steig mündet, genau das richtige. Alle Wege aber laufen sternförmig zu ihrem Ziel, zur einzigen öffentlich zugänglichen Schutzhütte auf der Reiter Alm.

Ich habe von der »wehrhaften« Reiter Alm geschrieben. In der Tat wird das beachtlich ausgedehnte Wiesen-, Blumen- und Karstplateau allseits von steilen Wänden begrenzt. Da zieht sich zwar vom Hochgscheid in leicht westseitig gewölbtem Bogen ein Ramsaudolomitkamm bis zum Paß Hirschbichl hinunter, eben der Hirschbichlkamm. »Loambichlhörner« sagt der Volksmund, und der Kletterer ahnt, was es damit auf sich hat. Die Abenteuertour ruft! Ameisnockenköpfe heißen die höchsten, etwas über 1900 Meter messenden Erhebungen. Ansonsten aber besitzt die Reiter Alm rundherum einen »Festungswall«. Da wären einmal die Nordwestabbrüche, die von der Deutschen Alpenstraße – wenn man von Weißbach nach Schneizlreuth herunterkommt – den Blick beherrschen. Das ist eine wilde, abschreckende Nordwandlandschaft, diese glatten, etwas düsteren Mauern der Feuerhörndl, des Hirschwieskopfs, des Hirschecks, des Wartsteins und der Wartsteinwand. Die höchsten dieser Wände ragen 400 Meter aus dem steilen Bergwald.

Daß sich Plateaugebirge wie die der Berchtesgadener Alpen ganz hervorragend für Skitouren eignen, liegt auf der Hand. Auch die Reiter Alm gehört zu den bevorzugten Zielen. Die Neue Traunsteiner Hütte bietet einen idealen Stützpunkt.

Von den Südwänden der Reiter-Alm-Hauptgipfel stehen diejenigen der Häuslhörner bei guten Kletterern hoch im Kurs. Auch die Sonnenwände des Wagendrischlhorns wurden während der letzten Jahre neu entdeckt. Indes steht der höchste Gipfel der Reiter Alm, das Stadelhorn (2286 m), nicht so sehr im Ruf eines lohnenden Kletterberges. Wohl aber seine östlichen Nachbarn, die Mühlsturz- und Grundübelhörner. Neben einigen wenigen leichteren Touren sind die bis zu 500 Meter hohen Wände, Kanten und Pfeiler dieser wilden Hörner ein Dorado für Extreme. Geübte Bergsteiger finden ihre Zugänge auf Routen I. und II. Schwierigkeitsgrades vom Stadelhorn beziehungsweise vom Unteren Wagendrischlkar aus.

Es wäre nicht die Reiter Alm, würden sich die Klettermöglichkeiten mit dem Genannten erschöpfen. Lokal-Klettergrößen fanden abseits des Spektakulären gewaltige Routen. Ich werde den Teufel tun, darüber Worte zu verlieren. Das ist Aufgabe des Alpenvereinsführers. Festgehalten sei, daß auch Bergwanderer auf der Reiter Alm ihr Dorado finden. Ob auf kurzen Hüttentouren wie der zum Großen Weitschartenkopf

(1979 m) oder zum Großen Bruder (1864 m), oder auf etwas weiteren Wegen wie jenem zum Großen Häuslhorn (2284 m) oder dem zum Wagendrischlhorn (2251 m). Dort gibt es von der Mayrbergscharte aus sogar einen kurzen Klettersteig. Auch das Stadelhorn verlangt da und dort den »Gebrauch« der Hände. Nicht so der Edelweißlahner (1953 m) am Ostrand des Reiter-Alm-Plateaus.

Die Reiter Alm ist auch ein hervorragend schönes Skitourengebiet. Ein Blick auf die Karte sagt alles. Auch, welcher Aussichtsplatz die Prachtberge der Reiter Alm am eindrucksvollsten präsentiert – der Bereich um die Bindalm nämlich. Die ist problemlos und bequem zugänglich. Bis zur Engertalm verkehrt im Sommer sogar ein Bus. Der Restweg ist nur noch ein Klacks. Manchmal liest man, die Reiter Alm böte von hier oder vom Paß Hirschbichl aus ein dolomitenähnliches Bild. Dieser Vergleich wird allgemein als »Kompliment« aufgefaßt. Trotzdem meine ich, daß er hinkt. Die Reiter Alm ist die Reiter Alm. Der Anblick ihrer herrlich gebauten Hörner mit ihren plattigen Kanten, die sich in den wüsten Gräben oberhalb der Grundübelau verlieren, ist ganz einfach großartig. Und ebenso typisch für die Berchtesgadener Alpen wie etwa derjenige des Langkofels für die Grödner Dolomiten.

Hochkaltergebirge

Es gibt zwei typische Ansichten vom Hochkalter: die berühmte Nordansicht mit dem steilen Blaueisgletscher und die der etwas eigenartig-klobigen Nordwestseite mit dem großen Kar oberhalb der Hochalm, wie man den Kalter etwa vom Dietfeld, von Maria Gern oder auch vom Obersalzberg her sieht. Recht viel mehr bekommt der eilig Reisende nicht mit von diesem mächtigen Klotz, über den Toni Hiebeler einst schrieb, daß er ein Berg für Könner sei.

Ein berühmtes Reiter-Alm-Motiv: die kalkhell leuchtenden Wände und Kanten von (im rechten Bildteil von links) Wagendrischl-, Stadel-, Großem Mühlsturzhorn und Gründübelhörnern von der Bindalm aus. Im linken Bildteil der brüchige Hirschbichlkamm.

Hochkaltergipfel und -Südwestflanke vom Südwestgipfel des Ofentalhörndls, das im Zuge der anspruchsvollen Steintal-Skitour erreicht werden kann.

Kompetente Gebietseinteiler unterscheiden das Hochkaltergebirge in den Hauptkamm, die Hocheisgruppe und die Südliche Wimbachkette. Der vom Hinterbergkopf in Windungen nordöstlich, dann nördlich verlaufende Hauptkamm gabelt sich am 2607 Meter hohen Hochkaltergipfel in zwei ausgeprägte Äste, die mit der nordseitigen Kalter-Gipfelwand den Blaueisgletscher umrahmen. Über dieses Eisfeld verläuft, von der Blaueishütte als Stützpunkt ausgehend, einer der Hochkalter-Hauptanstiege. Im Frühsommer liegt normalerweise eine Firnschicht auf dem Eis, die das Aufsteigen begünstigt. Während des Hochsommers apert der Blaueisgletscher logischerweise zunehmend aus, und im Herbst tritt er als Blankeisfeld zutage. Dieses wird, leider auch von erfahrenen Bergsteigern, immer wieder unterschätzt. Ein Sturz über die enorm steile Eisfläche endet meist erst im Bereich der Gletscherzunge, die Überlebenschancen sind gleich Null. Das sei einmal drastisch gesagt.

Wer das Eis scheut, steigt über den »Schönen Fleck«, Rotpalfen und Kleinkalter an. Auch hier gilt es, eine mäßig schwierige Kletterstelle zu meistern. Der technisch einfachste Hochkalteranstieg indessen führt aus dem Ofental auf den großartigen Aussichtsgipfel. Doch fünf bis sechs Stunden Gehzeit sind kein Pappenstiel. Ein unbequemer Geselle also, unser Kalter, aber ein Wunschgipfel für Bergsteiger im althergebrachten Sinn.

Gern besucht wird die Schärtenspitze (2153 m) im östlichen der beiden Äste der Blaueisumrahmung. Von Norden gesehen tritt dieser Gipfel scharf hervor. Der Steinberg (2065 m), nördlichste Erhebung des Kammes, vermittelt faszinierende Nah- und Tiefblicke.

Ofental- und Steintalhörndl entsenden gegen Nordwesten lange Gratschneiden, welche die bei kundigen Skibergsteigern als solche bekannten »Hochkaltertäler« begrenzen. Ofental, Steintal und Sittersbachtal sind in der Tat Juwelen unter den Skitouren der Berchtesgadener

Der Hochkalter-Gipfelaufbau von Nordwesten gesehen; links die Blaueisscharte, in die der Anstieg über den Blaueisgletscher mündet. Der Gipfelanstieg folgt in etwa der linksseitigen Gratflanke.

Alpen, doch Vorsicht: Freund Anfänger und Bruder Leichtfuß haben hier nichts zu suchen. Sommers werden weder die Täler noch die sie krönenden Gipfel – den Hochkalter einmal ausgenommen – öfter besucht. Es gibt keine Wege, die Anstiege sind lang und mühsam. Selbst die Hocheisspitze (2523 m), als Skitourenberg begehrt, ist kein überlaufenes Sommerziel. Nur das Kammerlinghorn (2484 m) wird häufig erstiegen.

Die Südliche Wimbachkette wird von den brüchigen Palfelhörnern beherrscht. Während die Ersteigung des Großen Palfelhorns (2222 m) noch angeht, sind Kleines und Kleinstes Palfelhorn zerrissene, elendig brüchige Ramsaudolomit-Ruinen, die kaum von eines vernünftigen Menschen Fuß betreten werden. Hier wird der Zerfall des Gebirges offenkundig. Da ist eine Wanderung auf das aussichtsreiche Seehorn (2321 m) schon ganz was anderes.

Gegen das Wimbachtal brechen die Gipfel und Gratschneiden des Hochkalter-Hauptkammes mit gewaltigen, bis zu 1400 Meter hohen Steilflanken und Wänden ab. Kletterer verirren sich in diese Felswüsteneien so gut wie nie. Sie finden an der Schärtenspitze, am Blaueisspitze-Nordgrat, an den Nordostwänden des Kleinkaltergrates und am Rotpalfen (auch Wasserwandkopf) interessante und teilweise extremst schwierige Aufgaben. Die Hocheisumrahmung ist eine überaus lange Gratkletterei im leichten bis mittleren Schwierigkeitsbereich.

Das Hochkaltergebirge ist widerborstig. Es eignet sich nicht für ein Wegenetz, wie wir es beispielsweise auf der Reiter Alm oder im Steinernen Meer haben. Ausgedehnte Hochflächen fehlen. Schroffes Steilgewänd und schmale Gratschneiden charakterisieren die Berggruppe. Nur eine Handvoll Karmulden beruhigen das Auge. Allein im Süden, im Bereich des Seehorns, überwiegen milde Bilder. Insgesamt dominiert urweltliche Wildheit, die der eines Watzmanns nicht nachsteht. Im Gegenteil, die Hochkalterberge dünken mir alles in allem ungezähmter, entrückter, einsamer ohnehin. Bisweilen tagträumt sie ein romantischer Individualist, und er nimmt sich vor, in die stillen Täler zu wandern, wenn ihm das Allzulaute über geworden ist.

▷ Die Blaueishütte, Stützpunkt für Hochkalter, Steinberg, Schärtenspitze und für eine Reihe herrlicher Klettertouren.

Watzmannstock

»Wie schallts von der Höh',
hollareidulljöh, guckuuu …
Groß und mächtig, schicksalsträchtig …
Um seinen Gipfel jagen … Nebelschwaden …«

Ja, der Watzmann ruft! Nicht nur aus Wolfgang Ambros' Liedern. Ich glaub', er ist der Zugspitze vom Bekanntheitsgrad her klar überlegen. Die Watzmannsage wiegt schwerer als das G'schichterl von den Zuggeistern. Und dann ist der Große Watzmann landläufig immerhin der zweithöchste Berg in Deutschland. Die Höllentalspitzen, denen nach der Zugspitz' die eigentliche Rangfolge gebührte, sind halt bloß drei mehr oder weniger unscheinbare Erhebungen im langen Jubiläumsgrat. Na ja, und die Ostwand hat er eben auch, der Watzmann. Und was seine Nordansicht angeht, so gehört sie zu den berühmten Alpenszenerien. Berchtesgaden und Watzmann, das ist wie Zermatt und Matterhorn, Chamonix und Montblanc.

Vor uralten Zeiten herrschte im Berchtesgadener Land ein König namens Watzmann. Er war grausam und hartherzig gegen seine Untertanen und quälte Mensch wie Tier. Mörderische Hetzjagden, an denen sich auch sein Weib und seine Kinder beteiligten, freuten den König über alle Maßen. Eines Tages fiel die wilde Jagd vor einer Almhütte über eine Familie her. Ein kleines Kind, die Großmutter, Bauer und Bäuerin wurden von den Pferdehufen zermalmt und von den blutrünstigen Hunden zerfleischt. Der unmenschliche König weidete sich an dem Leid, das er den unschuldigen Leuten zufügte. Da verfluchte ihn noch im Sterben die Alte; ihn, sein Weib, die Kinder. Und die Erde bebte, Sturmwinde brausten über die Fluren. Watzmann und die Seinen fühlten, wie ihre Glieder erstarrten. Bald war die Königsfamilie ganz zu Stein geworden.

Wie schon aus der Sage abzuleiten, ist der Watzmann nicht nur ein Berg, sondern ein ganzes Gebirge für sich. Etwas kleiner als das des Hochkalters, dafür höher. Ein wuchtiger Stock mit dem von Nordost nach Südwest und zuletzt nach Süd verlaufenden Hauptkamm, der das Wimbachtal mit seiner riesigen Westflanke überragt und gegen das Eisbachtal mit der fast 1800 Meter hohen Bartholomäwand abbricht. Von der Mittelspitze (2713 m) löst sich ein zuerst östlich, dann nordöstlich gerichteter Kamm mit den Watzmannkindern und dem Kleinen Watzmann (2307 m). Die »Kinder« haben über eintausend Meter hohe Südwände, und das größte Kind – auch Watzmannjungfrau (2270 m) – zeigt sich von der Hirschwiese oder auch aus der Bartholomäwand als kühn aufragendes, schlankes Horn.

Von der Hirschwiese gegen Osten, dann Ostnordosten erstreckt sich der Kamm der Hachelköpfe, deren Nordwände im nicht mehr vorhandenen »Hocheis« fußen. Das von Watzmann-Mittelspitze und -Hocheck (2651 m), Watzmannkindern und Kleinem Watzmann umrahmte Watzmannkar ist die ausgeprägteste Karbildung in den Berchtesgadener Alpen. Herbes Ödland, beherrscht von den schräg gebänderten Steilwänden der Mittelspitze und des Hochecks, der sich jäh aufsteilenden Westwand des Kleinen Watzmanns und des wie ein ungeheurer Schiffsleib das Kar teilenden Vierten Watzmannkindes. Ganz im Norden der Watzmanngruppe erhebt sich der Grünstein

Watzmann, das heißt auch »Ostwand«. Hier ihr »Hausmeister«, Heinz Zembsch, an der Schlüsselstelle des Kederbacherweges. Die Schöllhornplatte wurde nach dem ersten Todesopfer der Watzmann-Ostwand, nach dem Münchner Christian Schöllhorn, benannt.

Symbolberg Watzmann, der Sage nach eine versteinerte Königsfamilie; rechts Großer, links Kleiner Watzmann (»Watzmannfrau«).

▷ Ideal-Skitourenlandschaft Watzmannkar; links das Vierte Kind (auch Watzmann-Jungfrau). Im Hintergrund die Watzmann-Südspitze, ganz rechts ein Teil der Mittelspitze-Ostwand; das besonnte Stück auf dem Schneegrat unterhalb der Südspitze ist die Watzmann-Skischarte.

(1304 m), ein leicht erreichbarer Aussichtspunkt. Griesspitze (2257 m) und Mooslahnerkopf (1815 m) sind Trabanten der Watzmann-Südspitze (2712 m) beziehungsweise des Kleinen Watzmanns.

Doch was wäre der Berg ohne seinen See? Freilich könnt' man sagen: halb gehört der Königssee ja auch zu den Gotzenbergen. Aber nur über den See gelangt der Reisende nach Sankt Bartholomä und damit an den Fuß der großen Watzmann-Ostwand. Sie ist nicht, wie überall geschrieben steht, die höchste Wand der Ostalpen. Die Dognawand, die Westwand des Montasch in den Julischen Alpen, ist über 100 Meter höher. Was soll's. Wenn das Königssee-Schiff die Anlegestelle Bartholomä ansteuert und Herbstnebel den silbriggrauen Berg erst da und dort, dann seinen unteren Teil, danach das obere Drittel und endlich die ganze Wand freigeben, schaut und staunt man gebannt ob ihrer Schönheit und Mächtigkeit. Steht man im Morgenlicht etwa im Schuttkar des Berchtesgadener Weges, leuchtet der Ostwandfels im warmen Braun.

Man muß vom Feuerpalfen auf dem Warteck, drüben in den Gotzenbergen, in aller Früh in die Ostwand hineinschauen. Geduldig ausharren in der Morgenkühle, bis das erste Licht den Watzmanngrat trifft, die Licht-Schatten-Linie tiefer und tiefer wandert, und endlich ein einziges Felsenstrahlen über den Königssee-Talnebeln liegt.

Das ist sie. Das ist die Watzmann-Ostwand.

Drei bewirtschaftete Schutzhütten sind nicht viel für den mächtigen Berg. Am Nordosthang des Hochecks thront das trutzige Watzmannhaus. An den Südwestfuß der Südspitze schmiegt sich die Wimbachgrieshütte. Die Kührointhütte steht am nordöstlichsten Ausläufer des Kleinen Watzmanns.

Die Ostwand-Unterkunft bei Sankt Bartholomä, eine ehemalige Försterhütte, ist unbewirtschaftet. 330 Höhenmeter unterhalb der Südspitze steht die Watzmann-Ostwand-Biwakschachtel im Schutz des »Massigen Pfeilers«, und auf dem Hocheck drückt sich ein primitives Unterstandshüttl eng an den Gipfelfels.

Auch am Watzmannstock gibt es Gletscherreste. Im obersten Watzmannkar, unterhalb der Mittelspitze-Ostwand, ist der kleine Watzmanngletscher eingelagert. Im zentralen Teil der Bartholomäwand klebt das steile Schöllhorneis, und das beständige Schneefeld am Wandfuß heißt Eiskapelle. Randklüfte bereiten Watzmann-Ostwand-Durchsteigern bisweilen erhebliche Schwierigkeiten. Besonders die Schmelzkluft des Schöllhorneises kann im Spätsommer und im Herbst unüberwindbar breit werden.

Damit sind wir schon mittendrin in der Tourenfülle, die der Watzmann bietet. Die Routen der Bartholomäwand sind großzügige Unternehmungen für versierte Alpinisten. Normalbergsteiger finden mit der Überschreitung des großenteils gesicherten Watzmanngrates vom Hocheck über die Mittel- zur Südspitze ein besonders schönes Ziel. Mittelspitze- und Hocheck-Ostwand sind altbekannte Kletterwände, wobei nur die Wiederroute über das breite Band der Mittelspitze-Ostwand oft begangen wird.

Die Westwand des Kleinen Watzmanns birgt klassische Führen und moderne Sportkletterrouten. Die Südwände und -kanten der Watzmannkinder sind anspruchsvolle Extremtouren aus den dreißiger und vierziger Jahren. Alles andere geriet in Vergessenheit, lohnt nicht oder sollte nicht »breitgetrascht« werden.

An Frühjahrswochenenden tummeln sich Hunderte von Skitourengehern im Watzmannkar. Die Besseren steigen auf das Hocheck. Schlichte Wanderer erfreuen sich auf der Hirschwiese (2114 m) eines geradezu atemberaubenden Watzmannblicks. Den Ausgangspunkt Trischübel erreicht man etwas anstrengend von Sankt Bartholomä, rasch und bequem hingegen von der Wimbachgrieshütte.

Göllstock

Südöstlich oberhalb Berchtesgadens erhebt sich der Göllstock, ein Kettengebirge, das im Hohen Göll (2522 m) gipfelt. Der zwischen Großem Archenkopf und Hohem Göll nach Osten abzweigende Kuchler Kamm ist touristisch so gut wie »unbeleckt«. Bisweilen überschreiten ihn ein paar findige Bergsteiger, die Unternehmungen abseits des Modischen mögen. Auf den östlichsten Berg des Kammes, die Göllscheibe, 1712 m, führt von Golling aus, an einem prächtigen Wasserfall vorbei, ein markierter Steig.

Der Hohe Göll selber besitzt zwei sehr steile Wände: die gebänderte, der Watzmann-Hocheck-Ostwand ähnliche, jedoch bis zu 900 Meter hohe Ostwand überm »Wilden Freithof«, in der ganzjährig Schnee- beziehungsweise Eisfelder liegen, und die phantastisch in Schluchten und Pfeiler gegliederte Westwand, die das Endstal östlich der Scharitzkehlalm beherrscht.

Diese Westwand ist *die* Kletterwand am Hohen Göll mit Führen vom oberen dritten Schwierigkeitsgrad bis hin zu modernen Sportkletterrouten. Berühmt geworden sind die beiden Trichter-Durchstiege. Sehr großzügige Unternehmungen gibt es aber auch an der bis zu 800 Meter hohen Nordwestwand, die nach oben hin ihre Steilheit beibehält, während sich die Westwand gegen die Gölleiten hinauf mehr und mehr verflacht.

Die Westwand wird von zwei ausgeprägten Graten umrahmt: im Norden vom Nordwestgrat, dem Mannlgrat, der vom Kehlstein aus zur Gölleiten zieht und 1957 als gesicherter Steig ausgebaut wurde. Im Süden bildet der türmereiche Westgrat den adäquaten Rahmen. Sein Pflughörndl (2047 m) ist ein Klettergipfel für sich. Zwischen Westgrat und dem Kammverlauf Hohes Brett (2340 m) – Brettriedel (2344 m) – Großer Archenkopf (2391 m) sind zwei Täler, das Pflugtal und das bei Skibergsteigern beliebte Alpeltal, eingeschnitten. Darüber die karstige Hochfläche der Göllsanden.

Nach Nordosten hin zeigt der Hohe Göll eine zwar auch recht steilfelsige, jedoch gestufte und nicht allzu hohe Flanke, über die der Normalanstieg verläuft. Die mächtige Nordwand hingegen könnte man als die »Vergessene Wand« bezeichnen. Auch südseitig gegen das Bluntautal »wehrt« sich der Göllstock mit schroffem Gewänd. Sowohl am Hohen Brett als auch an den Graten und Wänden um das Gamskar – am Kleinen Archen- und am Grünwandkopf –, wurden anspruchsvolle Kletterrouten eröffnet.

Vier bewirtschaftete Unterkünfte erleichtern die bergsteigerischen Unternehmungen. Diese wurden jedoch durch das von Nordwesten und Westen an den Göllstock heranführende Straßennetz meist zu großzügigen Tagestouren »degradiert«. Die bekanntesten Hütten sind das Purtschellerhaus auf dem Eckerfirst im Nordosten und das Carl-von-Stahl-Haus im Südwesten des Hohen Gölls. Der seilbahnerschlossene Jenner (1874 m) hat sogar ein recht annehmbares und teilweise anspruchsvolles Pistenskigebiet. Auch auf dem aussichtsreichen Roßfeld kann das Skifahren Spaß machen.

Die herrlich gegliederte Westwand des Hohen Gölls. Die Bildmitte wird von den beiden »Trichtern« und den Trichterpfeilern beherrscht. Links der Große, rechts oberhalb der Kleine Trichter. Die Kletterrouten durch sie und an den überhängenden Pfeilerwänden sind Marksteine der sportlichen Erschließungsgeschichte der Berchtesgadener Alpen. Am rechten der beiden Pfeiler verläuft die Route »Scaramouche« mit Passagen unteren zehnten Schwierigkeitsgrades. Der steile zentrale Teil der Göll-Westwand ist 450 bis 500 Meter hoch. Die Nordwestwand (rechts im Bild) erreicht 700 Meter Wandhöhe.

Im Norden, zwischen Unterau, Marktschellenberg und Hallein, breitet sich eine anmutige Hügellandschaft, eine Art Vorgebirge des Göllstockes hin. Die nordöstlichen Randerhebungen oberhalb des Salzachtales bieten nette, aussichtsreiche Wanderungen. Die Hohe Götschen (929 m), insbesondere aber der keck aufragende Kleine Barmstein (841 m), südöstlich des Ortsteils Mehlweg, lohnen einen Besuch.

Last but not least ist der Göllstock als Bergbaugebiet weltberühmt geworden. Der Salzberg bei Berchtesgaden und der Dürrnberg bei Hallein bergen das »Weiße Gold«. Auch nach Jaspis, Galmei, Silber und Bleiglanz wurde am Göllstock, nämlich im Jennergebiet, geschürft. Rentiert haben sich nur die Salzvorkommen.

Ein vielleicht noch größerer, dauerhaft wirtschaftlicher Trumpf dieses Bergmassives ist seine Schönheit, die große Maler faszinierte und die wie kaum ein anderer Hellmut Schöner[3] zu schildern versteht: *Wer einmal an einem langen Sommerabend am Ufer des Böcklweihers in der Strub oder am Hintersee erlebte, wie die letzten Sonnenstrahlen an der Göll-Westwand fast unmerklich höher gleiten, während das Tal schon längst in tiefe Schatten getaucht ist, wie das Rot immer intensiver und die Spiegelung immer phantastischer wird, bis schließlich auch das Feuer der höchsten Kuppe in der heranschleichenden Dämmerung verlischt, wird in seiner Erinnerung vor allen anderen Eindrücken dieses eine Bild behalten … Diese Wand, die manchmal im Abendrot leuchtet, als glühe sie von innen heraus.*

Abendliche Wolkenstimmung über dem Hagengebirge, fotografiert von Mahdegg an der Tennengebirge-Südseite.

Gotzenberge und Hagengebirge

Das Torrener Joch trennt Göllstock und Hagengebirge, während dieses durch das schmale Landtal von den Gotzenbergen geschieden wird. Das Hochplateau um die Gotzenalm gehört zu den einladend-lieblichen Landschaften der Berchtesgadener Alpen. Entsprechend stark ist der Besuch. Die meisten Touristen gelangen von der Station Kessel der Königssee-Schiffahrt auf die Gotzen. Die wenigsten allerdings genießen den schon an anderer Stelle beschriebenen, frühmorgendlichen Watzmann-Ostwand-Blick vom Feuerpalfen auf dem Warteck; der nachhaltigste Eindruck, den die Gotzenberge bieten. Auch von der Jennerseilbahn-Mittelstation lassen sie sich überaus reizvoll übers Priesberger Moos und über den Unteren Hirschenlauf erwandern. Der von Salet auf das Plateau führende Kaunersteig verlangt mit seinen fast eintausend Stufen absolute Trittsicherheit. Gegen den Königssee fallen die Gotzenberge mit steilen Flanken ab. Der Abbruch gegen den Obersee hinunter ist noch schroffer. Mit dem Fagstein (2164 m) erreicht das Gotzenmassiv seine größte Höhe, gefolgt vom Hohen Laafeld (2074 m), der Rothspielscheibe (1940 m) und dem Gotzentauern (1858 m).

Jenseits des Landtales dann die »andere Welt« des Hagengebirges. Das Bluntautal begrenzt es im Norden, das Blühnbachtal trennt es im Süden vom Hochkönigstock. Im Osten wird das Hagengebirge durch das hier besonders schmale Salzachtal vom Tennengebirge geschieden. Erstaunlich, was in diesem engen Taleinschnitt alles Platz haben muß: der Fluß, die Tauernautobahn, die Eisenbahn und die alte Landstraße. Schaut der eilig Reisende während seiner sausenden Fahrt nach Kärnten zufällig

◁
Die beiden Barmsteine stehen nordwestlich oberhalb der alten Salzstadt Hallein und zählen alpingeographisch zum Göllstock. Im Hintergrund des nebelbedeckten Salzachtales das Tennengebirge.

△ Die Gotzenalm in den Gotzenbergen ist eine Almenlandschaft wie aus dem Bilderbuch. Hier läßt sich bäuerliche Baukultur (im Bild ein schönes Beispiel für Kantholzblockbauweise) studieren.

einmal nach rechts hinauf, sieht er unwirtlichwildes Gehänge. Eigentlich nichts Lockendes. Die Hochkogelwände des Tennengebirges lehren mit ihren geschlossenen, kalkgrauen Tausendmeterplatten wenigstens das Gruseln...

Nein, die Schönheiten des Hagengebirges muß man sich wandernd verdienen. Sie geben sich nicht so offen preis wie jene des Watzmanns oder des Hohen Gölls. Aber ein ganz großartiges Landschaftsbild tut sich auch dem Normaltouristen auf: der Obersee mit Röthwand und Teufelshörnern. Das große Teufelshorn (2361 m) ist denn auch die größte Gipfelhöhe im Hagengebirge. Am nächsten kommt ihr der aussichtsreiche Kahlersberg (2350 m) im Zentrum der westlichen Plateau-Randgipfel. Der Schneibstein (2275 m) übertrifft ihn jedoch vom Bekanntheitsgrad her. Im Sommer ein rasch erreichbares Tourenziel vom Schneibstein- oder vom Stahlhaus, wird dieser Berg auch ebenso häufig im Winter – im Zuge der Kleine-Reibn-Skitour – betreten. Die beiden genannten Hütten sind übrigens fast schon die einzigen bewirtschafteten Unterkünfte für das Hagengebirge. Als Sommerwirtschaft mit Übernachtungsmöglichkeit kommt noch die im obersten Bluntautal gelegene Untere Jochalm hinzu.

Der größte Teil des Hagengebirges ist touristisches Niemandsland. *Von den Menschen, die hier* (am Jenner; Anm. d. V.) *sonnenanbetend die Höhenluft und den Rundblick genießen oder immer wieder über die Skipiste hinunterschwingen, ahnen nur wenige, daß kaum zwei Stunden weiter, hinter dem Schneibstein, eine Welt entlegener Stille beginnt, in der man tagelang umherstreifen könnte, ohne anderen Lebewesen als Gemsen oder Dohlen zu begegnen. Von Berchtesgaden zum Obersee beträgt die Luftlinienentfernung 13 Kilometer. Genau so weit ist es vom Königssee zur Salzach südlich des Passes Lueg, aber dazwischen liegt das einsamste Berggebiet der Berchtesgadener Alpen mit einer geheimnisvollen Unterwelt* (Schöner[3]).

Das ausgeprägte Plateaugebirge wird nur an seinen Rändern von markierten Steigen berührt. Überquert wird die Hochfläche indes von der Starkstromleitung Kaprun – Braunau. Sie führt, von der Torscharte und dem Blühnbachtal kommend, über das Hagengebirge hinweg nach Golling. Weil gerade vom Blühnbachtal die Rede ist: In diesem altbekannten Jagdgebiet wurde ab 1924 die Einbürgerung des Alpensteinbocks betrieben. 1936 hat man Steinböcke unter anderem aus dem Gran-Paradiso-Gebiet in ein großes Gehege der Röth »verpflanzt«. Auch diese Aufzucht gelang. Wer von der Wasseralm gegen die Teufelshörner ansteigt, sieht auf einer Wiese jetzt noch Pfähle des ehemaligen Steinbockgeheges.

1947 offenbarte das Hagengebirge sein größtes Geheimnis: die Tanntalhöhle, deren Eingang auf etwa 1700 Meter Höhe am Fuß der Tanntalköpfe überm Blühnbachtal liegt. Mit nahezu 31 erforschten Kilometern Länge und über 400 Metern Tiefe ist die Tanntalhöhle ein geradezu gigantisches Höhlensystem. Das sich in seiner

Nähe befindliche Jägerbrunntrog-System steht der Tanntalhöhle an Längenausdehnung kaum nach und darf mit 1078 Metern Tiefe das Faktum der zweittiefsten Höhle der Berchtesgadener Alpen für sich beanspruchen. Beide sind natürlich keine Schauhöhlen wie die Schellenberger Eishöhle, sondern nur erfahrenen Höhlenforschern zugänglich.

Also wieder nichts mit der Eroberung der Unterwelt! Doch das läßt sich verschmerzen. Das Hagengebirge hat auch »draußen« seine Reize. Zum Beispiel die Schlum, die von Torren bei Golling und aus dem Bluntautal erwandert werden kann. Die Ersteigung des Großen Teufelshorns oder gar die Überschreitung beider Teufelshörner sind hervorragend schöne Bergtouren. Es gibt auch ein paar teilweise recht gute Klettereien im Hagengebirge. Aber zum Klettern dürfte sich dorthin kaum jemand verirren. Indessen wird das Hagengebirge im Zuge der »Großen Reibn«, der längsten Skitour in den Berchtesgadener Alpen, an seinem Westrand überquert. Weitab der Zivilisation zieht der Skibergsteiger seine Spur – oder folgt der vorhandenen. Ein Rückzug oder das Abbrechen dieser Unternehmung ist ab einer gewissen Entfernung vom Schneibstein immer zeitaufwendig, anstrengend oder gar – wenn durch die Saugasse zum Königssee hinuntergeflüchtet werden muß – gefährlich und kompliziert.

Steinböcke, heutzutage eine Art »Markenzeichen« des Hagengebirges, lebten nicht immer dort. Sie wurden ab 1924 zunächst in die Gegend des Blühnbachtales, von 1936 an in die Röth »eingebürgert«. Die Tiere stammten aus Zoologischen Gärten und aus dem Gran-Paradiso-Gebiet. Wer von der Wasseralm zum Großen Teufelshorn aufsteigt, trifft auf hohe Holzpfähle: Reste des ehemaligen Aufzuchtgeheges.

Röth und Steinernes Meer

Schritt für Schritt hinaufwandern von Sankt Bartholomä, von 600 Metern auf die Höhen der Schönfeldspitze und des Selbhorns; das macht über 2000 Höhenmeter aus. Emporsteigen im teilweise schluchtartigen Tal des Schrainbaches und durch die enge, von Steilwänden gesäumte Saugasse zum Kärlingerhaus überm Funtensee; oder über die Sigeretplatte, den Trischübelpaß und durch die Hundstodgruben zum Ingolstädter Haus. Mit dem Schiff bis Salet fahren und am Obersee entlang zur Fischunkelalm gehen. Aus dem Talschluß dann auf gutgesichertem Steig längs der Röthwand hinauf steigen, bis die Hänge flacher werdend in einen wie verwunschen anmutenden Wald und weiter zur ebenen Wiese der Wasseralm führen. Von dort mag man westlich auf das Halsköpfl mit seinem atemberaubenden Königsseeblick hinüberwandern, und an Schwarzen- und Grünsee vorbei einmal mehr zum Kärlingerhaus gelangen. Oder man steigt südlich der Wasseralm über die Blaue Lacke und durch die Lange Gasse zu den Hauptwegen des Steinernen Meeres empor. Die klassischen Zugänge von Norden!

Von Süden zeigt sich das Steinerne Meer mit einer langen Gipfelkette, die mit schroffen, rotgelb-grauen Felswänden die Mitterpinzgauer Orte Saalfelden, Maria Alm und Hinterthal überragt. Die Zustiege von dort über hochgelegene Scharten sind steil und mühselig. Der prächtige Ramseider Steig zum Riemannhaus ist hervorragend ausgebaut worden. Der Anstieg von Maria Alm durch den Krallerwinkl zur Buchauer Scharte führt weniger durch Felsgelände, besticht aber aufgrund seiner Ausblicke zur Schönfeldspitze und zu den wüsten Steilwänden der Mannlköpfe. Anstrengend, jedoch ungemein lohnend steigt man über Pragstein und Röteneck bis zum Sockel des Selbhorns, quert auf schrofigem Pfad zum Hochkempensattel und erreicht über die Luegscharte das Steinerne Meer. Erfahrene Bergsteiger dürfen sich gar über die Wasserfallscharte hinauftrauen. Über Niedere und Hohe Torscharte hingegen wird die Hochfläche an ihrem Ostrand erreicht.

Von Westen, vom Dießbachstausee, erreicht man das Steinerne Meer am schnellsten. Etwas bessere Kondition fordert da schon der Zugang von Saalfelden-Bachwinkl über die Peter-Wiechenthaler-Hütte und die Weißbachlscharte. Man sieht: Jeder kann nach seinem Gusto den »Einstieg« in das größte Gebirge der Berchtesgadener Alpen finden, in diese herbe, wilde, und

◁
In der Tanntalhöhle. Rein weißer Sinterschmuck ist in dieser Höhle selten. Eine mächtige Tropfsteinkaskade im Dom St. Helena endet mit einem kühn geschwungenen Baldachin, hinter dem sich ein wassergefülltes Kristallbecken verbirgt.

Das Wildalmkirchl – der Name könnte treffender nicht sein – steht am Südrand des Steinernen Meeres; grob gesagt zwischen Hochseiler und Selbhorn. Dieser eigenartige, charakteristische Gipfel ist nur mit – wenn auch leichter – Kletterei zu erreichen. Im Bild die glatte Ostwand des Berges.

doch wieder liebliche, großzügige und von einer traurigen Öde beherrschten Landschaft mit einigen berühmten Randbergen.

Der Funtenseetauern (2578 m) südwestlich oberhalb der Röth dominiert dieselbe sowie die Gegend um das Kärlingerhaus. Der sagenumwobene Große Hundstod (2593 m) im westlichen Steinernen Meer ist ein ganz eigenartiger Geselle. Von Norden, beispielsweise von den Höhen des Lattengebirges, zeigt er sich in seiner unverkennbaren Buckelgestalt. Vom Ingolstädter Haus geschaut ist er nur ein Haufen Geschröf. Von den Leoganger Steinbergen hingegen – etwa vom Steig, der von der Passauer Hütte auf das Birnhorn führt – sieht man ihn als markantes, fast elegantes Horn.

Die Schönfeldspitze (2653 m) ist berühmt, denn sie bildet den Hintergrund des malerischen Königssee-Anblicks. Ihre feine Spitze beherrscht das Bild, ist sozusagen das »Tüpfelchen auf dem i«, die perfekte Landschaft. Sie vermittelt eine Illusion, die beim Näherkommen der etwas nüchternen Wirklichkeit weichen muß. Schaut man nämlich von der Baumgartlhöhe, vom Funtensee kommend, zur Schönfeldspitze hinauf, zeigt sie sich schon weitaus weniger formvollendet. Doch anziehend ist dieser Berg allemal; auch von Süden, wo er sich mit wilden Wänden aufbaut.

Auch das Selbhorn (2655 m), der höchste Gipfel des Steinernen Meeres, besticht durch seine steilfelsige Südseite. Von Norden ist dieser Berg alles andere als attraktiv. Aber man muß schon einmal dort oben gestanden, die Schau zu Hochseiler und Hochkönig und den Blick über die von hier aus trostlose Weite des »Meeres aus Stein« genossen haben, um dieses Gebirge auch nur ein wenig zu begreifen. Der vom Wanderer zu erreichende, nach Süden vorgeschobene, kreuzgeschmückte Gipfel ist übrigens nicht der höchste Punkt des Selbhorns.

Dann wäre da noch die malerische Felsgestalt des Wildalmkirchls (2578 m), tatsächlich mit Turm und Schiff und dieserart von manchen Blickwinkeln aus den Berchtesgadener Alpen unverkennbar. Nur mit Kletterei ist das Wildalmkirchl zugänglich. In seiner Nähe steht eine Biwakschachtel.

Zwischen Peter-Wiechenthaler-Hütte und der Ramseider Scharte mit dem Riemannhaus erheben sich die markanten Gipfel Persailhorn (2350 m), Mitterhorn (2491 m) und Breithorn (2504 m), die für geübte Bergsteiger eine lohnende Überschreitung parat haben. Der »Hausberg« des Riemannhauses, der Sommerstein (2308 m), ist ein beliebtes Kletterziel. Seine lotrechte, gelbgraufarbene Südwand mit ihren beiden höhlenartigen Ausbrüchen im oberen Teil ruft – jedenfalls bei mir – die Assoziation mit einer riesigen Eule hervor.

Das wären wohl die wichtigsten Gipfel des Steinernen Meeres. Alle zu nennen kann nicht Aufgabe dieses knapp bemessenen Buches sein; dafür gibt es den Alpenvereinsführer. Ich kann und möchte hier auch nur Streiflichter zeigen; anregen, die Karte auszubreiten und sich all das bildlich vorzustellen, um eines Tages den Rucksack zu packen und aufzubrechen. Die Wirklichkeit ist ja doch vollkommen anders als das, was Texte und Bilder vorgaukeln.

Für eine Nord-Süd-Überquerung (oder umgekehrt) des Steinernen Meeres stehen nur zwei Hauptwege zur Verfügung. Beide sind sie jahrhundertealte Wallfahrerwege. Ursprünglich pilgerten die Pinzgauer, einem Pest-Gelöbnis folgend, auf dem Saalfeldener Weg – von Maria Alm über die Buchauer Scharte und Hochbrunnsulzen – zum Funtensee und zur Kirchweih in Sankt Bartholomä. Von dort gings weiter nach Dürrnberg, wo die Marienkirche das Endziel war. Der Leichenstein des »Toten Weibes« zwischen Hochbrunnsulzenscharte und Funtensee trägt neben der Jahreszahl 1631 die Inschrift: »Allhir – Ist Maria Gründtner Selliger ruh enth schlaffen.« Nachdem der in den siebziger Jahren des vorigen Jahrhunderts fertiggestellte Ramseider Steig einen weniger beschwerlichen Anstieg auf die Hochfläche des Steinernen Meeres bot, wurde dieser zum üblichen Wallfahrerweg. *Die Wallfahrergruppen, die den mühsamen Auf- und Abstieg und die Überquerung der Hochfläche hinter sich hatten, zogen es meist vor, über den Königssee und Berchtesgaden auf den Straßen in den Pinzgau nach Hause zurückzukehren. Eine Tafel an der Falkensteinerwand erinnert an den Untergang eines mit 60 Personen besetzten Wallfahrerschiffes am 23. August 1688. Es war die größte Katastrophe, die sich jemals am Königssee abspielte. Früher war diese Wallfahrt über das Steinerne Meer ein strapazenreicher Weg, auf dem es von Saalfelden bis zu den Almen am Funtensee keine schützende Einkehr gab, heute ist sie eine Bergwanderung, bei der in alter Pinzgauer Tracht die Musikkapelle und die Marketenderin mitgehen. Nach Stationen am Riemann- und am Kärlingerhaus wird in Sankt Bartholomä nach der kirchlichen Feier ein fröhliches Fest veranstaltet, zu dem Einheimische und Kurgäste in vielen Booten über den See kommen* (Schöner[3]).

Nun ja, bei guter Sicht mögen die auffallend markierten Steige auf dem Plateau des Steinernen Meeres harmlos sein. Doch wenn zäher Nebel die Hochfläche bedeckt, bekommt man durchaus eine Ahnung von den Orientierungsschwierigkeiten, die sich hier ergeben können. Bereits dort, wo es nur bezeichnete Pfadspuren gibt, wirds ernst. Und gar abseits jeglicher Farbtupfer gehört dann nicht viel dazu, daß man »im Kreis« läuft. Im unteren Wagendrischlkar der Reiter Alm habe ich so etwas einmal »hautnah« erlebt (siehe Seite 98). Die beiden ausgedehnten

Der Funtensee im Steinernen Meer, ein sagenumwobener Ort, mit Funtenseetauern (links) und Schottmalhorn. Die Funtenseealm war einziger Stützpunkt der frühen Wallfahrer auf ihrem strapazenreichen Weg von Maria Alm über die Hochfläche des Steinernen Meeres nach Sankt Bartholomä am Königssee. Das Funtenseehaus (Kärlingerhaus) in seiner jetzigen Gestalt wurde erst 1905 fertiggestellt.

Nord-Süd- (oder Süd-Nord-) Verbindungen übers Salzburger Kreuz beziehungsweise über Hochbrunnsulzen, der Eichstätter Weg zwischen Riemannhaus und Ingolstädter Haus oder die Wanderung von dort zum Kärlingerhaus vermitteln schon sehr viel von der Faszination des Steinernen Meeres. Es gibt sich, ist man einmal mittendrin, gar nicht so öde und leblos, wie es von seinen Randgipfeln aus den Anschein hat. Ohne Frage findet man ausgesprochen triste Gegenden, wie etwa die Steinwüste zwischen Lueg- und Buchauer Scharte an der Nordseite der Mannlköpfe. Doch ist auch der Blumenreichtum dieser Gebirgsgruppe berühmt. *Die scheinbar abstoßend kahle Steinwüste, die man von den Höhen der benachbarten Gebirgsstöcke überblickt, enthüllt sich in der Nähe als ein Wunderland alpiner Vegetation. Selbst da, wo die Hochfläche im Süden und Westen bis über 2000 Meter hinaufreicht, begegnet man noch Grasflächen und Erdpolstern mit vielfältigem Pflanzenwuchs* (Schöner[3]).

Begegnungen mit Tieren gehören auch im Steinernen Meer zum reizvollsten, was Bergwanderer erleben können. Überaus anregend erzählt Werner d'Oleire-Oltmanns, Zoologe bei der Nationalparkverwaltung Berchtesgaden, wie solche Begegnungen ablaufen können.

Bei einer Rast im Sommer irgendwo in der Felsregion hat der Wanderer einen extremen Lebensraum um sich: Spinnen laufen über die Felsen auf der Suche nach kleinen Insekten. Sie huschen über Steine, verschwinden in Ritzen. Daneben kriechen auf den Pflanzenpolstern einige Larven, Blumen blühen. Bei genauerem Hinsehen finden wir selbst in größerer Höhe noch Mauslöcher. Die Schneemaus hat sie gegraben. Wo es ihr zu felsig wird, lebt sie in Spalten. Sie ernährt sich von Gräsern und Kräutern. Etwas weiter entfernt auf einer Schotterhalde stehen einige Gemsen im Schatten und fressen. Das Auge kann kaum noch pflanzliches Leben erkennen, doch sind verschiedene Kräuter da wie die Gemskresse. Hie und da hüpfen einige kleine Vögel herum, fliegen ein Stück, laufen geschäftig, pikken nach Unsichtbarem. Sogar einen Pflanzenfresser finden wir hier oben, den Schneefinken und die insektenfressende Alpenbraunelle. Andere Arten aus tieferen Lagen mögen kurzfristig dazukommen, doch groß ist die Zahl nicht. An der feuchten Wand im Schatten huscht plötzlich etwas wie ein großer Schmetterling mit roten Flügeln und weißen Tupfen vorbei: Der Mauerläufer flattert über die nassen Felsen und pickt mit seinem gebogenen Schnabel Insektenlarven von der Wand, die sich in dem Wasserfilm entwickeln. Sie sind vor Austrocknung geschützt und finden Nahrung in Form von Algen. Inzwischen ist eine Schar Dohlen laut rufend angeflogen und prüft, ob der Wanderer nicht etwas Freßbares anzubieten hat. Andere Dohlen hüpfen umher und fressen so ziemlich alles, was als genießbar gelten mag.

Zudem sind versteckt und scheu zwischen Felsblöcken, durch eine hervorragende Tarnfarbe kaum sichtbar, Schneehasen und eine Familie Schneehühner anwesend. Viel Leben überall. Aber kaum Fliegen und andere, manchmal lästige Fluginsekten. Die meisten haben hier oben keine Flügel. Der viele Wind bietet nur selten Flugbedingungen, man geht zu Fuß.

Wie das Hagengebirge, so hat auch das Steinerne Meer seine geheimnisvolle »Unterwelt«. Derzeit ist man dabei, eine schwierig zugängliche Höhle im Gebiet des Hochkempensattels zu erforschen. Ein bekanntes System ist die immerhin etwa acht Kilometer lange Salzgrabenhöhle (nur mit Führung zugänglich) im Massiv des Simetsberges überm Südwestende des Königssees. Das Kolkbläser-Monster-Höhlensystem im Bereich des Schindlkopfes zwischen Dießbach- und Weißbachlscharte steht mit über 26 Kilometern Ausdehnung – und mit der beachtlichen Tiefe von 589 Metern – als drittlängste Höhle der Berchtesgadener Alpen zu Buche.

Bliebe zu erwähnen, daß das Steinerne Meer ein grandioser »Spielplatz« für erfahrene Skibergsteiger ist. Franz Graßler, der intime Kenner, bezeichnete es als *größtes und schönstes Skigebiet der Berchtesgadener Alpen. Hier können wir vom Kärlingerhaus aus Tag für Tag eine andere Skifahrt unternehmen, und wenn wir nächstes und übernächstes Jahr im Frühling wiederkommen, finden wir immer wieder Neues.* Auch die »Große Reibn« führt über den Nordteil des Steinernen Meeres und findet mit der Steilabfahrt durch den Loferer Seilergraben ins Wimbachgries ihr rassiges, gutes Fahrkönnen und lawinensichere Verhältnisse forderndes Finale.

Hochkönigstock

»Hinge« der Hochkönigstock nicht durch die Niedere Torscharte (2246 m) ganz deutlich mit dem Steinernen Meer zusammen, wäre auch er ähnlich der meisten übrigen Gebirge der Berchtesgadener Alpen vollständig isoliert. Im Norden trennt das Blühnbachtal Hagengebirge und Hochkönig, im Süden scheidet ihn der Dientner Sattel von einem Teil der Salzburger Schieferalpen, und im Osten bildet das Salzachtal die Abgrenzung zum Tennengebirge.

Ähnlich der Marmolada, der »Königin der Dolomiten«, hat auch der Hochkönig zwei vollkommen unterschiedliche »Gesichter«: die eher sanfte Nordseite mit dem zwischenzeitlich stark abgeschmolzenen Gletscher der »Übergossenen Alm«, und die in Zweiggrate gegliederte, wilde Südseite mit der Hochkönig-Südwand und den Tausend-Meter-Wänden des Großen Bratschenkopfes. Im Osten bildet das Hochkönigmassiv oberhalb von Imlau- und Höllntal mehrere Kämme aus, von denen die Mandlwand mit ihren vielen schroffen Türmen am meisten beeindruckt. Aber auch die sich aus dem Oberen Ochsenkar erhebende Torsäule (2587 m) ist eine von allen Seiten schön anzuschauende Felsgestalt, und das glattwandige Teufelskirchl (2523 m) verhilft dem Östlichen Schoberkopf besonders von Südosten zu einem geradezu eleganten Aufbau. Das ist edelster Kalkfels! Die ungetrübte Freude für Kletterer aller Couleur.

Überhaupt ist der Hochkönigstock ein Kletterparadies mit einer unfaßbaren Fülle von Möglichkeiten, die wir dem Nacherschließer – man sollte besser sagen: dem eigentlichen sportlichen Erschließer – dieser Gebirgsgruppe, Albert Precht aus Bischofshofen, verdanken. Von ihm wird an anderer Stelle noch berichtet. Weniger bekannt ist, daß es im Hochkönigmassiv neben den Wandfluchten des Großen Bratschenkopfes eine weitere Tausend-Meter-Wand gibt: die gegen das innere Blühnbachtal weisende Westwand des Eiblecks (2354 m). Auch der vom Anstieg zur Ostpreußenhütte berührte Floßkogel (2437 m) und der oft mit dem Flachfeld verwechselte Nixriedel (2561 m) haben bis zu 800 Meter hohe, so gut wie nie gekletterte Wände.

Skibergsteiger erwandern den höchsten Gipfel der Berchtesgadener Alpen entweder über die Ostpreußenhütte (1625 m) oder vom Arthurhaus (1502 m) über Mitterfeldalm und Ochsenkar. Sehr gute Skifahrer trauen sich durchs südseitige Birgkar hinunter. Klettersteigfreunde finden am Hochseiler (2793 m) mit dem Anstieg durch eines der »Teufelslöcher« oder mit dem Mooshammersteig anspruchsvolle Aufgaben. Erfreulich ist, daß sich der 2941 Meter messende Hochkönig auch von Bergwanderern ersteigen läßt. Nur eine kurze Wegstrecke unterhalb des Gipfels führt durch etwas steileres Felsgelände, aber das gibt sich gutmütig und mit entsprechender Trittsicherheit dürften keine Probleme auftreten.

Auf dem Hochköniggipfel steht das Franz-Eduard-Matras-Haus, ein Neubau, nachdem die alte, 1898 eingeweihte Hütte 1982 wegen fahrlässigen Verhaltens von Skibergsteigern ein Raub der Flammen geworden war. Als weitere Hütten am Hochkönigstock seien die unbewirtschaftete Eckberthütte (1144 m) im Schluß des Blühnbachtales, die ebenfalls als Selbstversorgerunterkunft dienende Bertgenhütte (1845 m) im Schneekar unterm Hochseiler, die Erichhütte (1546 m) am Südwestfuß der Taghaube, das Birgkarhaus (1375 m) nördlich des Dientner Sattels, die Kopphütte (1309 m) auf der Wiedersbergalm und die Mitterfeldalm (1670 m) genannt. Das mit Kraftfahrzeugen zugängliche Arthurhaus (1502 m) ist ein Berghotel (eine Feststellung, die nicht unbedingt negativ ausgelegt werden muß).

Abstieg vom Hochseiler auf dem Mooshammersteig – einem hochalpinen und anspruchsvollen Klettersteig – zur Niederen Torscharte. Sie trennt den Hochkönigstock vom Steinernen Meer.

Schaut man von Norden her, etwa vom Watzmann oder mit unmittelbar freiem Blick von den Teufelshörnern auf den Hochkönig, beeindruckt immer noch seine »Übergossene Alm«, der einzige Plateaugletscher der Ostalpen. *Die Sage berichtet von blühenden Almen, die einst da standen, wo nun das nie abschmelzende Firnfeld die ganze Hochfläche bedeckt. Den Sennerinnen ging es so gut, daß sie die Wege zwischen den Kasern im Übermut mit Butter und Käse pflasterten. Plötzlich verdunkelte sich der Himmel, ein fürchterliches Unwetter brach los und begrub alles in Schnee und Eis. – Diese Sage enthält neben der üblichen moralischen Lehre der meisten Alpensagen ein Stückchen naturgeschichtlicher Wahrheit. Die Waldgrenze und die über ihr beginnende Zone der Hochalmen lagen in früheren Jahrhunderten höher als in der Gegenwart. Die von der Mulde der Torsäule gegen den Rand des Firnfeldes hinaufziehenden Hänge sind bis etwa 2500 Meter stark begrünt und tragen eine vielfältige alpine Flora. Der größte Teil des sanft gewölbten, überfirnten Hochplateaus liegt zwischen 2600 und 2850 Meter. Es ist nicht ausgeschlossen, daß in einer der vielen Perioden des Rückgangs der Vergletscherung dort oben kein ewiger Schnee lag* (Schöner[3]).

Seit 1968 schmilzt die Übergossene Alm rapide ab. Betrug die Gletscherfläche 1888 noch 550 Hektar, ging sie bis 1970 um 57 Prozent zurück. *Viel mehr noch fällt das Einsinken der Eisoberfläche ins Gewicht. E. Seefeldner ermittelte bei dem im Jahre 1934 »Verschwundenen Gletschersee«, daß dort der Ostgletscher gegenüber der österreichischen Originalaufnahme von 1872 um 30 Meter eingesunken war. Bei der Einmessung unseres Totalisators 1968 ergab sich, daß die Gletscheroberfläche nach 30 Jahren um weitere 25 Meter abgesunken war. Wenn also hier der Gletscher nur mehr durchschnittlich 20 Meter dick ist und die bisherige Abschmelzung fast einen Meter pro Jahr beträgt, sind die Jahre dieses Gletschers gezählt* (Goldberger).

Wer weiß. Die nächste Eiszeit kommt bestimmt, oder etwa nicht? Selbst der Glaziologe räumt, nachdem er als Zukunftsperspektive für

◁ Die Torsäule im Osten des Hochkönigstocks trennt das Obere Ochsenkar vom Eiskarl. Der ostseitige Normalanstieg auf den Hochkönig führt unmittelbar unterhalb der Torsäule-Südwand vorbei. Im Bild der Blick auf den Westpfeiler des formschönen Berges. Rechts ein Teil der Mandlwand.

Herbst. Eine erste dünne Eisschicht ziert diesen Tümpel, in dem sich die Zacken der Mandlwand spiegeln.

die Übergossene Alm den Blick aufs Steinerne Meer empfiehlt, ein, daß dazu die Entwicklung so wie bisher weitergehen müsse. Und gerade das Gletschervorfeld beweise, daß *diese Entwicklung nie linear vor sich geht. Auch wenn wir bei unseren Beobachtungen des Gletscherhaushalts den Ostgletscher bereits »abgeschrieben« haben, teilen wir noch nicht das Gefühl, daß unsere Forschungsgruppe einer »Leichenbeschau« gleichkäme.* Von 1968 bis 1988 sank die Übergossene Alm nochmals um acht Meter ab.

Der Mitterberg an der Hochkönig-Südseite barg Kupfererzläger, die bereits um 1800 v. Chr. bekannt waren und abgeschürft wurden. Die prähistorischen Bergleute drangen dabei in Tiefen bis zu 100 Meter vor. Etwa um 1000 v. Chr., am Ende der Bronzezeit, *kam der Bergbau am Mitterberg zum Erliegen. Zwar hatte man den Erzgang noch nicht zur Gänze ausgebeutet, der letzte noch unversehrte Abschnitt im Bereich des Griesfeldes bot offensichtlich durch die starke Schotterüberdeckung und den großen Wasserandrang im Bereich des Baches zu große Schwierigkeiten für den weiteren Abbau. Diese technischen Gründe und nicht kriegerische Ereignisse, wie man früher angenommen hatte, zwangen zur Aufgabe des Bergbaus am Mitterberg* (Moosleitner).

Mehr als zweieinhalb Jahrtausende später wurde der Kupferbergbau am Hochkönigstock wieder aufgenommen. Im Verlauf dieser Arbeiten fand man Werkzeuge und Steigbäume, und damit Zeugnisse des urzeitlichen Abbaus. Von der zweiten Hälfte des 19. Jahrhunderts an konnten die Kupfererze in einem Werk in Mühlbach sozusagen an Ort und Stelle verhüttet werden. Doch blieb dies stets ein Unterfangen an der Grenze der Rentabilität. Auch ein britischer Käufer hatte keinen Erfolg mit der Mühlbacher Anlage. Erst als sie 1907 Arthur Krupp modernisierte, setzte ein neuer Aufschwung ein. *Während des Ersten Weltkriegs war das Werk der wichtigste Kupferproduzent der alten Monarchie und erzeugte nach Erweiterung durch eine Kupfer-Elektrolyse jährlich 8000 Tonnen Rohkupfer. Noch einmal kam ein schwerer Rückschlag. Die Weltwirtschaftskrise bewirkte mit äußerst niedrigen Kupferpreisen und Schwierigkeiten des Finanzinstituts, daß ... der Betrieb Ende 1931 eingestellt wurde. Die Belegschaft von mehr als 1000 Arbeitskräften wurde arbeitslos und wanderte größtenteils ab. Mühlbach war Notstandsgebiet. Als 1938 der Betrieb wieder aufgenommen und in den darauffolgenden Jahren das reiche Westfeld aufgeschlossen wurde, mußte von vorne angefangen werden* (Schöner[3]).

1972 deckte der Mitterberger Kupferbergbau noch acht Prozent des österreichischen Bedarfs. Trotzdem kam vier Jahre später wegen Unrentabilität das Aus. Der Eisenerzabbau am Eingang des Blühnbachtales, der ursprünglich 800 bis 500 Jahre v. Chr. – also in der Hallstattzeit – begann, wurde 1960 eingestellt.

Eine Ersteigung des Hochkönigs ist allemal eine großartige Unternehmung. Ob man sommers aus den heimelig-grünen, lieblichen Böden des Mitterbergs vielstundenlang hinaufwandert in die herbe Welt von Geröll, Fels, Eis und Schnee, ob man mit den Skiern, bangen Gefühls die Steilhänge unterhalb der Mandlwand querend, 1400 Höhenmeter emporschlurft zur Übergossenen Alm, ob man am sonnenwarmen Kalk des Großen Bratschenkopfes Seillänge um Seillänge höherklettert, bis die Schafe auf der Wiedersbergalm nur noch als kleine, helle Pünktchen auszumachen sind: immer hat man das Empfinden, an einem wirklich großen, eben einem königlichen Berg unterwegs zu sein. Vom Gipfel geht die überwältigende Schau zu den berühmten Firnbergen der Hohen Tauern. War es nicht die Hochalmspitze, die uns vom Wetterwandpfeiler – als unwiderstehliche Verlockung scheinbar über einer Talnebeldecke schwebend – so unsagbar faszinierte? Und der Ausblick vom Matrashaus zu den Berchtesgadener Alpen ist der eines Grandseigneurs – Vertrautes sozusagen von höherer Warte aus. Ganz anders als von manchen Blickwinkeln der Nordseite fehlt hier das grüne Land. Vom Hochkönig zeigen sich die Berchtesgadener Berge überwiegend als karge, wilde Öde, abschreckend und anziehend zugleich. Faszinierender noch, wenn man sich dafür interessiert, wie sie entstand.

Vom Werden, Sein und Vergehen der Berchtesgadener Alpen

Es ist ein sinnliches Erlebnis, wenn die Hand sanft über sonnenwarmen Fels gleitet. Stein berühren. Steine in der Hand halten. Rauhe Steine, glatte Steine, scharfkantige Steine; runde Steine deren Oberflächen sich fast weich anfühlen. Das, was die Hand greift, war einmal Leben ...

Haselgebirge, Ramsaudolomit, Dachsteinkalk

Das älteste Gestein der Berchtesgadener Alpen bildet sich an der Wende vom Erdaltertum zum Erdmittelalter, während des Übergangs vom Perm zum Untertrias: ein salzführendes Gestein, das man Haselgebirge nennt. In Lagunen des warmen Urmeeres wird durch starke Verdunstung das Wasser mit Salz übersättigt – es kristallisiert. Das Steinsalz, das sich hier über Millionen von Jahren bildet, ist für Berchtesgaden auch heute noch ein wertvoller Bodenschatz.

Auch die beiden Hauptgesteine der Berchtesgadener Berge, der weithin sockelbildende, brüchige Ramsaudolomit und der 1000 Meter mächtige Dachsteinkalk, sind Flachwasserablagerungen, und zwar solche aus der Triaszeit vor 225 bis 195 Millionen Jahren. 15 Millionen Jahre dauert allein das Entstehen der Dachsteinkalkformation. Millionen von tierischen und pflanzlichen Organismen produzieren Kalkschlamm, der sich nach und nach zu Gestein verfestigt. Dessen Mächtigkeit erklärt sich durch das während des Ablagerungsprozesses gleichzeitige Einsinken der Erdkruste.

Der Dachsteinkalk der Berchtesgadener Alpen tritt in zwei Formen zu Tage: Zum einen in mächtige Schichten gebankt. *Es wechseln in regelmäßigem Rhythmus bis zu 20 Meter dicke Kalkbänke mit feinschichtigen Lagen eines geringmächtigen Dolomites. An der Basis eines solchen Rhythmus findet sich häufig noch eine dünne Tonlage, die durch kräftige rote oder grüne Farben auffällt* (Zankl). Die gebänderten Flanken und Wände des Watzmannstockes sind typische Beispiele für gebankten Dachsteinkalk. Auf seinen Schichtflächen kann man Querschnitte von Muschelschalen, den Megalodonten – im Volksmund Hirsch- oder Kuhtritte –, erkennen.

Zum anderen entstehen an den Rändern der ausgedehnten Flachwasserplattformen riesige, aus über 100 Arten von Organismen aufgebaute Riffe. Ihre Hauptbildner sind, mit etwa 30 Arten vertreten, Korallen, gefolgt von Kalkschwämmen. Kalkalgen *spielten eine wichtige Rolle bei der Stabilisierung des Korallengerüstes* (Zankl). Als Beispiele für ungeschichtete, massige Dachsteinkalkriffe seien der Hohe Göll, die Teufelshörner im Hagengebirge oder der prächtige Kletterfels an den Bergen der Hochkönig-Südseite genannt.

Vom Gestein zum Gebirge

Während der Wende von der Trias- in die Jurazeit bricht die Erdkruste in große Stücke. Dazwischen drängt sich das Meer. Rote Kalke aus dem Unterjura (Lias) lagern sich in den tiefen Spalten und Karsttaschen der zerbrochenen Erdkruste ab. Namen wie Rothspielscheibe und Feuerpalfen in den Gotzenbergen, Röth, oder Rotpalfen im Hochkaltergebirge künden von diesen Juragesteinen. In der Zeit des Oberjura bilden sich harte Kieselsäuregesteine, Radiolarite, die beispielsweise die Hochfläche der Gotzenalm aufbauen.

Die mächtige Westflanke des Großen Watzmanns. Das Foto zeigt deutlich die Hauptgesteine: den begrünten, brüchigen Ramsaudolomitsockel, darüber den gebankten Dachsteinkalk.

▷ Ein Teil der Höhlensysteme der Berchtesgadener Alpen entstand vor der eigentlichen Gebirgsbildung, andere während der Gebirgshebung. Im Bild ein Schluf in einer Höhle am Königssee.

Die etwa 90 Millionen Jahre währende Gebirgsbildung setzt am Ende des Jura ein. Das riesige Tethysmeer, das alte Mittelmeer – benannt nach der griechischen Göttin Tethys –, das sich nach dem Zerbrechen der Erdkruste zwischen europäischem und afrikanischem Kontinent ausgebreitet hatte, wird in der dem Jura folgenden Kreidezeit verdrängt: Afrika »wandert« nach Norden, die beiden Kontinentplatten stoßen aneinander, wobei die Stirn der europäischen Platte unter die afrikanische Platte abtaucht. Während dieses Vorgangs werden entweder die Gesteinsmassen der heutigen Nördlichen Kalkalpen von ihrem Untergrund abgeschert und nach Norden auf die europäische Platte geschoben. Oder aber, wie Zankl schreibt, die heranrückende Erdkruste Afrikas begräbt die Ablagerungen des Tethysmeeres unter sich, und der afrikanische Kontinentrand zerfällt immer stärker in einzelne Teilschollen, je weiter er sich nach Norden schiebt. Ein Teil dieser Bewegungsmasse läge heute weit abgetrennt von seiner ursprünglich südlichen Wurzel im Norden in Form der Nördlichen Kalkalpen.

Beides wäre denkbar. Doch sei es wie es wolle: Diese unvorstellbaren, ungeheuerlichen Verschiebungsvorgänge dauern bis zum Beginn des jüngeren Tertiärs an. Eindrucksvolle Zeugnisse der dabei freigewordenen Kräfte finden sich – für jeden Reisenden sichtbar – am Göllstock, *wenn man von der großen Haarnadelkurve der Kehlsteinstraße in die Scharitzkehl hinunterschaut. In einer riesigen Rollfalte, die vom Dürrecker Berg bis zum Pflughörndl reicht, sind Dachsteinkalk und Juragestein eingerollt und über Radiolarit geschoben* (Zankl). – Aus den jüngeren Meeresvorstößen entstehen während Oberkreide und Alttertiär rote Mergel, wie sie etwa im Lattengebirge und am Untersberg vorkommen, und auch der Riffschuttkalk der Gosauformation, der den Untersberger Marmor liefert.

Berge und Täler

Die Vorherrschaft des Meeres ist beendet, die Schubbewegungen sind zum Stillstand gelangt. *Das Gebirge lag noch tief unter der Erdkruste versenkt. Große Flüsse zogen darüber hinweg, sie haben ihre Schotter im Alpenvorland, im sogenannten Molassebecken, abgelagert* (Zankl). Während dieser Phase, da die Alpen noch ein bescheidenes Mittelgebirge darstellen, entsteht kraft der ober- und unterirdischen Flußläufe ein Teil der zahlreichen Höhlensysteme der Berchtesgadener Berge. Andere Höhlen sind Klüfte, die bei der eigentlichen Gebirgsbildung (s.u.) entstehen. Eindringendes Wasser löst den Kalk auf und erweitert die vorhandenen Hohlräume.

»Erst« vor etwa 36 Millionen Jahren, im Jungtertiär, beginnen sich die Gesteinsmassen unter erneutem Zerbrechen zu heben. *Das Emporsteigen des Gebirges und damit die Anlage der Täler hielt über zehn Millionen Jahre an und ist in manchen Teilen des Gebirges noch nicht abgeschlossen, wie die Erdbeben in den Südalpen zeigen. Am Beispiel des Wimbachtales läßt sich der Zusammenhang zwischen Gebirgsaufstieg, Zerbrechen und Talbildung besonders gut erkennen. Watzmann und Hochkalter bildeten zusammen ein mächtiges Gewölbe, dessen Scheitellinie etwa dem Verlauf des Wimbachtales entsprach. Dieses Gewölbe brach beim Herausheben im Scheitelbereich ein, hier konnte nun die Erosionskraft verstärkt ansetzen, da das Gebirge intensiv zerrüttet war. Zunächst war der Dachsteinkalk zu durchschneiden, dann folgte der darunterliegende, leichter verwitterbare Ramsaudolomit. Dort, wo der Ramsaudolomit am höchsten anstieg, war die Dachsteinkalkplatte am raschesten durchschnitten; dieses Gebiet lag im hinteren Wimbachtal im Bereich der Palfelhörner. Die verstärkte Ausräumung des leicht zerfallenden Ramsaudolomites führte dort zu einer raschen Erweiterung des Tales, im Gegensatz zum engen Talausgang zwischen den Dachsteinkalkwänden des Watzmanns und Hochkalters vom Wimbachschloß bis zur Wimbachklamm* (Zankl).

Schuttwüste Wimbachgries, hier wird der Zerfall des Gebirges – die Baumskelette unterstreichen diesen Eindruck noch – augenfällig. Und doch regt sich selbst in dieser unwirtlichen Gegend pflanzliches Leben, wie die Schuttfluren (siehe Seite 64) beweisen.

Das Eis formt

Sechs Eiszeiten, von wärmeren Zwischeneiszeiten unterbrochen, prägen im Verlauf der letzten rund zweieinhalb Millionen Jahre das heutige Aussehen der Landschaft. Die sich vom Steinernen Meer herunterschiebenden Eismassen des Königsseegletschers schürfen den Boden des Seebeckens bis in eine Tiefe aus, die fast 200 Meter unter die normale Talsohle reicht. Auch das Wimbachtal wird dieserart ausgeschürft, und auch dort bleibt nach dem Rückgang des Eises ein See. Bedingt durch den rasch verwitternden Ramsaudolomit im Einzugsgebiet des Tales, der bis in unsere Zeit das Wimbachtal aufschottert, ist dieser See bald wieder zugeschüttet. Messungen haben ergeben, *daß die anstehende Felssohle erst unter mehr als 300 Meter Lockermaterial zu erwarten ist* (Ott).

Der Ramsaugletscher wird von dem über den heutigen Hirschbichlpaß herüberdrängenden, aus den Zentralalpen kommenden Saalachgletscher genährt. Ramsau- und Königsseegletscher fließen in der Schönau zusammen, um sich im Berchtesgadener Kessel in einen über das heutige Schellenberg zum Salzachgletscher führenden Strom, und einen sich über den Paß Hallthurm zum Saalachgletscher schiebenden Arm zu teilen. *Mit dem maximalen Vorstoß während der letzten Eiszeit (Würmeiszeit) erreichten die Gletscherzungen fast Burghausen an der Salzach* (Zankl).

Ewige Berge?

Doch während in Teilen der Alpen das Emporsteigen des Gebirges noch andauert, setzt anderswo bereits seine Abtragung ein. Dem Abschmelzen der eiszeitlichen Gletscher folgt der stetige Gesteinszerfall. Wie mehrfach erwähnt, verwittert der Ramsaudolomit verhältnismäßig rasch, besonders dann, wenn er – wie etwa an den Palfelhörnern – nicht mehr vom widerstandsfähigeren Dachsteinkalk überdeckt ist. Felsstürze sind spektakuläre Ereignisse der Abtragung. In der Nacht zum 7. Februar 1959 bricht an eben diesen Palfelhörnern eine Felswand von 150 Metern Höhe und 70 bis 80 Metern Breite in sich zusammen. Etwa 350000 Kubikmeter Gestein donnern auf das Wimbachgries, dessen Schneeauflage durch Pressung und Reibungshitze zu hartem Eis erstarrt.

Wasser frißt Kalkgestein regelrecht auf und es entstehen, wie hier am Seeleinsee im Hagengebirge, ausgedehnte Karrenfelder.

Bereits 1908 löst sich ein Teil der Gipfelpartie des Hochkalters – mitsamt dem Gipfelsteinmann! *Ein gewaltiger Kalkklotz von schätzungsweise 100 m Höhe, 80 m Breite und 30 m Stärke, also etwa ¼ Million Kubikmeter Fels, brach als Ganzes vom Gipfel ab und veränderte dessen Aussehen nicht unwesentlich. An der Ostseite entstand ein noch heute gelbrot leuchtender, trapezförmiger Schacht, und am Fuße des Schneelahnergrabens liegen die Trümmer dieser östlichen Gipfelhälfte. Der mächtige Bergsturz ereignete sich an einem schönen, klaren Sommertag und wurde weithin in Berchtesgaden gehört, in der Ramsau aber als eine erdbebenähnliche Erschütterung verspürt. Er war von solcher Wirkung, daß eine die Sonne verfinsternde Staubwolke am Gipfel aufwirbelte, die sich auf eine Partie mir bekannter Alpinisten, die sich gerade jenseits der Blaueisscharte im Kar befanden, herniedersenkte und ihre Kleider und Hüte mit einer dichten Staubschicht bedeckte* (Zeller).

Irgendwann wird der Schwemmkegel des Eisbaches, auf dem Sankt Bartholomä steht, eine Teilung des Sees vollzogen haben. Die Ramsaudolomit-Schuttmassen des Watzmannsockels begünstigen diese Verlandung. *Jeder Gewitterregen transportiert eine neue Fracht in den See* (Zankl). Aber auch weitere Bergstürze von Dachsteinkalkschichten sind denkbar, zumal die wie Schmiermittel wirkenden Tone zwischen den Kalkbänken deren Abgleiten begünstigen können.

Nicht nur das Augenfällige läßt die Berge kleiner werden. Auch die an Kalkgesteinen auftretende Verkarstung, von der Plateaugebirge wie die der Berchtesgadener Alpen besonders betroffen sind, fördert den Abtrag. Das Wasser frißt den Berg sowohl von außen als auch von innen her förmlich auf. Durch Risse und Klüfte dringt es in die Tiefe und vergrößert bestehende Hohlräume. Selbst die Solequellen, die aufgrund artesischen Drucks aus dem Haselgebirge hervortreten, belegen den Abtragevorgang im Gebirge. Wer je an die »ewigen Berge« glaubt, ist ein hoffnungsloser Träumer.

Es ist ein sinnliches Erlebnis, wenn die Hand sanft über sonnenwarmen Fels gleitet. Das, was sie da berührt, war einmal Leben; was sie umschlossen hält, ist ein Stück Erdmittelalter. Und doch werfe ich es weg, weil ich mir 200 Millionen Jahre nicht vorstellen kann. Manchmal aber stecke ich so einen Brocken in den Rucksack und trag' ihn nach Hause. Steinalt werde ich dadurch zwar nicht. Doch wenigstens steinreich ...

Der Kleinstaat Berchtesgaden

Seine Geschichte ist vom Gerangel um das Salz, das »Weiße Gold«, geprägt. Berchtesgaden und Salzburg liegen im Dauerzwist. Kirchliche, innerkirchliche und weltliche Machtansprüche prallen aufeinander. Allen Unruhen zum Trotz bewahrt sich das Stift eine erstaunliche Eigenständigkeit, die allein schlechter Finanzpolitik wegen verspielt wird. Mit der Säkularisation erst kommt das endgültige Aus für die Fürstpropstei. Durch das überwiegend geschickte Taktieren ihrer 47 Pröpste hatte sie sich über Jahrhunderte hinweg als weltlich-geistlicher Kleinstaat behaupten können.

Die Gründung des Stifts Berchtesgaden

Als Gründerin wird Irmgart, Gemahlin des Grafen Berengar I. von Sulzbach, genannt. Diese war eine Tochter des Grafen Kuno von Rott und der Uta von Wolfratshausen Diessen und war dreimal verheiratet. Aus der ersten Ehe mit Kuno von Frontenhausen entstammte Adelheid, auch dreimal verheiratet, die Stifterin von Baumburg; der zweite Gemahl, Hallgraf Engelbert von Linth-Attl, brachte ihr (Irmgart; Anm. d.V.) *das Gebiet um Berchtesgaden zu und soll, der Sage zufolge, auf der Jagd aus großer Gefahr errettet, die Gründung des Stifts gelobt haben. Der dritte war Berengar von Sulzbach, dessen gleichnamigem Sohne die Ausführung der Stiftung zufiel, die ungefähr um das Jahr 1100 erfolgte.*

Das Stift erhielt die Augustinerregel, die ersten Chorherren kamen aus Rottenbuch, das um 1074 von Welf von Bayern gegründet worden war und in den Kreis der Reformklöster gehört. Diese Beziehung äußerte sich auch bei dem Tochterhause Berchtesgadens darin, daß es nicht einem Bischofe aufgegeben, sondern unmittelbar dem apostolischen Stuhle übereignet wurde. Die nach Rom gesandten Mandatare Berengars, dessen Halbbruder Kuno von Horburg und der Propst der neuen Gründung, Eberwin, erlangten wahrscheinlich 1102 (möglicherweise 1102 bis 1105) ein vom 2. April datiertes Mandat des Papstes Paschalis II. an die Grafen Berengar und Kuno, worin er die Stiftung gegen einen jährlichen Zins in den Schutz des Hl. Stuhles nimmt und alle, die versuchen, die Güter dem hl. Petrus zu entziehen, mit Strafen bedroht. Als Dotationsgüter werden darin genannt Berchtesgaden und Niederheim. Das letztere liegt im Pinzgau (Martin).

Die Gegend um Graf Perthers Haus (Gaden) ist offensichtlich noch wenig urbar. Wohl fand man dort Spuren bereits aus der Jungsteinzeit. Wohl durften die keltischen Salzknappen von Dürrnberg aus auch in den Berchtesgadener Talkessel herübergewandert sein. Wohl mag der heilige Rupert, der erste Bischof Salzburgs, von Baiernherzog Theodo zwei oberhalb des Berchtesgadener-Achen-Tales gelegene Almen geschenkt bekommen haben: Die eigentliche Geschichte Berchtesgadens beginnt mit der von Berengar beauftragten Gründung des Stifts.

Erst im zweiten Anlauf . . .

Doch ists den Augustiner Chorherren im Berchtesgadener Talkessel zunächst nicht recht geheuer. *Zu den Schrecknissen der grauenvollen Wildniß, welche das älteste Buch der Sagen von der Stiftung Berchtesgadens beschreibt, zur Kälte, Unfruchtbarkeit, Gefahr vor den wilden Thieren, zur völligen Abgeschiedenheit . . . gesellten sich noch außerordentliche Ereignisse der Natur am Himmel und auf der Erde; Gestirne bewegten sich in ungewöhnlichen Bahnen, und schienen zu fallen; flammende Körper fuhren durch die Luft; vom 3. Jänner Nachts (1117) bis zum 4. Abends, während brausende Orkane Bäume entwurzelten, erbebte die Erde in heftigen Stößen, daß die Berge erzitterten, Felsen donnernd in die Thäler stürzten, und die Wände der Bergseen brachen. Solchen Vorboten des Jüngsten Tages, wie damals der Glaube allgemein war, vermochten die frommen Brüder nicht zu widerstehen, und von der Unzulänglichkeit der Hülfsmittel mehr als irgendwo niedergedrückt, verlangten sie wieder zur Mutterkirche zurückgenommen zu werden* (Josef Ernst Ritter von Koch-Sternfeld).

Möglich, daß da ein wenig Übertreibung anklingt. Wie dem auch sei: Die wackeren Augustiner verlieren tatsächlich den Schneid. Sie ziehen sich zwar nicht nach Rottenbuch, aber doch einigermaßen erleichtert in das Stift Baumburg an der Alz zurück. Doch Berengar hält an der Entscheidung seiner verstorbenen Mutter fest. Eberwin, jetzt auch Baumburgs Propst, rafft sich noch einmal auf, geht um 1120 mit einigen Kanonikern endgültig an den Fuß des Watzmanns und wird – keineswegs zur Zufriedenheit Baumburgs – der erste Propst des Stifts Berchtesgaden.

Das mit dem Abbild Kaiser Friedrichs I. Barbarossa versehene Goldsiegel, die »Goldene Bulle«. Sie verschloß die Urkunde, welche dem Stift Berchtesgaden die Jagd- und Forstregalien und das Fischereirecht festschrieb. Das Salzregal soll der originale Schutzbrief Barbarossas nicht enthalten haben. Vielmehr soll es nachträglich hinzugefügt worden sein.

Die Goldene Bulle

Durch Schenkungen des reichen Berengar von Sulzbach verfügt das junge Stift Berchtesgaden bald über Grund und Boden in der Ausdehnung der späteren Fürstpropstei. Das Kloster hat Forst- und Jagdhoheit und die Möglichkeit der Rodung. *Damit war ... die wichtigste Voraussetzung der Landeshoheit gegeben, da Rodung neben Besitzrechten auch Herrschafts- und Gerichtsrechte verlieh* (Werner).

Papst Innozenz II. spricht für das Stift die freie Propstwahl aus. Propst Heinrich dem I. wird am 13. Juni 1156 in Würzburg die Festschreibung der bestehenden Rechte Berchtesgadens durch Kaiser Friedrich I. Barbarossa zuteil: die berühmte Goldene Bulle! So heißt das mit dem Abbild des Kaisers versehene Goldsiegel, das die Urkunde verschließt. Sie umfaßt die Jagd- und Forstregalien, das Fischereirecht und das Salzregal. Letzteres soll der originale Schutzbrief Barbarossas zwar nicht enthalten haben, vielmehr soll es nachträglich hinzugefügt worden sein. Wie auch immer: das Salzregal verhilft der Propstei zu ihrer späteren wirtschaftlichen Bedeutung.

Berchtesgaden also steht unter dem Schutz der höchsten weltlichen Macht. Doch der Kaiser liegt im Hader mit dem Papst, was sich für die Beziehungen zwischen der Propstei und dem Erzbistum Salzburg – dessen geistlicher Jurisdiktion Berchtesgaden untersteht – nicht eben förderlich auswirkt. Barbarossa nimmt die salzburgischen Klöster gar in die Reichsacht, die Stadt

Irmengard, die Gründerin des Stifts Berchtesgaden, ist daselbst auf einer Hausfassade am Marktplatz verewigt.

wird verwüstet und Erzbischof Konrad III. zur Flucht gezwungen. Auch sein Nachfolger Adelbert III. kann sich nicht halten. Berchtesgaden, quasi eine Art Insel der Seligen, ficht dies nicht an. Bis es doch in den Machtkampf zwischen Papst und Kaiser gezogen wird. 1174 setzt Friedrich I. den Stiftspropst Heinrich auf den Salzburger Erzbischofstuhl. Als der Kaiser 1177 in Oberitalien eine entscheidende Niederlage erfährt und der Papst durch den Frieden von Venedig seine uneingeschränkte kirchliche Macht zurückerlangt, muß Heinrich I. weichen. Barbarossa ertrinkt während eines Kreuzzuges im Fluß Saleph (Kleinasien).

Die Propstei wird reichsunmittelbar

Berchtesgaden steht ohne kaiserlichen Schutz da. Mit seinem Salzbergbau am Tuval nahe Schellenberg und der dortigen Saline wird die Propstei zur wirtschaftlichen Konkurrenz des salzburgischen Hallein-Dürrnberg. Der rachelüsterne, vom Papst wieder eingesetzte Salzburger Erzbischof Adelbert III. ermuntert Halleiner Bürger, die Berchtesgadener Salzknappen davonzujagen und die Schellenberger Betriebe zu besetzen. Zu allem Überfluß erkennt Reichenhall das über seine Salzquellen verfügte Berchtesgadener Zinsrecht nicht mehr an. Die Reichenhaller Aufmüpfigkeit wendet sich aber auch gegen Salzburg, dem seinerseits der geforderte Zehent verweigert wird. Am kostbaren Salz, dem wichtigsten Konservierungs- und Gewürzmittel der damaligen Zeit, entzünden sich mehr und mehr Intrigen und Streit.

Trotz eines im Jahre 1198 geschlossenen Vergleichs, der Berchtesgaden im Hinblick auf die Salzerträge übervorteilt, blüht die Propstei auf. Die Salzläger in der Nähe des heutigen Bergwerks werden entdeckt. Papst Alexander IV. nimmt das Stift 1255 unter seine Oberhoheit und schützt es so vor Salzburg. Im Jahr 1294 erhält Berchtesgaden von König Adolf die Hohe und Hals-Gerichtsbarkeit – den Blutbann – zugesprochen, und 1380 endlich wird es unter König Wenzel Reichslehen. *Im Reichsfürstenrate hatte der Propst Sitz und Stimme zwischen dem Großprior zu Heitersheim und dem Fürstpropste zu Weissenburg. Bei dem bayerischen Kreise saß er auf der geistlichen Bank zwischen dem Bischofe von Passau und dem Abte von St. Emmeram in Regensburg* (Martin).

Immer wieder Salzburg

Propst Ulrich I. regelt in seinem Landbrief vom Aschermittwoch des Jahres 1377 »die persönlichen und dinglichen Rechte der Untertanen des Hochstiftes und ihrer Pflichten« (Martin). Dabei ist insbesondere von Bedeutung, daß den Leibeigenen der Propstei Bauernhöfe zum »Lehen« angeboten werden. *Diese Lehenschaft hebt zwar nicht die Leibeigenschaft auf, sichert aber den Nachkommen den Erbanspruch auf Haus und Hof* (Klinger). Heute noch heißen die Berchtesgadener Höfe »Lehen« (zum Beispiel Schusterlehen, Bärnlehen, Schebererlehen). – Doch in Ulrichs Reformen »funken« sowohl der Salzburger Erzbischof als auch die eigenen Chorherren. Es kommt zu Scharmützeln zwischen Herzog Friedrich von Bayern und Salzburg, und letztendlich setzte der zum Schlichter bestellte Bischof Berthold von Freising den Salzburger Domherrn Konrad V. Torer als Fürstpropst in Berchtesgaden ein.

Das Stift steht hoffnungslos »in der Kreide« und gerät dadurch voll in die Abhängigkeit Salzburgs. Unter Bischof Pilgrim II. von Puchheim wird 1393 die Propstei dem Erzbistum einverleibt und die Schellenberger Saline verpfändet. Immerhin übernimmt mit Peter II. Pienzenauer der bayerische Kandidat das Kloster. Es beginnt sich sogar, dank der Tüchtigkeit dieses neuen Propstes, finanziell zu erholen, und unter den Pröpsten Wolfgang I. Lenberger und Wolfgang II. Griesstätter ist es 1556 schuldenfrei.

Propst Ulrich I. bot den Leibeigenen der Propstei Bauernhöfe zum »Lehen« an. Diese Lehenschaften sicherten den Nachkommen Erbansprüche auf Haus und Hof. Noch immer ist die Bezeichnung »Lehen« für die Berchtesgadener Bauernhöfe üblich. Im Bild das Bärnlehen in der Gemeinde Schönau am Königssee, das man so nicht mehr antrifft. Hinten die noch verschneite Westwand des Hohen Gölls.

Wolf Dietrich von Raitenau

Die Salzburger Bauernkriege, ausgelöst durch Luthers Reformation, gehen auch an Berchtesgaden nicht spurlos vorüber. Das Verhältnis zwischen dem Erzbistum und der Propstei verschärft sich indes, als 1587 der junge, dynamische und machthungrige Wolf Dietrich von Raitenau Salzburgs Bischof wird. Er beginnt das klassische Stadtbild zu schaffen. Er setzt die Salzzölle herauf und nötigt den Berchtesgadener Propst im August 1590, einen Knebelungsvertrag zu unterzeichnen: der Raitenauer hält Jakob II. Pütrich einfach in Salzburg gefangen, bis der seinen Namenszug auf das Papier schreibt. Dem »Wolf in Purpur« entronnen, beklagt sich Jakob bei Papst und Kaiser, doch den Erzbischof schert dies nicht. Seine Truppen besetzen das Stiftsland, die Bayern halten dagegen. Der Kaiser schlichtet, und 1595 – nach Jakob Pütrichs Tod – wird Ferdinand, der erst sechzehnjährige Sohn Herzog Wilhelms V. von Bayern, Propst zu Berchtesgaden.

Koadjutor zu Köln ist er bereits, und deshalb verwaltet nicht der junge Propst, sondern Dekan Ludwig Neuchinger das Stift. 1612 erlangt Ferdinand die Würden des Erzbischofs und Kurfürsten von Köln. *So war etwa anderthalb Jahrhunderte lang den zweitgeborenen Söhnen der Wittelsbacher der Kölner Bischofsstuhl gesichert. Neben einigen anderen Bistümern und geistlichen Würden umfaßte diese Sekundogenitur auch die Propstwürde des Stiftes zu Berchtesgaden. Für die nächsten 129 Jahre* (richtig: 128 Jahre; Anm. d.V.) *blieb das Stift wittelsbachisch* (Klinger).

Für Wolf Dietrich von Raitenau ist »genug nicht genug«. Er strebt nach dem Berchtesgadener Salzregal. Aber damit kommt er Herzog Maximilian von Bayern, dem Bruder Propst Ferdinands, gerade recht. Max erhöht zugunsten Reichenhalls die Maut für das Halleiner Salz. Daraufhin blockiert der Erzbischof die Ausfuhr des Berchtesgadener Salzes. Verhandlungen zwischen Abgesandten beider Parteien scheitern. Wolf Dietrich, der Hitzkopf, läßt in der Nacht vom 7. auf den 8. November 1611 Berchtesgaden besetzen. Maximilian drängt mit insgesamt zehntausend Mann starken bayerischen Truppen von Burghausen über Tittmoning nach Salzburg. Der Erzbischof flieht, wird aber im kärntnerischen Rennweg von einem bayerischen Soldatenhaufen – *unter Bruch der österreichischen Neutralität* (Schreiber) – gefangengenommen. Man zwingt den Raitenauer zum Abdanken und kerkert ihn zunächst auf Hohenwerfen, danach auf Hohensalzburg ein.

Berchtesgadens letzter Fürstpropst Joseph Konrad Freiherr von Schroffenberg; beliebt beim Volke, vorausschauend, aber dennoch glücklos. Vergebens versuchte er, das Stift vor der Säkularisation zu bewahren. Immerhin gelang es Schroffenberg dank seiner persönlichen Bekanntschaft zu General Moreau, die Schrecken der französischen Besatzung von Berchtesgaden fernzuhalten.

Dem Ende entgegen

Nach den nur nach außen hin friedlichen Jahrzehnten im Zeichen der zumeist fern vom Watzmann weilenden Wittelsbacher Pröpste wählt Berchtesgaden 1723 mit Julius Heinrich Freiherr von Rehlingen *einen Mann aus seiner Mitte* (Klinger), eben aus dem Stiftskapitel zum Fürstpropst und widersetzt sich damit dem Wollen des Kurfürsten Max Emanuel. Unter dem Rehlinger entstehen die Kirchen Mariä Heimsuchung in Ettenberg und Mariä Himmelfahrt zu Kunterweg oberhalb Ramsau. Julius Heinrichs Nachfolger Kajetan Anton Freiherr von Nothaft treibt durch seine bösartigen Schikanen etwa eintausend Berchtesgadener Protestanten in die Emigration.

Das Stift kommt herunter, die Schulden wachsen, und auch der die trostlose Situation analysierende, sanierungswillige und beim Volke überaus beliebte letzte Fürstpropst Joseph Konrad Freiherr von Schroffenberg kann die Bankrotterklärung Berchtesgadens nicht verhin-

▷

Auch das berühmte Salzburg ist Talort (Talstadt) der Berchtesgadener Alpen. Der salzburgische Raum war bereits in der Jungsteinzeit besiedelt. Manche Quellen weisen gar auf Spuren menschlicher Existenz aus dem 66. Jahrtausend vor Christi Geburt hin. Eine wichtige römische Handelsstraße verband Salzburg (Juvavum) mit Augusta Vindelicum, dem heutigen Augsburg. Rupert, einer der »Apostel Baierns«, war Salzburgs erster Bischof. Baiernherzog Theodo schenkte ihm einen Teil der Reichenhaller Salzquellen und -pfannen. Das heutige Salzburger Stadtbild begann Wolf Dietrich von Raitenau zu schaffen.

dern. Er überläßt in einem mit dem bayerischen Kurfürsten Karl Theodor geschlossenen Pachtvertrag vom 28. April 1795 *alle Salinen, Berge und Wälder auf ewige Zeiten ... Bayern gegen jährlich 50000 Gulden und Prämien für die gewohnten 140000 Zentner Salz und 75000 Zentner Salzsteine übersteigende Produktion* (Martin). Salzburg protestiert – mit Erfolg. Der kaiserliche Reichshofrat erklärt den Vertrag für ungültig. *Dennoch bestand Bayern auf seinem Recht, da noch dazu die Salzquellen zu Reichenhall 1798 durch ein Erdbeben stark beeinträchtigt wurden. Durch geheime Verhandlungen mit Salzburg, die dem bayerischen Kurfürsten nicht verborgen bleiben sollten, gelang es Schroffenberg, die Salinenpacht auf 80000 Gulden zu erhöhen. Wirtschaftlich zu retten aber war der kirchliche Kleinstaat nicht mehr* (Klinger).

Endgültig bayerisch

Trotz allem nötigt Joseph Konrad von Schroffenbergs Einsatz für seine Untertanen Bewunderung ab. Er sucht, vergebens zwar, die seit Jahren schwelende Säkularisation abzuwenden, und als 1800 die Franzosen in Berchtesgaden einrükken, gelingt es dem letzten Fürstpropst aufgrund seiner persönlichen Beziehungen zu General Moreau »die Schrecken der französischen Besatzung von der Berchtesgadener Bevölkerung fernzuhalten«.

1802 nimmt Großherzog Ferdinand von Toscana die Propstei in Besitz, 1803 fällt sie der Säkularisation zum Opfer. Schroffenberg stirbt. Als Folge des Krieges zwischen Frankreich und Österreich wird Berchtesgaden *durch den Preßburger Frieden vom 26. Dezember 1805 mit dem Salzburger Land dem österreichischen Kaiserhaus zugesprochen. Die folgenden zwei Jahre 1806 und 1807 sind wohl die schlimmsten in der Geschichte des kleinen Landes: Österreich entließ zwar die Berchtesgadener Bauern aus der Leibeigenschaft, konnte sich aber nicht um die wirtschaftliche Sanierung des Landes kümmern. Die Salinen standen still, und die Berchtesgadener Holzindustrie konnte wegen der schlechten Weltwirtschaftslage ihre Erzeugnisse nicht mehr absetzen. Die Menschen hungerten, viele starben an einer unheimlichen Seuche, über die nichts näheres überliefert ist.*

Mit dem Schönbrunner Frieden vom 4. September 1809 gelangten Berchtesgaden und Salzburg an Bayern, das die Gebiete am 19. September 1810 in Besitz nahm. Während Berchtesgaden aber in bayerischem Besitz blieb, fiel Salzburg 1816, nach dem Wiener Kongreß, wieder an Österreich. Die bayerischen Könige hatten eine besondere Vorliebe für das neuerworbene Kleinod ihres Landes. Sie bauten das Schloß der Fürstpröpste zur königlichen Sommerresidenz um (Klinger).

Die Wallfahrtskiche Maria Gern, darüber die mehrere Kilometer lange Felsmauer des Untersberges. Das 1710 fertiggestellte Gotteshaus weist den Grundriß einer Ellipse auf. Der Turm wurde 1724 vollendet.

Vom Bauen, von der Arbeit, vom alten Brauchtum

Was die Fürstpröpste an Augenfälligem schufen und was man danach noch an Schönem hinzufügte, ist uns zu guten Teilen erhalten geblieben: kunstvolle Kirchen, das Schloß, kleine Wallfahrtskirchen auf den Höhen, alte Höfe. Zeugnisse der Arbeitskultur, wie sie die Salzgewinnung hervorbrachte, gibt es indessen fast nur noch in Museen zu bestaunen. Denn auch das Berchtesgadener Salzbergwerk dient als solches, und in Bad Reichenhall die Alte Saline. Das Brauchtum hingegen ist Selbstverständnis im Berchtesgadener Jahresablauf.

Natürlich ist das Voranstehende Berchtesgadener Geschichte im Zeitraffer. Viel wäre da noch zu sagen, etwa über die Bau- und Kunstgeschichte der Propstei, deren Zeugnisse wir allenthalben bestaunen und lieben: die Stiftskirche Sankt Peter und Johannes der Täufer, ursprünglich ein romanischer Bau aus der Zeit um 1180, die sich heute mit ihrem spätgotischen Langhaus darstellt. Seine asymmetrischen Gewölberippen faszinieren; beeindruckend die Marmorepitaphien, unter denen der Grabstein des Propstes Peter Pienzenauer besonders auffällt. Das Chorgestühl aus Eichenholz wurde zwischen 1436 und 1443 gefertigt. Der romanische Kreuzgang des Klosters ist an drei Seiten noch original erhalten. Nur der Nordflügel mußte um 1600 wegen Überbauung – man könnt' sagen leider! – verstärkt werden. Großartig die Säulen und Kapitelle mit ihren Figuren, Tieren und Fabelwesen.

Die alten Klosterräume um den Kreuzgang sind ab dem 16. Jahrhundert bis ins 18. Jahrhundert hinein immer wieder erweitert worden. Das heutige Schloßmuseum birgt eine bemerkenswerte Sammlung Kronprinz Rupprechts von Bayern. Der Kapitelsaal gilt als ein Schmuckstück frühgotischer Architektur.

Wallfahrtskirchen und bäuerliche Baukultur

Der Urbau der Wallfahrtskirche Sankt Bartholomä geht auf eine hölzerne Kapelle aus dem Jahr 1134 zurück. Sie wurde 1697 abgerissen. An ihrer Stelle entstand die heutige Kirche, der man eine bauliche Anlehnung an den Salzburger Dom nachsagt.

Die Wallfahrtskirche Maria Gern weist den Grundriß einer Ellipse auf und wurde in ihrer heutigen Gestalt von 1708 bis 1710 erbaut. *Der Turm an der Südseite aus dem Jahr 1724 endet in einer prallen Zwiebel mit kräftiger Einschnü-*

Der romanische Kreuzgang des ehemaligen Stifts, an drei Seiten noch original erhalten, stammt aus dem späten 12. Jahrhundert, also aus der Zeit der Staufer. Zugänglich ist dieses Herzstück des mittelalterlichen Klosters über das Schloßmuseum.

rung und kegelförmigem Abschluß und ist wie das Zeltdach des Lang- und das Dach des Vorhauses schindelgedeckt (Schindler).

Der etwas gedrungen wirkende Bau von Mariä Heimsuchung auf dem Etten- oder Almberg steht an malerischem Fleck. Die Steilwände von Berchtesgadener Hochthron und Gamsalmkopf des Untersberges bilden den wuchtigen Hintergrund des Gotteshauses, dessen Grundsteinlegung in das Jahr 1724 fällt. Abgeschlossen wurden die Bauarbeiten mit der Errichtung der beiden vielleicht ein bißchen protzig geratenen Seitenaltäre im Jahr 1750.

Mariä Himmelfahrt zu Kunterweg *ist der originellste Bau des an solchen überhaupt reichen Ländchens. Der Architekt Lorenz Stumpfegger aus Salzburg löste seine Aufgabe in überaus glänzender Weise. Das Terrain war ein sehr beschränktes, und besonders der Zugang zu der an einer Berghalde liegenden Kirche führte nur zu einer Schmalseite. Hier setzte er über den Eingang einen halbrunden Anbau, den er durch eine geschwungene Kuppel, den eine offene Laterne krönt, als Turm kennzeichnete. Ebenso ist der entgegengesetzte Bauteil, der Chor, der den Hochaltar enthält, geartet. Die Beschränktheit des Raumes ermöglicht keinen Aspekt in der Nähe, dennoch soll sie in der Ferne wirken, die Kirche soll in das Tal der Ramsauer Ache hinausgrüßen. Das tut sie, denn die Langseiten haben einen von einem Giebel gekrönten Mittelrisalit und wirken mit den sich anschließenden turmhaften Kuppelanbauten wie die Fassade einer breiten, zweitürmigen Kirche* (Martin).

Die bäuerliche Baukultur weist um Berchtesgaden beredte Zeugnisse auf. Über die Region des Zwiehofes, über den Einhof, die Baulichkeiten auf den Almen gibt das Prachtwerk von Paul Werner (siehe Seite 143) umfassend Aufschluß. Auch die besonderen baulichen Anlagen der Region, wie die Kugelmühlen, die Salinengebäude oder die für die Nutzung der Salinenwälder notwendigen Holztriftanlagen, sind in diesem einmaligen Fünfhundert-Seiten-Band enthalten.

Frühe Pipelines

Die erste Soleleitung läßt sich durch die Bayerische Landtafel des Mathematikers und Topographen Philipp Apian aus dem Jahr 1566 belegen. Die bereits lange Zeit vorher gebaute, offene, teils über Stützen geführte Holzrinne verlief von den Salzquellen am Gollenbach zur Schellenberger Saline. (Die Berchtesgadener Saline Frauenreuth nahm erst 1564 ihren Betrieb auf.)

Der Holzverbrauch für das Aussieden des Salzes aus der Sole ist enorm. Anfang des 17. Jahrhunderts sieht sich Reichenhall vor dem Problem, daß selbst die dank eines Abkommens von 1429 nutzbaren Holzbestände aus dem Pinzgau (eine Art Vorläufer der späteren Salforstverträge) für den Salinenbetrieb nicht mehr Genüge tun. Deshalb baut Hans Simon Reifenstuel die 31 Kilometer lange Soleleitung von Reichenhall nach Traunstein, in dessen Nähe es nicht nur ausreichend Holz, sondern auch brennbaren Torf gibt. Jene erste Pipeline muß, damit salzburgisches Gebiet umgangen werden kann, entlang der Trasse der heutigen Deutschen Alpenstraße geführt werden. Die teilweise beträchtlichen Steigungen überwindet der herzogliche Hofbaumeister mittels sieben in Brunnhäusern installierten Druckpumpen, *die in Bleiröhren die Sole je 50 Meter zu Hochbehältern pumpten, von denen sie in Holzröhren zum nächsten Brunnhaus weiterfloß* (Schöner[3]).

Die Angliederung Berchtesgadens an Bayern fordert ein engeres Zusammenwirken der dortigen Salzindustrie mit dem Reichenhaller Betrieb geradezu heraus. Überdies *war der Salzgehalt der Reichenhaller Sole durch ein Erdbeben im Jahre 1798 stark gesunken, so daß es zur wirtschaftlichen Gewinnung von Speisesalz notwen-*

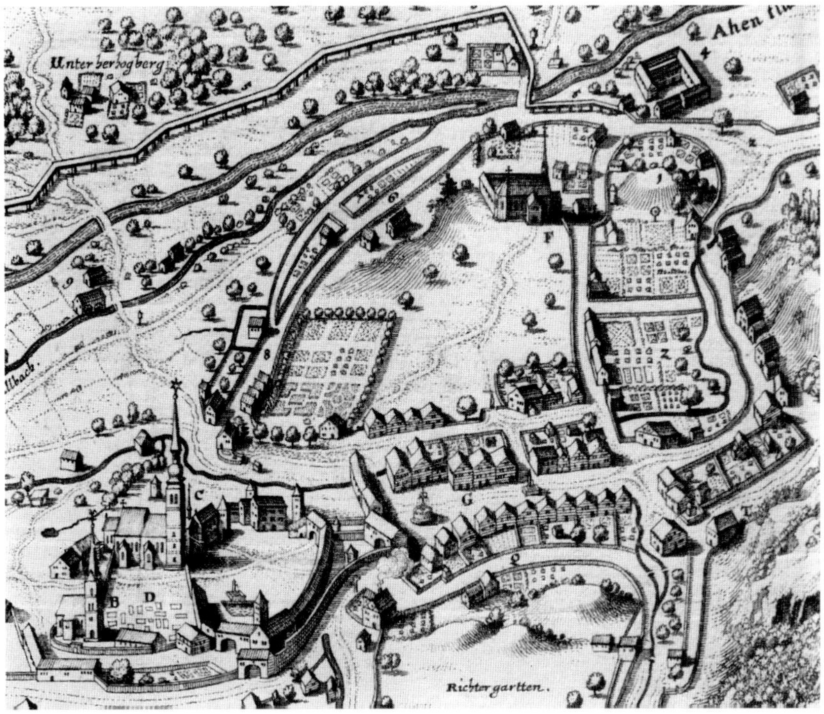

Stich von Matthäus Merian »Stifft und Marckt Berchtesgaden« aus dem Jahre 1644. Im vorderen linken Bildteil sind die Kirchen St. Andreas und St. Peter (die Stiftskirche) zu erkennen, im hinteren Bildteil die über Stützen geführte Soleleitung, die vom Salzbergwerk bis zur Saline Frohnreith (auf dem heutigen Bahnhofsgelände) führte.

Der königlich-bayerische Salinenrath Ritter Georg von Reichenbach. Seine hydraulische Wassersäulenmaschine (»Solehebemaschine«), mit deren Hilfe eine Steigung von 350 Höhenmetern überwunden wurde, war als »Wunder von Ilsank« eine technische Weltsensation ihrer Zeit. Die aus Bronze gefertigte Maschine funktionierte vom Dezember 1817 bis 1927 tadellos.

dig geworden war, die Sole durch Berchtesgadener Steinsalz in ihrem Salzgehalt anzureichern (Klinger).

Bekanntlich führt die kürzeste Strecke zwischen Berchtesgaden und Reichenhall über Hallthurm, doch wird dabei bis zu einer Grenzberichtigung im Jahre 1852 immer noch österreichisches Gebiet berührt. Um kostspielige Zölle zu vermeiden, muß auch die neue Soleleitung auf Umwegen zu ihrem Ziel geführt werden; nämlich durch das Tal der Ramsauer Ache und über das Wachterl hinüber zur Saalach. Als »Knackpunkt« stellt sich dabei das Überwinden einer Steigung von über 350 Höhenmetern, von Ilsank hinauf zum Söldenköpfl, heraus. König Max I. Joseph beauftragt den unter anderem in England ausgebildeten Ingenieur Georg Reichenbach mit der Lösung dieses Problems. Der baut binnen zwanzig Monaten die 29 Kilometer lange, aus Holzdeicheln – mit langen Bohrern ausgehöhlte Baumstämme – zusammenmontierte Leitung. Den Höhenunterschied überlistet Reichenbach mit seiner berühmten hydraulischen, aus Bronze gefertigten Wassersäulenmaschine, die als »Wunder von Ilsank« eine technische Weltsensation darstellt.

Am 21. Dezember 1817 nimmt der König die Maschine, die bis 1927 ohne Fehl und Tadel funktionieren sollte, eigenhändig in Betrieb. Sie steht heute im Salzbergwerk Berchtesgaden. Ihr Konstrukteur erhält von Max I. Joseph ein Dekret, das ihm lebenslang eine Rente sowie ein Adelsprädikat zusichert. Am Berchtesgadener Soleleitungssteg erinnert eine große Tafel an den genialen königlich-bayerischen Salinenrath Ritter Georg von Reichenbach. – Neben dessen Glanze soll der Landesdirektionsrat Josef Baader, der unter Reichenbach schon ab 1807 im Zuge der Modernisierungsarbeiten an der alten Soleleitung Reichenhall–Traunstein zwei Radmaschinen zur Solehebung installiert, nicht vergessen werden. Baaders Turmmaschine bewährt sich ab 1810 in der Rosenheimer Saline.

Handwerk und Bräuche

Arbeitskultur ist selbstverständlich auch das Berchtesgadener Holzhandwerk, das sich gewissermaßen aus einem Zubrotverdienen-Müssen der leibeigenen Bauern der Propstei entwickelt. Die Erträge der Lehen sind knapp. Man fertigt in einer Art Hausindustrie Gerät und Spielzeug. Ausgehend von der unter Fürstpropst Wolfgang I. Lenberger erlassenen Handwerksordnung von 1535 entsteht eine Vereinigung der Holzhandwerker, die Sebastiani-Bruderschaft. Später gliedern sich einzelne Zweige wie die der Schachtelmacher, der Drechsler oder der Pfeifenmacher wieder aus dem Verbund aus und gedeihen zu eigenständigen Gruppen. Die »Berchtesgadener War« – Kinderspielzeug, Schachteln, Faßhähne, Kochlöffel, Holzteller – gelangt über

Ein außergewöhnlicher, origineller, aber in dieser Form durchaus notwendiger Almabtrieb ist derjenige über den Königssee. Das Weidevieh der Salet- und der Fischunkelalm wird auf Lastkähnen zur Seelände gefahren.

Handelsniederlassungen in Antwerpen, Wien, Venedig, Genua und Cadiz praktisch in alle Welt. Heute wahrt die Schnitzschule Berchtesgaden die alte Tradition der Holzhandwerkskunst.

Auch das Brauchtum sei hier nur gestreift. Darüber gibt es, wie über die bäuerliche Baukultur, die Volkskunst oder die Berchtesgadener Tracht, profunde Spezialliteratur. Erfreulich ist, daß die gewachsenen, ganz spezifischen Berchtesgadener Bräuche wie etwa das Anklöpfeln oder das Buttnmandllaufen zur Adventszeit, das Weihnachtsschießen oder die im Salzbergbau begründet liegenden Feste wie die Bergweihe oder der Bergknappenjahrtag nicht zur Touristenattraktion verkommen! Erwähnenswert mag diesbezüglich auch der zweifelsohne malerisch anzuschauende Almabtrieb über den Königssee sein. Dabei wird das Weidevieh der Salet- und der Fischunkelalm auf Lastkähnen zur Seelände gefahren und dort erst »aufgekranzt«. Für die Rinder der Fischunkelalm ist der Steig entlang des Obersees zur Bootsanlegestelle Salet übrigens gar nicht so einfach zu bewältigen.

Das Buttnmandllaufen zur Adventszeit ist ein ganz spezifischer Berchtesgadener Brauch. Die Buttnmandln sind junge, unverheiratete Burschen. Ihnen vorneweg geht der »Nikolo«, der in Loipl noch vom »Nikoloweibl« begleitet wird.

Tennengau, Pongau, Pinzgau – und zurück nach Bad Reichenhall

Die Talschaften der Berchtesgadener Alpen liegen nicht nur im Berchtesgadener Land. Zu Österreich gehören Tennengau, Pongau, Pinzgau und teilweise das Saalachtal, die das Gebirge im Osten, Süden, Südwesten und Westen begrenzen. Über eine reine Nordschau hinaus, der man auch als Münchner immer wieder zu erliegen droht, seien mit einer kurzen schreiberischen Rundumwanderung die Siedlungen der umliegenden Täler wenigstens in Schlaglichtern skizziert.

Dieser Kopf wurde etwa um 380 vor Christus aus Bronzeblech gearbeitet. Er ist ein Exponat des Keltenmuseums Hallein.

Hallein, Kuchl und Golling

Hallein, die alte Salz- und mittelalterliche Industriestadt im Tennengau, ist in ihrem Kern unverändert geblieben. Bis ins 16. Jahrhundert hinein gebührt ihr mit vierzehn Salzpfannen die Vorrangstellung unter den Orten der Ostalpen, in denen das »Weiße Gold« gewonnen wird. Hallein produziert mehr Salz als das namhaftere Reichenhall. Am Dürrnberg haben bereits die Illyrer, später die Kelten und Römer Salzbergbau betrieben. Mehr als 500 Jahre ruhte er dann, um ab 1198 wieder in den Chroniken aufzutauchen. 1577 wird im Obersteinbergstollen der Leichnam eines Knappen gefunden. Dückher von Haslau berichtet in seiner Salzburgischen Chronik von 1666 darüber: Da wurde *aus dem Dürrnberg in dem Salzberg, 6300 Schuh tief, aus einem ganzen harten Salzstein ein vollkommener Mann mit Fleisch, Haut und Haar so neun Spannen lang gewesen ausgehauen, so etwan vor langer Zeit allda verfallen gewesen. Er ist an Haut und Fleisch gelb wie ein geselchter Stockfisch gewesen und im heißen Sommer etliche Wochen lang bey der Kirchen gelegen, ehe er zu faulen angefangen. Deßgleichen auch einer anno 1616 allda gefunden und etliche Jahr unverweslich behalten worden.*

Ludwig Ganghofer hat diesen Fund in seinem Roman »Der Mann im Salz« behandelt, aber in sein geliebtes Reichenhall verlegt, was die Halleiner heute noch ärgert. Für die Halleiner aber war die gespenstische Begegnung immerhin der Beweis, daß sie einen uralten und

Schloß Hohenwerfen mit Hochkönigstock. Die Zwingburg war als unmenschlicher Kerker berüchtigt und gefürchtet. Auch Wolf Dietrich von Raitenau wurde nach seiner Gefangennahme im kärntnerischen Rennweg zunächst auf Hohenwerfen inhaftiert.

höchst geheimnisvollen Beruf hätten, den man schon vor vielen Jahrhunderten ausgeübt und dessen man zu allen Zeiten bedurfte.

Auch *Kuchl* ist uralt. Die Gegend wird schon während der Jungsteinzeit besiedelt; die Römer bauen auf dem heutigen Georgenberg ihr Castellum Cucullis. Blüte erlangt das 470 urkundlich erwähnte Kuchl im vierzehnten Jahrhundert durch seinen Saumtiermarkt.

Golling wird erst 1240 gegründet. Wesentlich älter dürfte seine trutzig-düstere Burg sein, die *ein Halbjahrtausend lang das gefürchtete Gericht über das Tal beherbergte* (Schreiber).

Von Werfen nach Hinterthal

Südlich der Salzachöfen (als »Öfen« werden durchlöcherte, hohle Felsen bezeichnet, durch die sich hier das Wasser zwängt), nachdem man aus dem langen Hieflertunnel wieder ans Licht fährt, wird hinter Tenneck der Burghügel von Hohenwerfen erreicht. Erzbischof Gebhard von Salzburg hat die Trutzburg 1077 errichten lassen, und bis 1866 war Hohenwerfen befestigt. Die zwar mehrfach von Feuersbrünsten heimgesuchte, aber immer noch sehenswerte Burganlage beherrscht den *Markt Werfen,* der schon zum Pongau gehört.

Gewiß ist es ungerecht, wenn eine Stadt dafür bezahlen soll, daß sie zu einer Zwingburg gehört und daß sie Jahrhunderte hindurch einen Namen trug, vor dem das ganze Land zitterte. Aber wenn auch die Menschen des heutigen Marktes Werfen . . . oft gar nicht mehr wissen, was die Mauern von Hohenwerfen verbargen, es steht aufgeschrieben in vielen Büchern zu Lasten der Erzbischöfe, die in der nahen Stadt Salzburg so prächtig residierten. »Es gab auf Hohenwerfen eine Menge unterirdischer Kerker«, schreibt Franz Sartori in seinem 1819 erschienenen Buch über die Burgvesten und Ritterschlösser der österreichischen Monarchie, »unter welchen der schrecklichste der Reckthurm hieß. Durch die Mündung, welche oben an demselben angebracht war, wurden die Gefangenen an Ketten viele Klafter hoch hinuntergelassen, und der ei-

serne Deckel fiel dann rasselnd über ihnen zu. Glücklich, wer auf dem fauligen Strohlager bald sein Jammerleben beschloß. Auch die gewöhnlichen Gefängnisse glichen in Werfen einst den Höhlen wilder Thiere, in welche nie ein Strahl der Sonne dringt. Schuldige und schuldlose Menschen, selbst die künftigen Vertheidiger des Vaterlandes, wurden bis zu ihrer Ablieferung nach Salzburg in denselben aufbewahrt. Während der Periode, da eine förmliche Inquisition unter dem Namen deputatio secreta über Salzburg herrschte, wimmelte Hohenwerfen immer von Menschen, von denen nur wenige, außer nach ganz zerstörter Gesundheit, das Licht des Himmels wiedersahen. Erst im Jahre 1790 wurden diese Gräber, in welchen lebende Körper verwesten, geschlossen und menschliche Gefängnisse gebaut« (Schreiber).

Die Gegend um *Bischofshofen* ist geschichtlich durch den prähistorischen Kupferbergbau am Mitterberg, Hochkönigmassiv (siehe Seite 38), von Bedeutung. Als Ursprung der Siedlung selbst darf das Jahr 743 gelten. An der Stelle der heutigen Bischofshofener Pfarrkirche stand eine romanische Kirche aus dem 9. Jahrhundert. Die Fresken in der Apsis und an der Ostwand der Georgskirche stammen aus der ersten Hälfte des 13. Jahrhunderts.

Mit *Mühlbach* haben die Berchtesgadener Alpen ihren südlichst gelegenen Talort. Von dort zieht sich die Hochkönig-Bundesstraße in westlicher Richtung gegen den Dientner Sattel hinan: eine Panoramastraße sondergleichen. Drüben geht's zum kleinen Ort Dienten, oder – für die Berchtesgadener Alpen wichtiger – über den Filzer Sattel nach Hinterthal. *Von den großen Ereignissen der Welt hat Hinterthal infolge seiner Abgelegenheit nicht viel verspürt* (Lahnsteiner). In der Tat bleibt das Tal von Saalfelden sogar von den Wirren der Völkerwanderung verschont.

Alm, Saalfelden und die Saalach hinaus

Alm, nach seiner Wallfahrtskirche auch Maria Alm, liegt schon fast draußen in der Mitterpinzgauer Ebene. Spuren von Besiedelung lassen sich aus der Bronzezeit nachweisen. 400 Jahre lang wird Alm durch das Rittergeschlecht der Herren von Alben beherrscht, deren Burg am Schattberg stand. 1396 veranstalten sie gar ein großes Turnier, zu dem nicht nur die Ritter des Landes, sondern auch fremde Ritter geladen sind. Was für ein Bild! Man denke sich nur: die Kämpfer mit ihren Helmen und Rüstungen auf den geschmückten Streitrossen vor dem Hintergrund der wilden Gipfel des Steinernen Meeres ... – Die von Alben sind wohlhabend. Auch der Propstei Berchtesgaden leihen sie Geld. Mit dem Tod des Eustachius von Alm erlischt dieser mächtige Pinzgauer Adel.

Saalfelden ist bereits während der Jungsteinzeit besiedelt. Auf dem Biberg entsteht im norischen Reich eine befestigte keltische Großsiedlung. Die Römer errichten 1,20 Meter dicke Mauern um sie.

Schloß Lichtenberg mag wohl von den Herren von Saalfelden etwa zu Anfang des 12. Jahrhunderts erbaut worden sein. Später kommt es in Besitz der Herren von Walchen, denen man indes auch Raubritterambitionen nachsagt. Ab 1287 gehört Lichtenberg wieder zu Salzburg. Das Schloß diente als ähnlich grausiger Kerker wie der zu Hohenwerfen. Einer der Arbeiter des Umbaus von 1895 bis 1897 erzählte:

Beim hinteren Haupteingang war ein Dunkelarrest, dahinter ein Kerker mit kleinem Fenster. Die Mauern waren von den Gefangenen angebohrt worden. Unter der jetzigen Küche wurde ein Keller gegraben, aus dem viele Menschenknochen herauskamen. Es muß da ein altes Gefängnis gewesen sein.

Sehenswert ist die oberhalb von Lichtenberg 1675 an lotrechten Fels gebaute Sankt-Georgs-Kapelle mit ihrer Einsiedelei.

Weißbach gilt ab etwa 900 n. Chr. als besiedelt. Später gehört ein guter Teil der Gegend dem Grafen Berengar von Sulzbach, der die Weißbachschen Wälder dem Stift Berchtesgaden schenkt (siehe Seite 44). Später besitzt es auch Dießbach, Pürzlbach und Fronwies. Weißbach und selbst der Paß Hirschbichl sind während der Napoleonischen Kriege 1809 Kampfschauplätze.

Sankt Martin findet erstmals im Jahre 1190 Erwähnung. Wenngleich Kirchenthal alpingeographisch den Loferer Steinbergen zugerechnet wird, soll die berühmte Wallfahrtskirche doch als Anschauenspflicht während einer Fahrt rund um die Berchtesgadener Alpen oder nach einer Tour etwa aufs Seehorn oder zum Hochkranz unbedingt empfohlen sein. Maria Kirchenthal wurde in den Jahren zwischen 1694 und 1699 durch Johann Bernhard Fischer von Erlach erbaut und 1701 geweiht. Mitten im Winter seien an der Stelle, wo heute der »Dom des Pinzgaus« steht, drei Kornähren aus dem Schnee gewachsen.

Der *Loferer* Kessel ist seit etwa 2000 v. Chr. bewohnt. Der Name Love – Flußrinne – dürfte keltischen Ursprungs sein; ebenso der des Dorfes Unken. Hier befinden wir uns längst auf der Strecke der römischen Handelsstraße, die über den Steinpaß, Schneizlreuth, den Thumsee und Kirchberg nach Reichenhall führte. Das Saalachtal zwischen Schneizlreuth und Lofer ist *in den Jahren 1800, 1805 und 1809 ... Schauplatz blutiger Kämpfe zwischen Franzosen, Bayern, Tirolern und Pinzgauern* (Schindler).

Endlich *Bad Reichenhall*, dessen Solequellen schon die Kelten kennen und nutzen. Baiernherzog Theodo schenkt dem ersten Bischof Salzburgs Quellen und Sudpfannen, und auch die Siedlung »ad salinas quod dicitur Hal« geht an den Heiligen Rupert. Ins 13. Jahrhundert hinein reicht Salzburgs Vormachtstellung, bis sich die bayerischen Wittelsbacher Reichenhall sichern. Mit Hallein – dem »kleinen Hall« – besitzen die Salzburger Erzbischöfe jedoch ein mächtiges, wirtschaftlich bisweilen gar stärkeres Gegengewicht.

Erasmus Grasser modernisiert 1531 die Reichenhaller Saline. Über die Reifenstuelsche Soleleitung nach Traunstein haben wir gelesen. Ab 1846, mit Eröffnung der ›Solebade- und Molkekuranstalt‹ Axelmannstein, ist Reichenhall Kurstadt. Heute steht es im Rang des zweitgrößten deutschen Heilbades.

Die Fassade des Rathauses in Bad Reichenhall zieren Bildnisse von Karl dem Großen, Bischof Rupert von Salzburg und Kaiser Friedrich I. Barbarossa; Persönlichkeiten deutscher Geschichte, die für die Geschicke Salzburgs und des Berchtesgadener Landes von größter Bedeutung waren.

Bad Reichenhalls bedeutendstes Kulturdenkmal ist Sankt Zeno. *Das Münster in St. Zeno ist die größte romanische Basilika des heutigen Oberbayern, 30 m breit, 90 m lang. 1136 wurde es begonnen. Fast hundert Jahre, bis 1228, dauerten der Bau und die erste Ausstattung. Im Grundriß, im Hochbau und im Bauschmuck, vor allem des großen Portals, erkennt man lombardischen Einfluß, den salzburgische Baukultur hier wirken ließ. Ein riesiges Mittelschiff, breite Seitenschiffe, 12 Joche und unter dem Altarraum eine Krypta.*

Nach dem Brand von 1512 wurde viel verändert. Die Krypta wurde zugeschüttet. Die Fenster wurden vergrößert. Anstatt der hohen Flach-Decke zog man ein viel niedriger ansetzendes Rippengewölbe ein. Aus der romanischen Basilika wurde ein spätgotisches Kirchenhaus. Dem Hauptportal wurde eine Halle vorgebaut; das war bei uns so üblich, in St. Zeno in Isen und in Freising ist es nicht anders.

Den Bayern erstaunt die norditalienische Art des Portalgewändes. Quergestreift wechseln roter und weißer Adneter Marmor dreifach eingetreppt. Die äußersten Säulen ruhen auf dämonenabweisenden Löwen. Oben im Tympanon thront die Muttergottes mit dem Erlöserkind in der Mitte, flankiert von den Kirchenpatronen und Salzheiligen, zur Linken St. Zeno, zur Rechten St. Rupert. Die Figur des St. Rupert wurde 1654 durch einen Blitzschlag schwer beschädigt. In der Kehlung über dem Nimbus der Gottesmutter steht der Portaltitel MATER MIDIAE. Das will heißen: Barmherzige Mutter-MI(SERICOR)DIAE.

Über dem heiligen Zeno steigt die Sonne in den Zenit. Auf der anderen Seite des Tympanonbogens sinkt der Halbmond. Man deutet daraus die Wirkungsorte der beiden Patrone – am Südrand und am Nordrand der Alpen. Reliefs links und rechts neben dem eigentlichen Portal sind von anderer Hand und von mehr urtümlicher Bildsprache. Die Ikonologen sehen in dem strahlenden Gesichtsausdruck des Gottesboten auf der linken Seite das erste selige Lächeln in einem Bild des Abendlandes – lang vor dem Realismus eines Giotto. An den Kragsteinen ist links ein pikkendes Vogelpaar und rechts ein »bifotziges« Drachentier. »Schlangenhaftes Rankenwerk wuchert ... sinnlich pralle Früchte platzen aus den Schoten« (Schamberger). Wir stehen davor und staunen und wissen uns, während wir seine Mitteilungen zu lesen versuchen, an einer Nabelstelle der christlichen Verkündung in unserem Bergland (Zebhauser).

Entdeckung und Fremdenverkehr

Aus seiner Bedeutung als Kirchenstaat und als Wiege einer europaweit bekannten Holzhandwerkskunst heraus öffnet sich das Berchtesgadener Land nach und nach den Wissenschaftlern, den Künstlern und – angezogen durch deren Darstellungen – auch den gemeinen Reisenden. Die bergsteigerische Erschließung geht mit dieser Entwicklung einher, sei aber mit eigenen Kapiteln behandelt.

Viele Gebirgsorte, die nur durch den Fremdenverkehr weltbekannt wurden, waren noch vor 100 Jahren unbekannte Dörfer in entlegenen Tälern. Bei Berchtesgaden lagen die Verhältnisse ganz anders. Eine Chronik der Entwicklung des Fremdenverkehrs und des Hand in Hand gehenden wirtschaftlichen Strukturwandels darf nicht von der überheblichen Annahme ausgehen, Berchtesgaden sei nichts gewesen, und wenn die Fremden es nicht entdeckt hätten, wäre es heute noch ein alpines Hintertupfing (Schöner[2]).

Alexander von Humboldt

Hellmut Schöner[2] schreibt, *daß jahrhundertelang die Wallfahrten Vorläufer des heutigen Fremdenverkehrs waren. Damals kannte man den Begriff »Urlaub« noch nicht; dafür ging man eben einige Tage auf Wallfahrt und suchte so bekannte Ziele auf wie Maria Gern, Ettenberg, Kunterweg, Maria Plain, Kirchenthal bei Sankt Martin, ja sogar das Watzmann-Hocheck wurde lange vor den Bergsteigern schon von Wallfahrern bestiegen. Daß man es sich bei diesen Wallfahrten auch in den Wirtshäusern neben den Kirchen gemütlich machte und so gut lebte, als es jeweils der Geldbeutel erlaubte, ergab sich von selbst.*

Der letzte Fürstpropst, Joseph Konrad Freiherr von Schroffenberg, sucht – nicht zuletzt, um die finanzielle Situation des Stifts zu verbessern – Fremde ins »Landl« zu ziehen. In seine Regierungszeit (1780–1803) fallen die Anfänge eines Reiseverkehrs, welcher Forschungsarbeiten, künstlerischer Betätigung und auch der Erholung diente. Gerühmt wird seine Gastfreundschaft und sein liebenswürdiger Umgang Fremden gegenüber, die aus allen Gegenden Europas kamen. Ruderbootfahrten über den Königssee werden eingerichtet. In Schroffenbergs Regentschaft fallen auch die Aufenthalte des Reisenden und Naturforschers Alexander von Humboldt in Reichenhall, Salzburg und Berchtesgaden. Während seines monatelangen Weilens 1792 sowie 1797/1798 ersteigt Humboldt den Untersberg, wandert zur Eiskapelle am Fuß der Watzmann-Ostwand und auf den Gaisberg bei Salzburg, und nimmt Forschungen und Messungen um Berchtesgaden selbst vor. *Seine Ergebnisse machten die Berchtesgadener Alpen nun auch seinen deutschen Briefpartnern und Freunden bekannt, warb er doch in seinen Briefen geradezu für die Naturschönheiten des Landes. So schrieb er aus »Traunstein, im Salzburg-Gebirge« am 4. Oktober 1792 an Carl von Freiesleben in Hamburg: »Die Gegend hier ist göttlich. Ich glaubte noch nie Gebirge gesehen zu haben, so ist hier alles anders. Lauter Alpengebirge, Pyramide auf Pyramide gehäuft. Die Salzburger Alpen liegen vor mir, als könnte ich sie mit Händen greifen. Das, guter Freiesleben, müssen wir noch zusammen sehen. Es kostet Ihnen bloß eine Ferienreise.«*

Dieses Zitat ist durch einen Brief belegt, während seine (v. Humboldts; Anm. d. V.) *viel bekannter gewordene und von der Werbung gern ausgeschlachtete Lobpreisung, mit der er Salzburg als der Welt schönste Gegend Neapel und Konstantinopel an die Seite stellt, nicht aufzufinden ist* (Schindler).

Die Maler

Carl Rottmann (1797–1850) monumentalisierte die Landschaft. Seinen »Hohen Göll bei Alpenglühen« malte er wiederholt. Das Ölbild, dem dieser Abdruck zugrundeliegt, wurde 1846 vollendet. Es hängt in der Schack-Galerie München.

1807 wird die Straße über den Hirschbichlpaß fertiggestellt. Er ist nun mit vierspännigen Fuhrwerken befahrbar und eine direkte Verbindung von Salzburg in den Mitterprinzgau, ohne bayerisches Gebiet zu berühren. Ein Jahr später erscheint der erste Reiseführer ausschließlich über das Gebiet von Berchtesgaden. Josef Ernst Ritter von Koch-Sternfelds »Geschichte des Fürstenthums Berchtesgaden und seiner Salzwerke« (1815), das bis heute bedeutendste (und wieder verfügbare) Geschichtswerk über die Fürstpropstei, *förderte in hohem Maße das Interesse an Berchtesgaden* (Schöner[2]).

Anfang des 19. Jahrhunderts setzt denn auch die künstlerische Entdeckung des Berchtesgadener Landes ein. Wilhelm Friedrich Schlotterbeck und Johann Jakob Strüdt, bezeichnenderweise Schweizer, erarbeiten 1804 beziehungsweise 1807 die ersten Graphiken aus dem Gebiet Salzburgs und Berchtesgadens. Schöpferischen Entdeckerruhm erlangen insbesondere die Brüder Ferdinand und Friedrich Olivier aus Dessau, Julius Schnorr von Carolsfeld aus Dresden, Carl Philipp Fohr aus Heidelberg, die Brüder Heinrich und Friedrich Philipp Reinhold aus Gera. Zu ihnen gesellten sich die Nürnberger Johann Adam Klein, Johann Christoph Erhard und Friedrich Welker. 1823 erscheint die graphische Folge »Sieben Gegenden aus Salzburg und Berchtes-

gaden, geordnet nach den sieben Tagen der Woche« von Ferdinand Olivier in Tonlithographien.

Der Dresdner Adrian Ludwig Richter malt seine Watzmann-Darstellung 1823/24 in Rom, nachdem er im Sommer 1823 für längere Zeit im Salzburgischen weilte. Caspar David Friedrichs berühmter Watzmann entsteht 1824/25 nach einer Vorlage von August Heinrich, eines Schülers des Greifswalder Künstlers – der selber Berchtesgaden nie besuchte. Carl Rottmann bannt wieder und wieder den sich im Hintersee spiegelnden Hohen Göll auf die Leinwand. Rottmann *mochte die Natur nicht neutral: sie mußte ausgeprägt sein, »sensationell« wirken. Sie durfte sich nicht im Alltags-, sondern nur im Ausnahmezustand präsentieren. Ein Ausnahmezustand ist auch das magische Alpenglühen, das den Hohen Göll ... zur Gralsburg verzaubert, die unwirklich golden über summarisch behandelten dunklen Waldhügeln aufdämmert* (Ruhmer). Auch von Leopold Rottmann, dem Bruder Carls, stammen berühmte Gemälde aus den Berchtesgadener Alpen.

1901 malt der Münchner Karl Haider die Mühlsturzhörner. Der expressive Realismus des Bergsteigermalers Otto Bauriedl bringt zahlreiche und faszinierende Zeugnisse aus den Berchtesgadener Alpen hervor. Auch dem von der Stilwende zunächst unbeirrten Edward Theodore Compton gelingen, wie auch seinem Sohn Harrison, einige Motive aus der Gegend.

Könige und Schreiber

Die Berchtesgadener Landschaft weckt ob ihrer Großartigkeit die Interessen musischer Menschen jedweder Couleur.

König Ludwig I., der das verschuldete Bayern saniert und der sodann mit dem Hintergrund gesicherter Finanzen Kultur- und Kirchenpolitik großen Stils betreiben kann, der die Monasterien wieder herstellt und die Münchner Universität aufbaut, weilt wiederholt im Jagdrevier um den Königssee. Am 20. März 1848 sieht sich der Bayernkönig gezwungen, die Krone niederzulegen. Seine Verirrung mit der Tänzerin Maria de los Dolores Porres y Montez spielt revolutionären Gegnern des Königtums schlechthin in die Arme. Ludwigs Sohn, Kronprinz Maximilian, kommt als König Max II. auf den bayerischen Thron.

Der vielseitig gebildete Max II. liebt Berchtesgaden wie kaum ein anderer bayerischer Monarch. Mit ihm »kamen die Dichter, Schriftsteller, Gelehrten, die Max so gerne um sich hatte« (Schwarz). Leopold von Ranke, der Historiker, besucht das Landl, ebenso fühlen sich die Schreiber Franz von Kobell und Ludwig Steub hier wohl. Alexander Schöppner sammelt die Sagen, und Karl Stieler bringt seine »Winterreise an den Königssee« zu Papier. Der Alpenwanderer Heinrich Noë prägt den Satz: *Berchtesgaden ist der Yellowstone Park der Alpen.*

Ludwig II. kommt als Kind oft in die Berchtesgadener Alpen. Nicht nur sein Vater, Max II., hegt eine besondere Vorliebe für diese Gegend. Auch Ludwigs Mutter, Königin Marie, ist eine begeisterte Bergsteigerin, die im September 1854 gar den Watzmann erreicht. An den Hochgebirgsjagden seines Vaters nimmt Ludwig noch als Kronprinz teil. Seine Grundhaltung ist von Frömmigkeit und Gottesfurcht geprägt, und er ist jedem Aggressionsgeist abhold. Ludwigs Naturverbundenheit ist von Herzen tiefgründig. Seine Neigung zu Kulturdenkmälern äußert sich nicht nur in aufwendigen Schloßbauten. 1868 verhindert er im letzten Moment den Abbruch der nach der Säkularisation dem Verfall preisgegebenen Kapelle Sankt Bartholomä, indem er die Mittel für die notwendigen Reparaturen unbürokratisch aus der eigenen Kabinettskasse bestreitet.

Bayerns Könige, hier Ludwig I., liebten die Berchtesgadener Alpen als Jagdrevier, pflegten deren Kulturdenkmäler und zogen Künstler, Schreiber und Wissenschaftler ins Landl.

Ganghofers Romane

Seit 1842 steht Berchtesgaden im Baedeker. Bis 1888 ist es nur mit der Postkutsche zu bereisen, obzwar schon seit 1860 die Eisenbahnverbindung von München nach Salzburg existiert. Dadurch verstärkt sich der Zustrom an Gästen deutlich. Es ist auch die Zeit, da die alpinen Vereine entstehen.

1888 wird Berchtesgaden mit der Schienenstrecke über Hallthurm, Bayerisch Gmain und Reichenhall nach Freilassing an das Haupteisenbahnnetz angeschlossen. 1907 kann die Bahnstrecke Berchtesgaden – Schellenberg eröffnet werden. Von 1908 an führen die Geleise bis zur Landesgrenze und ab 1909 bis nach Salzburg hinüber. Im gleichen Jahr nimmt die Stichbahn Berchtesgaden – Königssee ihren Betrieb auf. Heute gibt es beide Schienenwege nicht mehr.

Ein wichtiges Kapitel Berchtesgadener Fremdenverkehrsgeschichte schreibt Mauritia Mayer, die 1877 das Steinhauslehen am Obersalzberg erwirbt, umgestaltet und es fürderhin unter dem Namen »Pension Moritz« als Fremdenpension betreibt. Peter Rosegger wird dort Gast, ebenso Ludwig Ganghofer und Richard Voß. Auch Johannes Brahms und Clara Schumann weilen auf dem Obersalzberg.

Manche sagen, Ganghofer habe durch seine Vielschreiberei dem Berchtesgadener Land eher geschadet als genützt, habe die Landschaft quasi »kaputtgeschrieben«, indem er durch seine Texte über die Maßen viel Touristenvolk an den Königssee lockte. Doch dermaßen schadet Ganghofer dem Landl nicht, wie es nur wenige Jahrzehnte später dem »großen Diktator« gelingt. 1934 wird der Obersalzberg »Führergebiet«. Die ansässigen Bauern werden zwangsumgesiedelt, die alten Höfe müssen Neubauten weichen. Einige Gebäude, die den Bombenangriff überstanden, dienen heute den Angehörigen der amerikanischen Armee als Erholungseinrichtungen. So zum Beispiel die ehemalige »Pension Moritz«, der spätere »Platterhof«, seit 1952 »Hotel General Walker«; Skilifte und Golfplatz sind mittlerweile für jedermann zugänglich.

Auf dem am 16. Juli 1907 eröffneten, zehn Kilometer langen Eisenbahnteilstück Berchtesgaden–Schellenberg verkehrten die Züge zunächst mit Dampfbetrieb. 1908, als die Strecke bereits bis zum Hangenden Stein – also bis zur Landesgrenze – vorangetrieben war, fuhren die Züge schon elektrisch. 1909 wurde der Schienenstrang bis nach Salzburg hinüber erweitert.

Ausverkauf der Landschaft?

Mit der Bezeichnung »Berchtesgaden« ist nicht nur die Marktgemeinde Berchtesgaden gemeint, sondern auch das Gebiet des ehemaligen Landkreises, das seit der Gebietsreform nur noch insgesamt fünf Gemeinden zählt: Bischofswiesen, Ramsau, Marktschellenberg und Schönau am Königssee. 1972 kamen die Gemeinden Salzberg, Au und Maria Gern zu Berchtesgaden, aus den Gemeinden Schönau und Königssee wurde durch die Gebietsreform Schönau am Königssee. Marktschellenberg ging aus der Verwaltungsgemeinschaft der früher selbständigen Gemeinden Schellenberg, Schellenberg-Land (mit Ettenberg) und Scheffau hervor. Die Verwaltungseinheiten der acht Gnotschaften, zu denen sich die Einödhöfe wenigstens seit dem 15. Jahrhundert zusammenfanden, gingen in den späteren Gemeinden auf.

Fremdenverkehr ist heutzutage *der* wirtschaftliche Trumpf Berchtesgadens und auch der anderen Orte rund um die Berchtesgadener Alpen. Ihre einmaligen Landschaftsbilder lokken zeitweise unerträglich viele Urlauber und Tagesausflügler an den Fuß des Watzmanns. Zwar konzentrieren sich die Anstürme auf bestimmte Zentren, doch diese sollte der Genuß-Naturliebhaber während der Spitzenmonate im Sommer meiden. Da herrscht Rummel pur, und man verlöre vor Menschenleibergewälz – etwa in Sankt Bartholomä, auf Jenner und Kehlstein oder am Hintersee – den Blick für das Wesentliche.

Massentourismus und Raubbau an Pflanze und Tier erforderten Schutzmaßnahmen. 1910 entsteht ein 8300 Hektar großer »Pflanzenschonbezirk Berchtesgadener Alpen«, in dessen Mittelpunkt der Südteil des Königssees und der Obersee liegen. Elf Jahre später gelingt es, das »Naturschutzgebiet Königssee« mit etwa 21000 Hektar Fläche auszuweisen. Bereits sechs Jahre zuvor aber bringt Professor Hans Krieg, damals Präsident des Deutschen Naturschutzringes, die schon seit 1908 erdachte Nationalparkidee wieder ins Gespräch.

Kultur-Natur bewahren

Der Nationalpark Berchtesgaden ist nur da Wildnis, wo den Nutzungsinteressen des Menschen Grenzen gesetzt sind. Er ist ein Neben- und Ineinander von Natur- und Kulturlandschaft. Ein Kompromiß. Aber er bewahrt sowohl die Naturschönheiten als auch die Zeugnisse alter Arbeitskultur. Die Institution Nationalpark konserviert, regeneriert, forscht, lehrt, reglementiert. Deshalb wird es in den zivilisationsgeschädigten, vertechnisierten Nordalpen auch künftig eine natürliche und naturnahe Oase Berchtesgadener Alpen geben. Und das trotz ihres touristischen Massenansturms.

Gespenst Watzmannbahn

Es bedarf des Planes eines massiven Eingriffs in die Natur, damit die Idee eines Nationalparks Berchtesgaden zum Tragen kommt. Bereits 1927 gibt es Befürworter einer Watzmannseilbahn. 1967 ist sie ernsthaft im Gespräch, und nicht wenige Einheimische sind dafür. Widerstand regt sich. Der Deutsche Alpenverein und der Verein zum Schutz der Alpenpflanzen und -tiere sprechen vehement gegen eine Bahn auf den Berchtesgadener Symbolberg.

1970 ist Europäisches Naturschutzjahr – *die* Gelegenheit, das Projekt Nationalpark zu forcieren. Bund Naturschutz, Deutscher Naturschutzring, der Verein Naturparke und der Deutsche Rat für Landespflege legen sich ins Zeug, richten Briefe direkt an den bayerischen Ministerpräsidenten Alfons Goppel.

Am 13. März 1970 stellt der Präsident des Deutschen Naturschutzringes, Prof. Wolfgang Engelhardt, anläßlich seiner Rede zur Eröffnung des Europäischen Naturschutzjahres in München fest: *Es wäre ein verhängnisvoller Irrtum, anzunehmen, jedes Naturschutzgebiet wäre als Massenerholungsgebiet geeignet. Auch ist nicht in jedem Falle ein Kompromiß möglich. Ein solcher Fall, in dem es absolut keinen Kompromiß geben kann, ist die unversehrte Erhaltung des Naturschutzgebietes und künftigen Nationalparkes Königssee. Wir werden niemals einer Seilbahn auf den Watzmann zustimmen.* – Der Bayerische Landtag beschließt am 13. Juli 1972, die Staatsregierung zu ersuchen, einen Bayerischen Alpenpark im Naturschutzgebiet Königssee zu planen.

Der Nationalpark entsteht

Sechs Jahre dauern die Planungen, nehmen Raumordnungs- und Anhörungsverfahren in Anspruch. Georg Meister, dem zunächst die Federführung der Nationalparkplanung obliegt, plädiert dafür, einige Gebiete sich selbst zu überlassen – also jedwede Nutzung auszuschließen. Interessenskonflikte sind vorprogrammiert. Da ist die Jagd, da ist der Forst, da sind die Almbauern, die um ihre Nutzungsrechte fürchten. So liegt der Kompromiß auf der Hand. Daß eine Watzmannbahn verhindert werden konnte, ist viel. Der Rummel am Jenner genügt. Und es ist gut, daß Berchtesgaden die Olympischen Winterspiele nicht bekommen hat.

Ab 1. August 1978 greift die Verordnung über den Nationalpark Berchtesgaden. Er umfaßt in seiner Kernzone in etwa das ehemalige Naturschutzgebiet und in seinem Vorfeld, dem Alpenpark, die Gemeinden Ramsau, Schönau am Königssee, Berchtesgaden, Bischofswiesen und Marktschellenberg. Am 17.12.1990 wird er durch die UNESCO dem weltweiten Netz der Biosphären-Reservate eingegliedert.

In greifbare Nähe gerückt ist ein grenzüberschreitender Nationalpark Kalkhochalpen Salzburg, der dann die auf österreichischem Staatsgebiet liegenden Teile der Berchtesgadener Alpen miteinschließen soll.

Schon im April blüht in Felsspalten und Klüften die wohlriechende Aurikel (Gamsbleame). Dicke, fleischige, mit Mehlstaub bedeckte Blätter schützen sie vor Frost und auch vor Austrocknung.

Die Zwergprimel wird nur bis vier Zentimeter hoch und wächst in Gesteinsschutt, in Felsspalten und auf humusreichen Matten. Im Juni und Juli blüht sie leuchtend rosa.

Bursers Steinbrech ist eine typische Polsterpflanze. Weiße Blüten, roter Stengel und stachelspitzige Blätter sind Merkmale dieser südalpinen Pflanze.

◁◁
Das Pyrenäen-Drachenmaul findet man in den Nordalpen nur vereinzelt auf Matten und geröllreichen Hängen. Seine Heimat sind die Pyrenäen und die Südalpen. Von Juni bis August zeigt es seine lebhaft violetten, glokkigen Kelchblüten.

◁
Ausgestattet mit einer prächtig violetten Blüte, feinem Stengel und nur wenigen, zierlichen Blättchen wächst die grazile Einseles Akelei im Schutt des Wimbachgrieses. Wenn sich Vermutungen der Botaniker bestätigen, ist dies eine eigene Art, die nur im Gries vorkommt. Sie wäre dann die einzige bisher bekannte endemische Pflanze im Nationalpark.

Das Rundblättrige Täschelkraut blüht von Juni bis September in hellvioletten, kugeligen Doldentrauben. Sein Lebensraum ist das Geröll, in das es sich mit seiner Pfahlwurzel verankert und mit dem Schutt mitwandert.

Biosphären-Reservate: Lokal handeln – global wirken

Biosphären-Reservate sind Schutzgebiete mit Modellfunktion. Forschungsergebnisse, vor allem aber auch praktische Erfahrungen sollen über das Schutzgebiet hinaus wirken und in Gebieten mit ähnlich gelagerten Problemen Anwendung finden.

Hauptanliegen der Biosphären-Reservate sind die Erhaltung der biologischen Vielfalt, der genetischen Ressourcen und der Ökosysteme. Der Raubbau an der Natur bedingt immer mehr die Notwendigkeit, dem ansteigenden Verlust der Artenvielfalt und dem Mangel an Kenntnissen darüber, wie sie zu erhalten ist, entgegenzuwirken. Bildungsziel ist also, den Menschen zu einem pfleglichen Umgang mit den Naturgütern anzuhalten – und das nicht nur in Schutzgebieten.

Blumen, Bäume, Tiere

In der Pflanzenwelt ist zur Zeit die stattliche Zahl von etwa 1000 Sippen (Arten und Unterarten) von Blütenpflanzen bekannt, darunter auch viele seltene und vom Aussterben bedrohte Arten. Außer den Blütenpflanzen gibt es etwa 1700 Pilzarten, ungefähr 500 Moos- und etwa 630 Flechtenarten. Eine Besonderheit der Nationalpark-Flora bilden Arten, die üblicherweise nur in anderen Teilen der Alpen vorkommen, wie Zwerg-Alpenrose, Clusius-Primel, Alpenveilchen, Schneerose, Tauernblümchen, Einblütiges Hornkraut, Pyrenäen-Drachenmaul, Bursers Steinbrech, Hausmanns Mannsschild und Einseles Akelei.

Es erstaunt immer wieder, welche Vielfalt an Pflanzen und Tieren der extreme Lebensraum Hochgebirge beheimatet. Oberhalb der Waldgrenze gedeiht auf den alpinen Rasen eine buntblumige Vegetation. An sonnseitigen, oft steinigen Steilhängen blühen Sonnenröschen, Wundklee, Alpenaster, Frühlingsenzian und auch das Edelweiß. Auf früh ausapernden, flachgründigen Böden gedeihen Silberwurz (eine eiszeitliche Reliktpflanze, die selbst dem Eisschliff der Winterstürme trotzt), Stengelloser Enzian, Zwerg-Mannsschild, Zwergprimel, Stengelloses Leimkraut und Blaugrüner Steinbrech.

In feuchten und nordseitigen Lagen finden wir die Alpenanemone, das Kugelblütige Knabenkraut, das Schwarze Kohlröschen, die Berg-Flockenblume und das Berghähnlein.

Selbst in kleinsten Felsspalten können Pflanzen existieren. So wachsen diese zähen Winzlinge in Polstern, bilden Rosetten oder haben Organe, die Wasser speichern können. Das Wurzelsystem ist überproportional entwickelt. Typische Polster bilden der großblütige Bursers Steinbrech und der halbkugelförmige Schweizer Mannsschild. Blaugrüner und Moschussteinbrech sind häufig vorkommende Vertreter der Felsspaltengesellschaften.

Einen eigenartigen Lebensraum haben sich die Schuttgesellschaften ausgesucht. Bei ihnen kommt zu den ohnehin schon harten Lebensbedingungen im Gebirge noch die ständige Unruhe des »Bodens« und der Steinwüstencharakter hinzu. Dies bedeutet auch, daß nur geringe Nährstoff- und Wassermengen gegeben sind. Aber die Pflänzchen haben verschiedene Überlebensmethoden entwickelt: So gibt es die Schuttwanderer wie das Täschelkraut, die bei Verschüttung die Triebe verlängern. Die Schuttüberkriecher (Alpen-Leinkraut, Taubenkropf), legen sich mit Stengeln auf das Geröll. Die Schuttdecker (Gipskraut) setzen sich rasenartig darauf, und die Schuttstauer (Alpenkresse, Felsenpippau) können durch Polster- und Horstwuchs den Schutt aufhalten.

Besonders schöne Schuttfluren gibt es im Wimbachgries, im Watzmannkar und Blaueiskar.

Alle Pflanzen im Nationalpark sind geschützt. Sie dürfen weder gepflückt noch ausgegraben werden!

Bäume sind die größten und ältesten Lebewesen im Nationalpark. Bei der Waldinventur wurde eine Zirbe mit 770 Jahren und eine Lärche mit 600 Jahren gefunden. Die älteste Fichte ist 490 Jahre alt. Großer Höhenunterschied, Vielfalt an Gesteinen und Böden sowie ein Klima, das einen Übergang vom ozeanisch getönten Alpennordrand zu den kontinental geprägten Zentralalpen zeigt, lassen verschiedene Baumarten gedeihen: von der Buche, die feuchteres Klima liebt, bis zur Zirbe, eine Vertreterin der kontinentalen Zentralalpen. Durch den enormen Brennholzbedarf für die Salzgewinnung wurde bis ins 18. Jahrhundert hinein der Wald stark dezimiert und mit der schnellwachsenden Fichte aufgeforstet. Reste ursprünglicher Mischwälder haben sich nur in unzugänglichen Teilbereichen erhalten können, so zum Beispiel an den Steilhängen am Königssee. Heute ist es eine dringliche Aufgabe des Nationalparks, die Fichtenmonokultur wieder in Mischwald zurückzuführen.

»Das Wagnis mit der Wildnis« heißt es in den Nationalparkbroschüren. Über die Hälfte des Waldes wird sich selbst überlassen und damit Naturwald bleiben beziehungsweise dorthin zurückgeführt. Totholz ist wichtiger Lebensraum für viele Pflanzen- und Tierarten. Aus dem Verhau der am Boden liegenden Bäume wächst gesunder Jungwald nach. Der erschwerte Zutritt von Wild und Weidevieh schützt die jungen Pflanzen vor Verbiß und sichert so die Entwicklung artenreicher Wälder.

Das Beobachten von Wildtieren gelingt nur bei entsprechendem Verhalten und einem gerüttelt Maß an Geduld. Ein Fernglas ist unabdingbar. Es empfiehlt sich, auf den ausgebauten Wegen zu bleiben, denn in ihrem Bereich sind Wildtiere an den Menschen gewöhnt und halten in der Regel dann sehr geringe Fluchtentfernungen ein.

Am einfachsten sind Dohlen, Murmeltiere und Gemsen zu beobachten.

Dohlen beherrschen die Berggipfel. Orangefarbene Krallen und gelber Schnabel sind Erkennungsmerkmale dieser Flugkünstler. Laut rufend kommen sie in Gruppen angeflogen, sobald man sich zur Rast hinsetzt. Zieht ein Gewitter auf, suchen sie besonders behende Schutz.

Eben sind sie noch in den Böen gesegelt, haben mit dem Wind gespielt, sich hochtragen lassen, sind Kreise geflogen. Wie auf Kommando legt die ganze Schar die Flügel an und fällt ins Nichts. Hunderte von Höhenmetern überwindet sie in kürzester Zeit. Ein Abbremsen, ein Schwenk, und die Tiere sind in einer Nische, einer kleinen Höhle oder an sonst einem sicheren Ort verschwunden. Der nächste Aufwind nach dem Gewitter trägt sie fast ebenso leicht wieder bergauf (d'Oleire-Oltmanns).

Die Murmeltierkolonien in den Berchtesgadener Alpen sind eine autochthone Population, das heißt, sie lebten schon immer dort, wurden also nicht angesiedelt. Sie lieben warme Südlagen wie etwa jene an der Königsbachalm, der Gotzenalm oder im Funtenseegebiet.

Mehr oder weniger zufällig kann man noch weiteren interessanten Alpentieren begegnen: dem Schneehasen oder dem Schneehuhn, die sich im Winter mit einem weißen »Kleid« hervorragend tarnen, dem Auer- und Birkhuhn, dem Steinadler oder dem Alpensalamander, der zwar Kiemen besitzt, jedoch nicht im Wasser lebt.

Einzigartig sind die Spirken-Bestände im Wimbachgries. Nur diese widerstandsfähige, aufrechte Form der Bergkiefer (Latsche bzw. Legföhre ist die liegende) kann auf den Geröllflächen existieren, wo sie oft meterhoch mit Schutt eingefüllt wird. Sie trotzt den Schürfverletzungen und dem Druck der Schuttmassen.

Almen

Große Teile der Berchtesgadener Alpen in ihrer Schönheit zu erhalten – dazu hilft die Einrichtung Nationalpark zweifelsohne. Die Einbindung der traditionellen Kulturlandschaft Alm als Nutzungsinsel im Nationalpark ist eine feine Sache. Das Nebeneinander von Kultur- und Naturlandschaft in Almgebieten stellt einen besonderen Reiz für den Erholungssuchenden dar, sind doch Almen abwechslungsreiche Wanderziele mit freiem Ausblick.

Bereits im 9. Jahrhundert werden in einer Urkunde, den »Notitia Arnonis« zwei Almen erwähnt, von denen eine die Alpis Gauzo, die heutige Gotzenalm, ist. Das erste Almenverzeichnis von 1497 weist 51 Almen aus. 1830 sind 143 Almen bestoßen. 1911 nur noch 64 und 1987 gerade noch 38. Viele der aufgelassenen Almen sind auf Steigen erreichbar, die heute nur »Geübten« empfohlen werden. Eine Beweidung war nur mit einer besonderen Rinderrasse, den »Berchtesgadener Katzen« möglich.

Auf den Almflächen haben sich neben typischen Weidepflanzen auch attraktive Blüten-

Im Kasstöckl des Kressenkasers der Bindalm. Der Lichtkegel ist nicht etwa ein »Fehler« im Bild; vielmehr fällt er durch die Firstgaube ein.

▷ Die Firstgaube (hier auf dem Dach des Regenkasers in den Gotzenbergen) diente als Rauchabzug und als Lichtquelle, wie es das Foto links eindrucksvoll belegt.

pflanzen eingestellt, die sonst nur in den natürlichen Rasen oberhalb der Waldgrenze vorkommen, so etwa der Stengellose Enzian, das Kohlröschen, das Berghähnlein und viele andere. Mit dem Rundumkaser besitzen einige Almen noch einen denkmalschutzwürdigen Baustil. Als Beispiele seien die Moosenalm im Lattengebirge oder der Wahlkaser der Gotzentalalm (der Niederleger der Gotzenalm) erwähnt. Selbstverständlich auch die Kaser der Bindalm, die dank Nationalparkverwaltung so etwas wie ein Almmuseum darstellen. Paul Werner schreibt so trefflich und köstlich:

Unter den sorgfältig gehüteten Legschindeldächern kann man die einzigartige bauliche Entwicklung des merkwürdigen Rundumkasers über drei Jahrhunderte hinweg studieren. Der älteste Typ ist ein offener Rundumkaser. Dieses »Kasstöckl«, Wohn-, Schlaf- und Arbeitsraum der Sennerin, ist nur von einem allseits abgestützten, weit vorkragenden Dachvorsprung umgeben. Hier molk man die Kühe noch im Freien, wenn auch schon unter Dach. Dieser Typus ist der letzte seiner Art; er wurde vor Jahren, in Einzelteile zerlegt, mit dem Hubschrauber hierher geflogen und wieder aufgebaut. An seinem verlassenen Heimatstandort, am Rande des Steinernen Meeres, wäre er heute nur noch ein morscher Holzhaufen.

Der mit 1688 datierte Baldramkaser zeigt die vollendete frühbarocke Rundumkaser-Form: Um das Kasstöckl ist allseits der »Umadumstall« herumgebaut. Das Vieh erwärmte mit seinen Ausdünstungen die menschliche Wohnzelle. Spärliches Licht fiel durch eine Dachluke, durch die gleichzeitig der Rauch der offenen, zu ebener Erde angelegten Feuerstelle abzog. Bei den beiden anderen Kasern ist das Kasstöckl zumindest an einer Seite an eine Außenwand gelegt. Diese beiden Kaser des 19. Jahrhunderts sind noch heute voll bewirtschaftet.

Seit den 50er Jahren haben sich in der Almwirtschaft große Veränderungen ergeben. Die Rinderrassen sind schwerer geworden und verursachen Trittschäden, die Erosion auslösen können. Gut ein Drittel der Rinder sind Fremdvieh (Pensionsvieh), was der Überweidung Vorschub leistet. Immer weniger Almen haben eigenes Personal und ständige Aufsicht. Almpflegearbeiten werden kaum noch durchgeführt.

Für die jahrhundertelange Erhaltung der Almen war ein hoher Arbeitsaufwand notwendig. Auf den lichten Flächen mußten aufkommender Baumwuchs entfernt, Narbenschäden ausgebessert, Steine gesammelt werden. Diese Arbeiten wurden vom Almputzer erledigt.

Folgen einer ungeregelten Beweidung und des Wegfalls von Pflegearbeiten sind Bodenabtrag vor allem durch Schneeschurf, Trittschäden durch das Weidevieh und Veränderungen des Pflanzenbestandes wie Verunkrautung und Zunahme von unschmackhaften Gräsern.

Die Gipfel werden erstiegen

Die Ersteigungsgeschichte der Gipfel in den Berchtesgadener Alpen könnte einen eigenen umfangreichen Band füllen. Hier ist nur Platz, um einige Pioniertaten in Schlaglichtern aufzuzeigen. Es soll erinnert sein an die Namen Stanig, Thurwieser, Schwarzenberg, von Schilcher, Kaindl, von Barth, von Lonski, Purtscheller, und natürlich an die berühmten Führer Punz-Preiß und Grill-Kederbacher. Gipfelersteigungs- und Klettergeschichte überschneiden sich. Die letzten, schwierigen Berge der Berchtesgadener Alpen – untergeordnete Felstürme freilich – werden erst ab etwa 1900 betreten; einige wenige Zacken des Hochkönigstockes gar erst während der Phase des zeitgenössischen Alpinismus.

Jahrhunderteaalt ist die Wallfahrt übers Steinerne Meer, und auch das Watzmann-Hocheck soll Ziel von Wallfahrern bereits zu einer Zeit gewesen sein, da in den Berchtesgadener Alpen noch kein Mensch einen Gedanken daran verschwendete, einen Berg nur um seiner selbst willen – also aus sportlichen Beweggründen – zu ersteigen. Eine Reihe von Gipfeln der Berchtesgadener Alpen ist sicher schon sehr früh von Hirten und Jägern betreten worden. Denn die meisten dieser Berge sind relativ einfach zugänglich, sie haben ihre »Schwachseiten« mit überhaupt keinen oder nur geringen technischen Schwierigkeiten. Große, berühmte, reine Kletterberge vom Format eines Totenkirchls, eines Grépon, einer Kleinen Zinne, eines Campanile Basso oder eines Campanile di Val Montanaia fehlen. Ludwig Purtscheller stellt 1893 fest: *Die Salzburger Kalkalpen, wenn auch durch ihre Reize und Schönheiten eine sehr hervorragende Stellung unter den Nordalpen einnehmend, entbehren jener großartigen und imponirenden Hochgipfel und Spitzen, wie wir solche in den Dolomiten und im Centralgebirge vorfinden, deren Bezwingung als eine mehr oder minder bedeutende alpine Grossthat verewigt wird.* So darf es nicht verwundern, daß in den Berchtesgadener Alpen eine beachtliche Kletterleistung wie die Durchsteigung der Watzmann-Ostwand etwa zeitgleich mit der ersten touristischen Ersteigung der einfach erreichbaren Taghaube im Hochkönigstock vonstatten geht. Neun teils ausgedehnte Gebirgsstöcke mit einer Vielzahl von Haupt- und einer schier kaum überschaubaren Anzahl von Nebengipfeln lassen keine kontinuierliche Erschließungsarbeit, wie wir sie etwa vom Wilden Kaiser oder auch vom Wettersteingebirge her kennen, zu.

Valentin Stanig, Peter Carl Thurwieser und Friedrich Fürst Schwarzenberg

Die ersten Höhenmessungen in den Berchtesgadener Alpen erfolgen zwischen 1765 und 1800. Der Botaniker *Franz von Paula Schrank* besucht im Rahmen seiner Exkursionen Schneibstein, Reinersberg und Hochgschirr im Hagengebirge und das Seehorn in der Südlichen Wimbachgruppe. Auch den aus dem Görzischen stammenden, in Salzburg Naturwissenschaften und Theologie studierenden *Valentin Stanig* lockt zunächst wissenschaftlich geprägte Neugierde ins Gebirge. Doch die allein hätte ihn wohl kaum zu bergsteigerischen Leistungen wie die der Ersteigung des Hohen Gölls (über den Eckerfirst und die Route des heutigen Salzburger Steiges) 1801 oder 1803, oder gar die der ersten Ersteigung der Watzmann-Mittelspitze (1799 oder

Peter Carl Thurwieser, von Purtscheller als »Altmeister der Alpinistik« bezeichnet, lebte 55 Jahre lang in Salzburg und war mit Erzbischof Friedrich Fürst Schwarzenberg befreundet. Mit ihm zusammen erreichte der gebürtige Kramsacher Müllerssohn 1830 den Gipfel der Schönfeldspitze. Auch der Hochkalter-Anstieg über den »Schönen Fleck« ist eine Thurwieser-Route.

1801) getrieben. Stanig schreibt über diese kaum anders als mutig zu bezeichnende Tat:

Beladen mit meinen Messinstrumenten begann ich diesen nie begangenen Weg. Schon der Anfang war böse, denn ich musste über eine große steile Platte hinabglitschen, an deren Ende mich nur ein sehr kleiner Vorsprung vom Sturze in die unermessliche Tiefe errettete. Dann musste ich über ähnliche Platten wieder in die Höhe steigen, wo nur ein kleiner Fehltritt die vorige Folge nach sich gezogen hätte. Ich überstieg eine gefährliche Stelle, eine Kluft nach der anderen, dachte auf Besserwerden, und es kam nur Schlimmes nach. Bald musste ich mich, auf einem schneidigen Rücken sitzend, weiter bewegen, bald, wie in Lüften schwebend, an steilen Wänden dahinklettern.

Nun verlor ich mich aus dem nachstarrenden Gesichte der (zurückgebliebenen) betenden Karawane. Oft brauchte es beinahe übermenschlichen Muth, um nicht ein Raub der Zagheit zu werden; denn meistens musste ich auf den scharfen Rücken auf allen Vieren dahinkriechen, wo links und rechts tausendfach verderbender Abgrund war. Wie ein Blitz durchfuhr mich kalter Schauer, als ich bei so einem Kriechen durch ein kleines Anlehnen des Barometers das Gleichgewicht bei einem Haare bald ganz verloren hätte, welches einen Sturz gegen 400 Klafter ganz in die Scharten zwischen die auch von Weitem sichtbaren Spitzen der östlichen Seite des Watzmanns nach sich gezogen hätte. In dergleichen Fällen ist schnellste Fassung und Geistesgegenwart nöthig. In dem einzigen Punkte nur, wo man ist, muss die ganze Seele concentrirt sein. Keiner, auch der frömmste Gedanke darf da stattfinden, sondern jeder Tritt, jeder Finger muss strenge dirigirt werden. Deswegen spreche ich meinen Gliedern immer Muth und Klugheit zu, ihnen die Nothwendigkeit vorstellend. Dies ist der grösste meiner Vortheile, an gefährlichen Orten nicht zag zu werden.

Nun war es etwas leidentlicher zum Steigen, und ich befand mich in der sogenannten Watzmannscharte, das ist im tiefsten Punkte zwischen den zwei Watzmannspitzen. Da ward ich etwas überrascht. Eine gegen Süd hinlaufende Kluft von grösster Tiefe war vor mir und trennte eine Bergmasse von Millionen Centnern von dem festen Rücken. An einem Orte ist ein sehr schmales Steinbrückchen über diese Kluft, und mir blieb kein anderer Weg übrig, als diese morsche Brücke zu passiren und weiter oben, wo die Verbindung grösser wird, wieder auf festes Land zu kommen. Wirklich setzte ich mit Schüchternheit über diese Kluft, weil die getrennte Masse mir zum Abfalle so reif schien, dass schon das unbedeutendste Gewicht sie zum Sturze bringen könnte! Einst wird dieser Bergtheil hinab auf die südliche Seite des Kleinen Watzmanns stürzen und Schrecken verbreiten. Nachdem ich wieder auf den festen Theil gekommen war, ward der Weg sehr steil, und mit grösster Anstrengung erreichte ich über loses Gestein den höchsten Punkt des Watzmanns.

Man muß sich den Verbindungsgrat vom Hocheck zur Watzmann-Mittelspitze ohne Sicherungen vorstellen, um die Tat Stanigs auch nur in etwa nachvollziehen zu können. – Valentin Stanig wird 1819 Domherr zu Görz, wo er 1847, 73jährig, stirbt.

Josef Kyselak wandert 1820 in Begleitung seines Wolfshundes und ausgerüstet mit Steigeisen und Gewehr durch die Saugasse auf das Steinerne Meer hinauf und ersteigt laut eigenem Bekunden den »Hohen Hundskopftod«.

So unästhetisch dessen Name, so wild droht er herab auf das verödete Thal, als hätte sein Blick es verwüstet. Botaniker und Mineralogen würden hier vergebens Ruhepunkte für ihre Wißbegierde suchen, nur ein behender Nimrod hätte vollauf zu tun mit den Fährten der Luchse und Dachse und Murmeltiere, die Gemsen vorzüglich zu rechnen. Wer vom Schwindel, diesem eingebildeten Übel, nichts weiß, der wird den Hohen Hundskopftod gefahrlos besteigbar nennen, am leichtesten erklimmt man selben in schiefer Richtung von Osten nach Westen.

Mag sein, daß der »bekannte Fußreisende« Kyselak ganz banal die Himmelsrichtungen verwechselt hat. Doch Purtscheller zweifelt diese Ersteigung an. Erwiesen ist hingegen, daß fünf Jahre später der in Kramsach als Müllerssohn geborene Theologe Peter Carl Thurwieser den Großen Hundstod betritt. 1830 steht der Salzburger Geistliche und spätere Erzbischof *Friedrich Fürst Schwarzenberg* mit zwei Ramsauer Gemsjägern, Tatz und Wein, auf dem Gipfel des Hochkalters. Im gleichen Jahr erreichen Schwarzenberg und sein Freund Thurwieser, zusammen mit J. Lanegger aus Saalfelden, A. Klingler aus Stegen und dem Diener des Fürsten, C. Moser, die Schönfeldspitze im Steinernen Meer – nach Aufstieg aus der Buchauer Scharte über den steilen Ostrücken.

Der 55 Jahre lang in Salzburg lebende *Peter Carl Thurwieser* ersteigt schon 1825 das Stadelhorn der Reiter Alm, gilt als erster Tourist, der den Hochkönig betritt (1826) und erklettert 1832 die Watzmann-Südspitze auf der heute üblichen Normalroute über das Schönfeld. 1833 oder 1834 eröffnet der »Altmeister der Alpinistik« (Purtscheller) mit dem Jagdgehilfen A. Wein den Hochkalter-Anstieg über den »Schönen Fleck«, wobei natürlich auch der Kleinkalter erstmals »touristisch« erstiegen wird.

Franz von Schilcher, Albert Kaindl und Hermann von Barth

Purtscheller bezeichnet den Landgerichtsrat *Franz von Schilcher* 1893 »gegenwärtig als den besten Kenner« der Berchtesgadener Alpen. Schilchers Fahrten sind zunächst keine überaus spektakulären. Seine Vorliebe gehört dem Steinernen Meer und der Wimbachgruppe des Hochkaltergebirges. 1854 gelingt dem noch blutjungen Schilcher mit dem Führer Gottfried Hebllehen eine Ersteigung des Kahlersberges im Hagengebirge. 1880 erklettert er mit Johann Punz das Wagendrischlhorn aus der Mayrbergscharte. Seine bemerkenswerteste Tour in den Berchtesgadener Alpen führt der bergbegeisterte Richter mit der ersten Ersteigung des brüchigen Kleinen Palfelhorns aus. Sie glückt aber erst vier Jahre nach Durchsteigung der Bartholomäwand, also 1885. Geführt wird Schilcher erneut vom Kederbacherfreund Johann Punz-Preiß, und auch der Jagdgehilfe Josef Schöttl ist mit von der Partie.

Der Landgerichtsrat berichtet über die entscheidenden Passagen:

Von der Scharte zwischen dem Großen und Kleinen Palfelhorn *wendeten wir uns in östlicher Richtung eine Strecke abwärts und kletterten sodann oberhalb der Einmündung eines jäh abfallenden Grabens an einer äusserst brüchigen, steilen und stellenweise überhängenden Wand, die nur nach Ablegung der Schuhe, unter gegenseitiger Unterstützung und Anwendung des Seiles überwunden werden konnte, zur zackigen Grathöhe empor. Preiss bezweifelte anfänglich die Möglichkeit, die höchste östliche Spitze des Grates zu gewinnen, und unternahm allein den Versuch, während Schöttl und ich zuwarteten. 9 U. 15 hatte Preiss dieselbe erklommen und rief uns zu, ihm zu folgen. 10 U. 35 waren auch wir auf derselben. Der Gipfel besteht aus einer Reihe scharfer Zacken. Die Aussicht ist trotz der verhältnissmässig geringen absoluten Höhe des Berges, namentlich des Einblickes in das Wimbach thal halber, sehr interessant. Nachdem wir eine Flasche mit kurzer Notiz über die Partie geborgen, traten wir um 12 U. 25 den Rückweg an und unternahmen ihn, allerdings ohne Sicherheit für den Erfolg, an der Nordseite, langten aber doch glücklich nach 2 ½stündigem beschwerlichen Klettern auf dem Griesstrome westlich oberhalb der Griesalpe an. Die Partie ist, den Aufstieg von St. Bartholomä auf den Watzmann vielleicht ausgenommen, die schwierigste in den Berchtesgadener Bergen und erfordert nicht nur absolute Schwindelfreiheit, sondern auch die grösste Gewandtheit im Klettern und bei dem masslos brüchigen Dolomitgestein doppelte Vorsicht.*

Mit dieser Pioniertat Franz von Schilchers, der 1931 – 94jährig – in München stirbt, haben wir nun eine schöne Seite der Berchtesgadener-Alpen-Erschließungsgeschichte ein bißchen vorweggenommen. Eigentlich wären wir ja noch in den fünfziger Jahren des vergangenen Jahrhunderts, und da spricht man – 1852 – die erste Ersteigung des Kleinen Watzmanns den Ramsauer Buben Johann Grill-Kederbacher und Johann Punz-Preiß zu. Gänzlich erwiesen ist das zwar nicht, aber doch sehr wahrscheinlich.

Während der sechziger Jahre ist der Linzer Kürschner *Albert Kaindl* der große Führertourist in den Berchtesgadener Alpen. 1860 besucht er das Selbhorn im Steinernen Meer. Fünf Jahre

Der Königssee mit einem seiner Wahrzeichen, der Schönfeldspitze. Sie scheint den See direkt zu überragen, ist aber viele Wegstunden von Sankt Bartholomä entfernt. Thurwieser und Fürst Schwarzenberg erreichten den Gipfel von der Buchauer Scharte über den steilen Ostrücken.

▽
Die berühmt-berüchtigte und 1993 mehr denn je Boulevardblatt-Schlagzeilen bestimmende, fast 1800 Meter hohe Watzmann-Ostwand. Johann Grill, der Kederbacher aus der Ramsau, durchstieg sie Pfingsten 1881 mit seinem tüchtigen Kunden Otto Schück aus Wien zum erstenmal.

◁◁
Von der Hirschwiese aus eröffnet sich dieser phantastische Blick auf die wilden Gratschneiden der Südseite des Großen Watzmanns. Links das Obere Schönfeld, über das die Normalroute auf die Watzmann-Südspitze verläuft. Thurwieser eröffnete sie 1832.

danach ersteigt er mit Johann Grill und Johann Punz die beiden Teufelshörner und das Große Palfelhorn. 1868 gelingt dem Linzer, wiederum mit den beiden Ramsauern, die Überschreitung des gesamten Watzmanngrats. Das ist schon fast eine richtige Klettertour. Die erste Durchsteigung der Watzmann-Mittelspitze-Ostwand aus der Skischarte durch Kaindl und Josef Berger am 27. August 1869 ist in jedem Fall eine. 1870 wird dieser Anstieg von Kaindls Freund Josef Pöschl aus Wien, geführt vom Kederbacher, wiederholt. 1868 ersteigen die beiden Hansei, Grill und Punz, miteinander noch das anspruchsvolle Hochkammerlinghorn im Hochkalterstock.

1868 ist freilich auch das Jahr des Rechtspraktikanten *Hermann Freiherr von Barth zu Harmating.* Er meldet sich an das Königliche Landgericht Berchtesgaden, wo sein Onkel als Landrichter arbeitet. Am 1. Mai 1868 tritt der angehende Jurist seinen Dienst an. Hier nun wird Hermann von Barth zum Bergsteiger. *Mit dem Bergstocke in der Hand, in der langen Hose, die er am Knöchel zusammengebunden trug, feste Bergschuhe an den Füßen – der Berchtesgadener Schuster Ochsenbauer hatte sie ihm gemacht, die noch im Allgäu ihm trefflich dienten – so zog er frühmorgens aus dem noch schweigenden Ort, munter und tatendurstig auch dann, wenn ihn eine nächtliche Stammtischsitzung länger als üblich im Wirtshause gehalten hatte . . . Sein rastloser Eifer, mit dem er sich dem Bergsteigen hingab und der ihn oft tagelang vom schützenden Dache fernhielt, wurde bald bemerkt und trug ihm, den man nur mehr den »Bergpraktikanten« nannte, den Ruf unerhörter Verwegenheit ein* (Rohrer).

Zunächst wiederholt Hermann von Barth schon bekannte, wenn auch große Anstiege. Am 22. Juli 1868 bereits gelingt ihm eine Erstersteigung: die des Großen Rotofenturms im Lattengebirge. Ein Kabinettstückl! Barth scheitert beim

Hermann Freiherr von Barth zu Harmating gab das Debüt zu seiner alpinismusgeschichtlichen Bedeutung in den Berchtesgadener Alpen. Während der Erstersteigung des Großen Rotofenturms im Lattengebirge schlug Barth mit dem Hammer einen Tritt in den widerbostigen Stein. Der Jurist und kühne Alleingänger war Eroberungsbergsteiger und kein Sportkletterer. Sogenannte solche bedienen sich da und dort jedoch durchaus der Barthschen Methode.

Johann Grill, genannt »Der Kederbacher«

*22. Oktober 1835 in Ramsau bei Berchtesgaden
† 18. Januar 1917 in Ramsau

1852	Erste Ersteigung des Kleinen Watzmann (Berchtesgadener Alpen).
1868	Erste Überschreitung aller drei Spitzen des Großen Watzmann.
1870	Johann Grill wird autorisierter Bergführer.
1873	Erste Ersteigung der Daberspitze (Hohe Tauern, Venedigergruppe).
1874	Erste Ersteigung des Hochkalter über das Blaueis (Berchtesgadener Alpen). Erste Ersteigung des Pflerscher Tribulauns (Stubaier Alpen).
1877	Erste Ersteigung des Großen Ödsteins (Gesäuse).
1881	Erste Durchkletterung der 1800 Meter hohen Watzmann-Ostwand (»Bartholomäwand«).
1883	Zweite Begehung der 1300 Meter hohen Weißhorn-Westwand (Walliser Alpen).
1888	Johann Grill wird Hüttenwirt auf dem Watzmannhaus.
1895	Ersteigung der Kleinen Zinne (Sextener Dolomiten).
1905	Johann Grill übergibt die Bewirtschaftung des Watzmannhauses an seinen ältesten Sohn.

ersten Versuch, und für den zweiten hat er einen Hammer dabei, *mit welchem ich nach längerer Arbeit im harten Felsgestein einigen Schuhnägeln Raum schaffte.* Nun ja, Hermann von Barth war ein Eroberungsalpinist.

Mit Josef Berger ersteigt der bayerische Adelige Stadelhorn, Mühlsturz- und Grundübelhörner in einem Zug, und gute vierzehn Tage später allein das Große Häuslhorn. Am 6. September 1868 glückt Hermann von Barth seine vielleicht bergsteigerisch schönste Pioniertat in den Berchtesgadener Alpen: Aus dem Hocheiskar gelangt er zunächst irrtümlich auf eine Graterhebung zwischen Hocheisspitze und Hochkammerlinghorn, der er später den Namen Hocheiskopf gibt. Dann klettert er doch noch zu seinem eigentlichen Ziel, der Hocheisspitze, hinüber. Es ist die letzte Bergfahrt, die Barth 1868 in den Berchtesgadener Alpen unternimmt.

Richard von Lonski und Ludwig Purtscheller

Die alpinen Vereine sind schon gegründet und Deutscher und Oesterreichischer Alpenverein wachsen gerade zum »D. u. Oe. AV.« zusammen, als der 1841 in Weißbach geborene Gemsjäger *Richard von Lonski* die Ersteigungsgeschichte der Berchtesgadener-Alpen-Gipfel wesentlich mitgestaltet. Insbesondere bemerkenswert sind seine Erstersteigungen von Hochseiler im Jahr 1873 (mit Richard von Frey) und Wildalmkirchl im Jahr 1875 (mit Max und Richard von Frey).

Die erste Durchsteigung der Bartholomäwand 1881 dünkt in einer Phase, da markante Gipfel der Berchtesgadener Alpen noch nicht betreten wurden, eher erstaunlich. Und doch pflegt der Kederbacher, in der Heimat seiner Zeit zweifellos voraus, eigentlich »nur« den Standard des großen Alpinismus.

Ein ganz Großer ist der Innsbrucker Turnlehrer *Ludwig Purtscheller.* Begünstigt durch seine Wahlheimat Salzburg gelingt diesem wohl besten Ostalpenbergsteiger seiner Zeit eine Reihe von Erstersteigungen auch in den Berchtesgadener Alpen, als da unter anderen wären: Nixriedel und Eibleck (1880), Taghaube und Schoberköpfe (1882), Großer Gamsleitenkopf (1884), Kleiner Bratschenkopf (1885), Großer Törlwieskopf (1886), Großer Sattelkopf (1893). Das Hochkönigmassiv, und dort bevorzugt die Mandlwand, sind Purtschellers »Lieblingsspielplätze«. Die meisten dieser Mandlwandzacken lassen sich ausschließlich kletternd erreichen.

Auch der Metallwarenfabrikant *Heinrich Heß,* jahrzehntelang Schriftleiter der D. u. Oe. AV.-Mitteilungen und der »Zeitschrift«, und zusammen mit Purtscheller »Hochtourist«-Führerautor und -herausgeber, ist an der Erschließung der Mandlwand beteiligt. 1883 klettert er auf den Hochstellkopf. Der Große Törlwieskopf und die anspruchsvolle Ersteigung des Großen Sattelkopfes glücken ihm zusammen mit Ludwig Purtscheller (s.o.). Im Steinernen Meer ersteigen die beiden das Persailhorn (1887), und am Watzmannstock gelingt der Partie Purtscheller, Heß und Adolf Holzhausen am 7. Juni 1891 die erste Ersteigung des Vierten Watzmannkindes (auch Watzmannjungfrau). Die Ersteigung der Blaueisspitze (1886 mit Johann Punz) gehört nicht zu den spektakulären Touren des großen Purtscheller. Da müßte eher schon die Erkletterung des Geiereck-Ostgrats am Untersberg genannt werden. Denn mit dieser Unternehmung – wann genau sie ausgeführt wurde, ist nicht bekannt – setzt Ludwig Purtscheller insofern ein Zeichen, als er auf einen einfachst erreichbaren Gipfel eine rein sportliche Anstiegslinie legt. Das ist eigentlich der Beginn des sportlich geprägten Kletterns in den Berchtesgadener Alpen!

Die letzten Gipfelziele

Noch einmal zurück zur Ersteigungsgeschichte der Gipfel. Die Ehre der ersten Ersteigung der formschönen Torsäule gebührt Anton Posselt-Czorich (1882). Heinrich Pfannl, Thomas Maischberger und Hans Biendl klettern 1896 auf Großen Schneeklammkopf und Melkerlochkopf – schwierige Mandlwandtürme!

1897 steht der schneidige Lehrer Gmelch auf Kleinem und Mittlerem Bruder der Reiter Alm. 1900 betritt Georg Leuchs, der Kaiser-Spezialist, allein den Grundübelturm, nachdem er dort Passagen des heutigen vierten Schwierigkeitsgrades überwunden hatte. Ebenfalls im Jahr 1900 wird im Verlauf der Göll-Westgrat-Erkletterung das wilde Pflughörndl erstmals erstiegen und zugleich überschritten. Auch der Kleine Rotofenturm findet in diesem Jahr seinen Meister.

Ohlenschlager erreicht 1909 das Hinterberghorn im Hochkaltergebirge, und im gleichen Jahr schwingen sich zwei verspielte Kletterer auf den Kappenrand des Ramsaudolomit-Schwam-

◁ Johann Grill, nach seinem Ramsauer Hausnamen »Kederbacher« genannt, gilt als der erste autorisierte deutsche Bergführer. Der durch die Erstdurchsteigung der Watzmann-Ostwand erworbene Ruhm verhalf ihm zu anspruchsvollsten Führungen auch in den Westalpen. So glückte Grill mit dem Briten John Percy Farrar die zweite Begehung der Weißhorn-Westwand in den Walliser Alpen. Die Schweizer Führer zollten Respekt. Der Kederbacher hielt eine Durchsteigung der Eiger-Nordwand für möglich. 1892, als er bereits das Watzmannhaus bewirtschaftete, reiste Farrar in die Ramsau, und beiden gelang die fünfte Begehung der Watzmann-Ostwand. Johann Grill starb am 18. Januar 1917 auf seinem Hofe.

Die Blaueistürme, dahinter der Watzmann. Die Nordgratroute der Blaueisspitze, die über diese Blaueistürme führt, wurde bereits 1899 von Wilhelm von Frerichs und Richard von Below eröffnet. Sie ist anspruchsvolles Teilstück der bei guten Kletterern beliebten »Blaueisumrahmung« und weist längere Strekken vierten Schwierigkeitsgrades auf.

merls der Steinernen Agnes. Der wohl anspruchsvollste Gipfel in den Berchtesgadener Alpen, das Teufelskirchl im Hochkönigmassiv, wird 1926 (!) eine »Beute« des damals 20jährigen, später berühmten Expeditionsbergsteigers Erwin Schneider. Otto Herzog und Gustav Haber, die legendäre Karwendel-Seilschaft, setzt 1933 mit der ersten Ersteigung des grauenhaft brüchigen Kleinsten Palfelhorns einen Schlußpunkt. Und das zu einer Zeit, da bereits eine Matterhorn-Nordwand durchstiegen, ein Vinatzer-Ausstieg an der Furchetta-Nordwand verwirklicht und die Watzmann-Ostwand im Winter geklettert worden sind...

Klettern – vom Kederbacherweg bis »Om«

Es ist ein weiter und vor allem nur schwer überschaubarer »Weg« von der ersten Durchsteigung der Watzmann-Ostwand bis zu den überaus kühnen alpinen Freikletterrouten eines Albert Precht und zu den modernen Sportklettereien der Traunsteiner »Huber Buam«. Was nützte es, hier eine langweilige Auflistung der in die Tausende gehenden, auch nur halbwegs bedeutenden Felstouren der Berchtesgadener Alpen zu bringen? Die folgende Abhandlung ist der Versuch einer groben Übersicht, »aufgehängt« an den Namen derer, die das Klettern ihrer Zeit zwischen Untersberg und Hochkönig prägten und prägen.

Gustav Starke und Franz Barth am Untersberg

Johann Grill, der Kederbacher aus der Ramsau, setzt mit seiner Durchsteigung der Watzmann-Ostwand 1881 den Markstein, von dem aus die eigentliche Klettergeschichte der Berchtesgadener Alpen beginnt. Bemerkenswert erscheint insbesondere, daß man die zentrale Bartholomäwand über 40 Jahre lang als erschlossen ansieht, denn die zweite Route – der Salzburger Weg – wird erst 1923 verwirklicht.

Unter den Neutourenerschließern des ausklingenden 19. und des beginnenden 20. Jahrhunderts nimmt der dem Akademischen Alpenverein München angehörende *Wilhelm von Frerichs* eine beachtliche Stellung ein. 1899 gelingt ihm mit Richard von Below der Nordgrat der Blaueisspitze im Hochkaltergebirge. Ein Jahr später legt v. Frerichs zwei Routen durch den südlichen Teil der Watzmann-Ostwand; eine mit Georg Leuchs, die andere mit Richard von Below. Die Schwierigkeiten des mit dem bekannten Kaiser-Erschließer Leuchs ertrotzten Durchstiegs übertreffen jene des Kederbacherweges. – Nicht unerwähnt bleiben darf die erste Begehung der mächtigen Ostwand des Hohen Gölls durch die namhaften Wiener Heinrich Pfannl und Thomas Maischberger.

Der in Wien, später in Zürich lebende Salzburger Mechaniker *Gustav Starke* klettert 1900 allein über die kleine, sehr luftige Südwand des Salzburger Hochthrons. Mit *Josef Külbl* gelingt Starke ein schöner Durchstieg an den Steilwänden des Geierecks, die heute noch so genannte »Külblrinne«. Die überaus schroffe Südwand des Berchtesgadener Hochthrons wird dem Salzburger Lehrer *Franz Barth* zur Herausforderung. 1907 überlistet er die »Untersberg-Süd«, wie sie häufig – wenn auch streng alpingeographisch falsch – genannt wird, an ihrer schwächsten Stelle. Ein Jahr später wagt sich Barth im Südkamin des Berchtesgadener Hochthrons an deutlich schwierigeren Fels. Ebenfalls 1908 klettern Franz Barth und Kaspar Wieder erstmals durch die Westwand des Kleinen Watzmanns. Und auch der Hochseiler-Westgrat findet in diesem Jahr mit Richard Gerin, Karl Plaichinger und Felix Riebe seine Bezwinger.

Man muß sich den überwältigenden Eindruck der Westwand des Hohen Gölls vor Augen halten, um ermessen zu können, was es heißt, dort bereits 1910 an einen Durchstieg zu denken. Der Ruhpoldinger »Ohnefurcht« (Zebhauser) *Max Zeller* hält ihn für möglich, und mit Kroher und dem Kufsteiner Meisterkletterer Josef Klammer gelingt ihm der mit originellen Passagen gewürzte Schluchtweg im nördlichen Wandteil. 1912 erreicht der Salzburger Kaminkehrer *Hans Felchtner* im Lattengebirge und am Untersberg den V. Schwierigkeitsgrad. Im gleichen Jahr klettert *Adolf Deye,* der Mitbewerber um die Fleischbank-Ostwand, die Westwandroute (V) am Großen Weitschartenkopf der Reiter Alm. Mit der Südkante des Großen Grund-

Die Aufnahme aus den dreißiger Jahren zeigt Simon Flatscher – einen der Wintererstdurchsteiger der Watzmann-Ostwand – während des Seilzugquergangs vom »Schild« in den Großen Trichter der Göll-Westwand. Josef Aschauer und Sepp Kurz kletterten diese Route im Juli 1922 zum erstenmal.

übelhorns eröffnet Feichtner 1913 eine der später beliebtesten strengeren Genußklettereien in den Berchtesgadener Alpen.

Josef Aschauer und sein Trichter

Freilich könnte man jetzt einwenden, daß der Standard des Kletterns in den Berchtesgadener Alpen vor dem Ersten Weltkrieg deutlich hinter dem des Wilden-Kaiser-Felsgehens herhinkte. Nun ja, Dülfer blieb in seinem Kaiser, und auch Preuß hat erstaunlicherweise die Berchtesgadener Alpen als Kletterer (nicht als Skibergsteiger!) gemieden. Doch ist die Ausdehnung der Berchtesgadener Berge im Vergleich zum Wilden Kaiser riesig, »letzte Probleme« ergaben sich so rasch nicht. Als dann im Kaiser Karl Schüle und Paul Diem bereits den unteren sechsten Schwierigkeitsgrad meisterten, tastete sich Josef Aschauer an Watzmann und Hohem Göll erst so nach und nach an den Dülferschen Standard heran (siehe auch Seite 89).

Nichtsdestotrotz läßt sich zumindest für den unmittelbaren Berchtesgadener Bereich von einer Aschauerschen Ära sprechen. Kühn und absolut frei sind seine Routen wie die Direkte Westwand am Kleinen Watzmann und die Direkte Westwand am Hohen Göll. Der Große Trichter der Göll-Westwand bleibt Aschauers berühmteste Neutour.

1920 schon eröffnet *Herbert Kadner* die überaus schöne Direkte Südwand des Großen Häuslhorns. Auch der Schriftsteller, Münchner Dichterpreisträger und Alpinhistoriker *Walter Schmidkunz* ist dort mit von der Partie.

Die Wetterwand am Hochkönig

An den Steilwänden der Südrandgipfel des Steinernen Meeres gebührt dem Linzer *Fritz Rigele* – der den Eishaken erdachte und ihn erstmals an der Nordwestwand des Großen Wiesbachhorns anläßlich der Durchsteigung mit *Willo Welzenbach* erfolgreich einsetzte – Erschließerruhm der zwanziger Jahre. Breithorn-Südwand und Sommerstein-Südwestwand seien von Rigeles zahlreichen Neutouren hier nur genannt. An der Reiter Alm konsolidieren die Traunsteiner *Fritz Bechtold, Willi Merkl und Peter Müllritter* den fünften Schwierigkeitsgrad, und die »alte« Watzmann-Ostwand muß den schon erwähnten, sehr anspruchsvollen und luftigen Salzburger Weg (durch Hans und Hermann Feichtner, Viktor Raitmayr und Ludwig Schifferer) sowie den von Fritz Thiersch im Alleingang gekletterten Münchener Weg über sich ergehen lassen (1929).

Aber noch ein großes Kletterproblem wird in den zwanziger Jahren gelöst: die erste Durchsteigung der 1000 Meter hohen Wetterwand am Hochkönigstock durch *Erwin Schneider* und *Fritz Vogel* (29. August 1926). *Fritz Schmitt* und *Karl Rehm* klettern ein Jahr später in Unkenntnis des Schneider-Vogel-Anstiegs auf teilweise neuer, auch schwierigerer Route durch die Wetterwand. Mit Karl Grünwald glückt Schmitt an

der Südwand des Kleinen Bratschenkopfs ein schöner, direkter Durchstieg. 1928 beginnt der große Wiener Freikletterer und Neutourensammler *Hubert Peterka* seine Erschließertätigkeit an der Mandlwand und an den Bratschenköpfen.

Die Ära Kurz / Hinterstoisser

1930 kämpfen sich die Reichenhaller *Toni Behringer, Simon Flatscher und Ludwig Zankl* sowie der Chiemgauer *Georg Mitterer* als erste durch die winterliche Watzmann-Ostwand. Wenngleich am 6., 7. und 8. Dezember streng kalendarisch noch gar nicht Winter war, so herrschten doch Verhältnisse, wie sie härter kaum sein konnten.

Das Klettern der dreißiger Jahre aber wird in den nördlichen Berchtesgadener Alpen durch die Seilschaft *Toni Kurz* (aus Berchtesgaden) und *Anderl Hinterstoisser* (aus Bad Reichenhall) geprägt. Ihre schwierigsten Touren lassen sich durchaus mit Routen eines Mathias Rebitsch vergleichen: schwere Sechser mit ausgefeilten hakentechnischen Schwierigkeiten (bis A2), die unter Einsatz der damaligen Ausrüstung ein gerüttelt Maß an »Leidensfähigkeit« (Schrag) verlangen.

Um die 1000 Meter hoch ist die Südostwand des Großen Bratschenkopfs, die »Wetterwand« des Hochkönigs. Den linken Grat über die Wetterriffel kletterten erstmals 1909 Richard Gerin und Kaspar Wieder, die zentrale Wetterwand links des dominierenden Südpfeilers 1926 Erwin Schneider und Fritz Vogel.

Anderl Hinterstoisser (oben) aus Bad Reichenhall und Toni Kurz (unten) aus Berchtesgaden prägten in den dreißiger Jahren das Felsklettern in den nördlichen Berchtesgadener Alpen. Ihre bekannten Routen stehen selbst noch bei extremen Kletterern der Jetztzeit hoch im Kurs. Die Seilschaft Kurz-Hinterstoisser erlangte indessen weniger durch ihre schwierigen Neutouren in der Heimat, sondern vielmehr durch den tragischen Ausgang ihres Durchsteigungsversuches der Eiger-Nordwand 1936 (allerdings traurige) Berühmtheit. Insbesondere das Sterben des Toni Kurz, der vor den Augen der Schweizer Rettungsmannschaft erschöpft im Abseilsitz sein Leben aushauchte, erschütterte die Bergsteigerwelt. Man muß es kraß und deutlich sagen: Toni Kurz' Chancen für ein Überleben wären beachtlich gewesen, wenn fähigere Retter – etwa vom Format eines Wiggerl Gramminger – rechtzeitig hätten zugegen sein können. Vor Kurz kamen während des dramatischen Rückzugs aus der Eigerwand Anderl Hinterstoisser, Willi Angerer und Edi Rainer zu Tode.

Die bekannteste Neutour der Seilschaft Kurz/Hinterstoisser ist natürlich die Direkte Südkante des Großen Mühlsturzhorns aus dem Jahr 1936. Noch im gleichen Jahr werden Toni Kurz und Anderl Hinterstoisser durch ihren schrecklichen Tod in der Eiger-Nordwand traurig-berühmt. Beide haben sie zahlreiche schwierige Führen in den Berchtesgadener Alpen erschlossen: etwa Berchtesgadener Hochthron-Südwestwand und – Direkte Pfeiler-Südwand, die Wartsteinkante an der Reiter Alm oder die Direkte Südkante des Dritten Watzmannkindes, um nur einige – auch heute noch vielbegangene – Routen zu nennen.

Alles andere als ein Freund jeglichen »Kriegshandwerks« und schon gar des »Dritten Reiches«, muß ich doch einräumen, daß die die Seilschaft Kurz-Hinterstoisser umwehende »Hochgebirgszugromantik« irgendwie fasziniert. Aus den Hochgebirgszügen der Reichenhaller und der Berchtesgadener Gebirgsjäger sollten auch später namhafte Bergsteiger hervorgehen. Man denke nur an all die jungen Kletterer, die der 1993 bei einem Gleitschirmflug am Hochstaufen tödlich verunglückte Heeres- und staatlich geprüfte Bergführer Sepp Babl ausbildete und förderte; etwa an den Neu-Ulmer Sepp Mack, der mit Babl an der Göll-Westwand und am Wartstein anspruchsvollste Erstbegehungen verwirklichte. Auch Heinz Zembsch blieb, bedingt durch seinen Bundeswehrpflichtdienst, für immer in Berchtesgaden »hängen«. Rudi Bülter diente im Hochzug, kam nach dem »Barras« wieder und kletterte 1967 die Südverschneidung am Großen Grundübelhorn.

Keinesfalls vergessen werden sollte der Traunsteiner *Hans Huber*, der mit seiner »Alten Mühlsturzkante« 1931 ein deutliches Zeichen in der Klettergeschichte der Reiter Alm setzt. Hubers Partner ist dabei *Schorsch Mitterer*, Watzmann-Ostwand-Wintererstbegeher und nicht zuletzt bekannt als Seilgefährte Fritz Schmitts bei dessen schwierigster Kaiser-Neutour, der Direkten Christaturm-Ostwand. Am Kleinen Grundübelhorn glückt der Seilschaft Huber-Mitterer der schwierige Südpfeiler. Und am 28./29. Januar 1932 gelingt Hans Huber mit Gustl Kröner die zweite Winterbegehung der Watzmann-Ostwand; streng nach dem Kalender war das eigentlich die erste …

Ebenfalls aus den dreißiger Jahren stammen die Westwandführe von *Raphael Hang* am Ersten Blaueisturm und bemerkenswerte Untersbergtouren wie die originelle Dopplerwand oder vor allem die Gabelwand-Durchstiege am

Gamsalmkopf, die der Schleier des Geheimnisvollen umweht. Sie dürften verdammt schwierig sein.

Fast fünfzig Jahre lang stand die von Haidacher und Roman Szalay 1939 durchstiegene und von den Erstbegehern so bewertete Südwestwand des Großen Sattelkopfes der Mandlwand mit IV bis V in den Führerwerken. Kein Geringerer als Albert Precht schreibt sie 1989 mit VI-, vielfach V und V+ fest. Na, da wäre in den Berchtesgadener Alpen noch so manche Überraschung drin . . .

Im Winter durch die Göll-Westwand

Ins Kriegsjahr 1943 fällt die erste Durchsteigung des Kleinen Trichters an der Westwand des Hohen Gölls. Bemerkenswert sind die Neutouren von *Lobenhoffer* und *Hollerieth* an den Mühlsturzhörnern. Insbesondere ihre Südwestwand am Kleinen Mühlsturzhorn (1949) darf den hohen Standard der Kurz/Hinterstoisser-Führen für sich beanspruchen. Ebenfalls 1949 gelingt *Erhard Sommer*, der nebenbei bemerkt die Salzgrabenhöhle im Simetsberg entdeckte, die Direkte Südwand des Vierten Watzmannkindes, der *Jürgen Wellenkamp* ein Jahr später den direkten Ausstieg abtrotzt.

Hier ist nicht der Platz, um die Winterbegehungen in den Berchtesgadener Alpen zu dokumentieren. Doch lassen wir *Bernulf von Crailsheim* von einer der knackigsten erzahlen, von der ersten Winterdurchsteigung des Großen Trichters am Hohen Göll, die dem Freiherrn mit *Konrad Hollerieth* Anfang März 1947 gelingt:

Der Spalt hinter dem Schild war naß und schmierig, und wie ein Regenwurm mußte ich mich hindurchwinden. Ein Haken sang sich in die Wand, dann konnte der Gefährte nachkommen. Schweißtriefend arbeiteten wir uns die letzten Meter auf die Schneide hinauf, denn schon blickte die Sonne wieder über den Grat, und der Lawinentanz begann von neuem. Wir waren diesmal zwar unbeteiligte Zuschauer, doch war es nicht sehr ermutigend, zuzusehen, wie es im Trichter dauernd gurgelte und von Zeit zu Zeit Schnee- und Eismassen herausgeschossen kamen, um unter dumpfem Gepolter tief unten zu zerbersten . . .

Mittlerweile war die Sonne am Sinken, und die Dämmerung wob schon ihre Schleier in den Tälern. Nur die Gipfel der Reiteralpe zeichneten sich noch scharf gegen den rötlichen Abendhimmel ab. Die letzte Helle benützte ich, den fast schneefreien Quergang anzugehen. Die nassen Seile waren starr geworden und erschwerten jedes Manöver. An der Kante befestigte ich das Quergangseil an einem Haken und kehrte dann zurück, um den Rucksack zu holen. Bei Einbruch der Dunkelheit befand ich mich wieder am Trichtereingang und versuchte, die letzten trennenden Meter zu überwinden. Ein heftiger Schreck ließ mich aber zurückfahren, als mein tastender Fuß blankes Eis berührte. Nachdem

Bernulf Freiherr von Crailsheim glückte 1949 die erste Winterbegehung des Salzburger Weges der Watzmann-Ostwand, in deren Verlauf Crailsheim diese Aufnahme belichtete.

mir Minuten vorher mein Hammer entfallen war, konnte ich keinen Haken eintreiben und mußte versuchen, Stufen zu schlagen. Plötzlich glitt ich aus und pendelte in die Wand hinaus. Da hing ich nun an glatter Platte, an der ich nirgends Halt fand, hoch über dem Abgrund. Der Rucksack zog unheimlich zur Tiefe, und das Seil schnürte so fest ab, daß mir die Arme schlaff wurden. Ich verspreizte die Füße gegen die Wand, wobei nun mein Kopf tiefer hing, doch schien mir dies eine angenehmere Lage zu sein.

Alle meine Kräfte zusammenreißend, versuchte ich, mich am Seil emporzuziehen. Doch vergeblich, es ging einfach nicht, weil die Arme mir den Dienst versagten. Sollte ich den Rucksack opfern? Nein, das durfte nicht sein, befand sich doch der größte Teil der Ausrüstung in ihm. Sie zu verlieren, bedeutete für uns fast, das Leben aufzugeben. Meine Willenskraft war am Erlahmen, und ich gab die Hoffnung, aus der verzweifelten Lage erlöst zu werden, schon langsam auf. Bild um Bild aus den vergangenen Stunden harten Ringens zog noch einmal an meinen Augen vorüber. Sollte die heiß umworbene winterliche Wand nun wirklich das letzte Opfer von mir fordern? ... Mitten in diese Gedanken tönte die Stimme des Freundes: »Ja, willst du denn da hängen bleiben? Versuch's doch einmal auf der anderen Seite, so lange kann ich dich schon noch halten.«

Er ahnte nicht, was in mir vorging, ich aber freute mich über seine Art. Noch einmal suchten meine Augen nach einem rettenden Ausweg, und siehe – drei Meter links von mir entdeckte ich plötzlich ein kleines Gesimse. Mit letzter Kraft gelang es mir, pendelnd Fuß zu fassen, und aufatmend erlangte ich das Seilgeländer. Gerettet! Das Gefühl wiedererlangten Lebens ging wie ein Strom durch den ganzen Körper. Nach kurzer Rast kehrte ich zu meinem besorgten Gefährten zurück.

Bernulf von Crailsheim und Konrad Hollerieth müssen insgesamt viermal, dreimal in der Westwand und einmal während des Abstiegs vom Göllgipfel, biwakieren. Im Januar 1949 gelingt dem zähen Freiherrn, wiederum mit Hollerieth und Thomas Freiberger, die erste Winterbegehung des Salzburger Weges der Watzmann-Ostwand. Hermann Buhl durchsteigt diese Route in der Vollmondnacht vom 27. auf den 28. Februar 1953 im Alleingang. Eine sensationelle Leistung, die der Vorbereitung für die Nanga-Parbat-Expedition des gleichen Jahres dient.

Die Ära Werner Schertle

Die Alpawand der Reiter Alm gipfelt auf nicht einmal 1700 Meter Höhe. Doch ihr Wandabbruch gegen das Alpatal weist Routen mit bis zu 650 Klettermetern auf. Und was für Routen! Die erste legt 1951 *Toni Dürnberger* aus Sankt Martin bei Lofer in den linken Wandteil: eine schwierige, anstrengende und vor allem freie Riß- und Kaminkletterei. Erst in den siebziger Jahren sollte die Erschließung der Alpawand ihre Fortsetzung finden. Auch der Direkte Südpfeiler des Kleinen Grundübelhorns von *Steff Kellerbauer* und *Hillebrand* aus dem Jahr 1957 ist eine beeindruckende Freikletterleistung.

In den sechziger Jahren aber beginnt die Ära *Schertle.* Der Reichenhaller Elektromonteur, Jahrgang 1938, erschließt insbesondere am Untersberg und an der Reiter Alm eine Reihe von Routen, die sowohl hakentechnisch ungemein schwierig als auch vom Freiklettern her überaus anspruchsvoll sind. Es gibt Schertle-Touren, die noch keine zwei Dutzend Begehungen aufweisen. Die Direkte Pfeilersüdwand am Berchtesgadener Hochthron (A3/V+, 1962 mit Heinz Steinkötter geklettert) gehört zum wildesten und luftigsten, was die Berchtesgadener Alpen an artifi-

An Werner Schertle geht, was die Kletterhistorie der Berchtesgadener Alpen betrifft, kein Weg vorbei. Manche Schertlerouten sind in der Kühnheit ihrer Linienführung nur schwer zu übertreffen. Im Stil seiner Zeit kletterte der Reichenhaller Elektromonteur bedenkenlos artifiziell. Er war jedoch auch ein fähiger Freikletterer. Werner Schertle verunglückte im Schrofengelände des Hochstaufengipfels tödlich.

Während der ersten Winterbegehung des »Christlweges« am Kleinen Mühlsturzhorn, einer Schertle-Neutour aus dem Jahr 1969.

ziellen Touren zu bieten haben. Auch der »Christlweg« (VI/A3, 1969) – die Direkte Südwestwand des Kleinen Mühlsturzhorns – ist eine Schertle-Kreation, die Wiederholern das Fürchten lehren könnte. Entsprechend wenig Begehungen weist sie auf. Schon der Zustieg mutet abenteuerlich an. Der Traunsteiner Karl Schrag führte die erste Winter- und die dritte Begehung des »Christlwegs« überhaupt durch.

Werner Schertles glänzende Kletterkarriere endet im Mai 1979 mit einem tödlichen Absturz am Hochstaufen – im leichten Gelände. Schertle, der wiederholt Klaus Werner zu seinen Tourenpartnern zählen durfte, war ein Großer in der bergsteigerischen Erschließungsgeschichte der Berchtesgadener Alpen.

In die Ära Schertle fallen indessen auch mutige Solo-Erstbegehungen des Gerners *Franz Rasp*, etwa die Südkamine am Hohen Gerstfeld (V), die das beachtliche Freikletterkönnen des späteren Watzmann-Ostwand-Spezialisten belegen. Dort, an der Bartholomäwand, gelingen dem »Hasei« – wie Rasp in seiner Heimat genannt wurde – die ersten Winter-Alleindurchsteigungen von Kederbacherweg, Münchner und Frankfurter Weg. 1988 sollte dem mittlerweile weit über die Grenzen seiner Heimat hinaus bekannten Bergführer die Watzmann-Ostwand, die er 295mal begangen hatte, zum Schicksal werden: Während einer Winterdurchsteigung stürzt er mit seinem Kunden am Neujahrstag aus ungeklärter Ursache tödlich ab.

Während der Ära Schertle klettern die beiden Sepp, Mack und Babl, ihre schweren Pfeilerrouten an der Göll-Westwand. Auch der Name des Reichenhallers *Albert Hirschbichler* läßt, unter anderem mit dem Direkten Kleinen Trichter (1976), aufhorchen. Schon sein Vater – er hieß Albert wie der Sohn – war Extrembergsteiger (1959 am Batura Mustagh im Karakorum verschollen), und seine Schwester Bärbel ist eine der profiliertesten Sportkletterinnen Deutschlands.

Franz Rasps Tod 1988 in der Watzmann-Ostwand war nicht nur für die Bergsteiger ein trauriges Ereignis. Der Bergführer aus Maria Gern wurde nicht zuletzt auch durch kompetente Brauchtumspflege zur Symbolfigur in seiner Heimat.

Die Ära Krafft/Brandner

Keine Geringere als eben diese Bärbel Hirschbichler verleiht *Hans Krafft und Heini Brandner* das Prädikat einer »legendären Seilschaft«. Das klingt um so schöner, als es beide noch gibt und sie nicht das Schicksal anderer Großer der Kletterhistorie in den Berchtesgadener Alpen wie Schertle, Rasp oder Babl teilen mußten. Krafft-Brandner, diese Namen ziehen sich wie ein roter Faden durch die Chronik. Blausandpfeiler-Plattenführe, Direkte Gelbe Mauer, Gurrwand-Südpfeiler (Untersberg), Edelweißlahner-Südpfeiler, Alpawand-Nordverschneidung, Großes Mühlsturzhorn-Südpfeiler und -Südriß (Reiter

Die Direkte Südkante des Großen Mühlsturzhorns der Reiter Alm wird von fähigen Kletterern unserer Zeit (selbstverständlich auch von Frauen) frei begangen. Das heißt, Haken, Karabiner und Seil werden zum Sichern und nicht zur Fortbewegung benutzt. Die Schwierigkeiten der Originalroute von Kurz-Hinterstoisser reichen bis in den VIII. Grad (konventionell VI-/A1 bis A2).

▷ Eine der derzeitigen Top-Kletterrouten in den Berchtesgadener Alpen: »Vom Winde verweht« an der Wartsteinwand-Westwand (Reiter Alm), 1987 von Alexander und Thomas Huber eröffnet. »IX+/X-, drei Seillängen im IX., zwei Seillängen im VIII., drei Seillängen im VII. Grad (lt. Erstbegeher), 300 m, 10 Seillängen, 10 Std. Überaus anstrengende und steile Wandkletterei in festem Fels, die hohe Anforderungen an die Moral stellt, da die Sicherungsmittel oft schwer anzubringen sind. Die Erstbegehung wurde von unten, ohne vorheriges Erkunden von oben durchgeführt.« So die nüchterne Beschreibung im Alpenvereinsführer, hinter der sich eine knallharte Spitzensportkletterleistung verbirgt.

Alm), Erster Blaueisturm-Westwandverschneidung (Hochkaltergebirge), Kleiner Watzmann-Westwandrisse und -Jubiläumsverschneidung oder Dürreckberg-Ostwand, Werner-Schertle-Gedächtnisführe (Göllstock) – das sind bei weitem nicht alle Neutouren, die den beiden Berchtesgadenern bis in die achtziger Jahre hinein gelingen.

Vielleicht ist es auch gar nicht richtig, von einer »Ära Krafft/Brandner« zu schreiben, doch wirkt dieses Duo dominierend. Karl Schrag – dem an der Wartsteinwand selber zwei beachtliche Erstbegehungen glückten – spricht von einer kleinen Gruppe mit Krafft, Brandner, Wenz Meissner und Norbert Rechler als Hauptakteuren. Sie prägt in der Tat das Klettergeschehen in weiten Teilen der Berchtesgadener Alpen ab Ende der Sechziger – wenn man so will über 15 Jahre hinweg. Also nicht nur Krafft/Brandner, sondern auch Brandner/Rechler, Brandner/Meissner, Krafft/Meissner, oder auch Meissner/Hirschbichler. Jedenfalls eine starke Crew – würden die Segler sagen.

Nicht gerade als schwach einzuschätzen sind auch die Brüder *Henner* und *Frieder Schülein* aus Bischofswiesen. Ihr direkter Ausstieg zur Gelben Mauer von Palaoro und Spitzelburger am Berchtesgadener Hochthron ergibt mit der Direkten Gelben Mauer von Krafft/Brandner die Ideallinie an der wildesten aller Untersbergwände. Und Henner Schülein, dieser gescheite, kritische und offenbar auch philosophisch gebildete Kopf, ist über sein nunmehr fast 30 Jahre währendes Extrem- (und mittlerweile alpines Frei-) Klettern ungemein jung geblieben. (Siehe auch Schüleins herrlichen Aufsatz »In der Südwand des Vierten Watzmannkindes – mit und ohne Zeitverschiebung« auf Seite 111).

Freiklettern wird Trumpf

Noch während Schertle, Krafft, Brandner, Meissner, Rechler ihre großzügigen mit freier Kletterei und technischen Passagen kombinierten Routen erschließen, beginnt auch in den Berchtesgadener Alpen der Gedanke des absoluten Freikletterns, bei dem Seil, Haken, Klemmkeile und Karabiner ausschließlich zum Sichern, nicht aber zur Fortbewegung benützt werden, Raum zu greifen. Es ist aber ein anderes Freiklettern als jenes eines Josef Aschauer, bei dem es nur die Devise, durchzukommen – die schweren Stellen zu schaffen –, oder Hunderte von Metern hinunterzufallen, gab. Im Grunde ist es ein alpines Klettern, wie es Hans Dülfer – von dessen Seilzugquergängen einmal abgesehen – praktizierte: freies Klettern unter weitgehend optimalem Absichern, das im Ernstfall jedoch Stürze des Seilersten von sagen wir acht bis zehn Metern nicht ausschloß.

Jürgen Kaufhold, Peter Trommer und *Sepp Gschwendtner* eröffnen 1974 mit ihren Südwandrissen am Grünwandkopf (Göllstock) eine 400-Meter-Route, die sie mit dem glatten sechsten Schwierigkeitsgrad bewerten. Der erste »offizielle« Siebener im Berchtesgadener Land gelingt 1981 *Rudi Klausner* und *Sepp Aschauer* mit ihrem »Sakrischen Eck« an der Westwand des Kleinen Watzmanns. Während der achtziger Jahre vollzieht sich im Berchtesgadener Raum – ich spreche hier bewußt nur von ihm – das, was im Wilden Kaiser die Durchsteigung der Pumprisse durch Kiene/Karl auslöste: eine starke Nach- oder Weitererschließungswelle setzt ein. *Rudi Klausner, Lenz Köppl, Michael Hallinger, Wolfgang Palzer* – das sind nur ein paar Namen derer, die phantasievolle Freikletter»linien« in die Wände der Reiter Alm oder der Hochkaltertrabanten hineinkreieren.

Etwa ab Mitte der Achtziger werden die Schwierigkeiten bis in den achten Grad hinaufgeschraubt. Kletterer wie Rudi Brandner, Fritz Mussner, die Brüder Koller oder Michael Graßl reihen sich unter die modernen Neutourenerschließer. Alte und ältere »Klassiker« wie Direkte Mühlsturzkante, Pfeilersüdwand am Berchtesgadener Hochthron oder gar der Westwandpfeiler am Hohen Göll bekommen ihre freien Begehungen – mit Schwierigkeiten bis zum IX. Grad. Die Direkte Mühlsturzkante etwa bewältigen in den Siebzigern bereits *Pete Livesey* und *Nicholas Mailänder*, indem sie in der zweiten Seillänge anstatt auf der Originalführe an einem Schulterriß rechts von ihr hinaufklettern (VII+). *Martin Leinauer*, der im März 1993 am Watzmanngrat tödlich abstürzte, schafft 1984 gar die Überhänge der Originalroute frei (VIII-).

Der junge Berchtesgadener *Bernhard Kühnhauser*, Bearbeiter der Kletterrouten für den Alpenvereinsführer Berchtesgadener Alpen, stellt fest: *Die Berchtesgadener Mentalität bringt es mit sich, daß nicht sofort jedem Modetrend hinterhergehechelt wird. So tat sich auch die »Sportkletterbewegung« schwer, den »klassischen Alpinismus« zu verdrängen. Obwohl sich das Freiklettern sehr schnell durchsetzte, konnten solche Exzesse, wie das Einbohren der Touren von oben, weitgehendst vermieden werden. Dagegen wird selbst bei Neutouren in der heutigen Zeit versucht, die Routen mit einem möglichst geringen Aufwand an Material und Sicherungsmitteln zu verwirklichen. Es steckten meist nur die allernotwendigsten Haken.*

Die Ära der »Huber Buam«

Ab Mitte der achtziger Jahre beginnt denn auch die Ära der Brüder *Thomas* und *Alexander Huber* aus Palling bei Traunstein, die das Leistungsniveau noch einmal deutlich nach oben drükken. An den Nordabstürzen der Reiter Alm, an denen von Generation zu Generation Klettergeschichte »geschrieben« worden ist, verwirklichen die »Huber Buam«, wie sie die älteren Traunsteiner Bergsteiger nannten, phantastische, alpine Sportkletterrouten. Thomas und Alexander Huber eröffnen sie von unten her und sichern sie mit Bohrhaken, die sie aus dem Cliffhanger heraus oder sich mit einer Hand an einem guten Griff festhaltend setzen, ab. Doch sind die Hakenabstände derart groß, daß selbst fähigste Kletterer daran zweifeln, ob sie sich Wiederholungen von schwersten Touren der Brüder Huber zutrauen dürfen. An der Scharnstein-Nordwestwand steht »Vom Winde verweht«, an der Nordwestwand des Hinteren Feuerhörndls »Siddharta« mit X-, jeweils an der Schlüsselstelle, zu Buche. Beide Routen, 300 beziehungsweise 370 Klettermeter lang, wurden 1987 eröffnet.

»Scaramouche« – so heißt eine Narrenfigur aus der Commedia dell' arte, und Kletterer sind Narren, schreibt Andreas Kubin im Vorspann des Aufsatzes von Thomas Huber über die 1989 schwierigste Freikletterei am Westwandpfeiler des Hohen Gölls und in den Berchtesgadener

Alpen überhaupt (eine volle Seillänge IX+). Am 8. September klettert sie Thomas, am 9. September Alexander Huber »rotpunkt«. *Ich habe schon bessere Tage beim Klettern erlebt, vor allem die beiden letzten Seillängen und der Sturz haben mein Selbstvertrauen ruiniert. Wenn ich heute rotpunkt durch Scaramouche klettern will, dann darf ich in der nächsten IXer-Seillänge nicht stürzen, für einen zweiten Versuch würden weder Kraft noch Motivation reichen. Doch das wird nach meiner kläglichen Vorstellung in den letzten beiden Längen immer fraglicher.*

Mit einer gewissen Gleichgültigkeit und dem flauen Gefühl im Magen, in der nächsten Viertelstunde den Rückzug anzutreten, klettere ich die erste schwierige Stelle der fünften Länge. Doch dann, kurz vor dem Stand, da beginnen meine Finger auf den winzigen Leistchen zu rutschen, ich habe nur noch Sekunden, schnell einen Dynamo ansetzen! Gottlob, ich habe genau den Griff erwischt, vor mir der Stand. Ich kann es kaum fassen: Wie nahe liegen doch Erfolg und Niederlage beisammen! Nur ein Zentimeter weiter nach rechts oder nach links gegriffen, und ich wäre geflogen und resigniert abgeseilt.... (Ein Dynamo ist das Gegenteil des statischen Kletterns der Drei-Haltepunkte-Regel, die besagt, daß immer nur ein Fuß oder eine Hand für das Aufwärts- oder Abwärtsklettern weiterbewegt werden; Anm.d.V.)

Die letzten von ein paar tausend Kletterzügen: Meine Bewegungen sind nicht mehr rund und statisch, sie werden immer eckiger, abgehackter, dynamischer. Ich habe das Gefühl, meine körperlichen Grenzen längst überschritten zu haben und wundere mich, daß ich immer wieder einen Weg zum nächsten rettenden Griff finde, daß ich immer noch Kampfgeist aufbringen kann. Ich muß noch einmal mit vollem Risiko spielen, die allerletzten Kraftreserven mobilisieren, um den letzten Karabiner einhängen zu können. Und als ich am letzten Standplatz ankomme, bringe ich kaum mehr die Kraft auf, den Seilknoten zu lösen... (Thomas Huber).

Messner beklagte einmal die »Sprachlosigkeit« der Sportkletterer. Es mag sie gegeben haben, doch das ist Geschichte. Wenn ich Thomas Hubers Schilderung über »Scaramouche« lese, bekommt selbst der gemäßigte Genußkletterer in mir feuchte Handflächen.

Vollkommen anderen Charakter hat die Route »Om« von Alexander Huber, die dieser am 25. September 1992 an der Triangelwand (an der Basis der Göll-Westwand) eröffnet. »25 Tage lang arbeitet der junge Pallinger an der 40 Meter langen und insgesamt zehn Meter überhängenden Route« (Bergsteiger 12/92). Sie verlangt ihm alles an mentaler Kraft ab. *Anders als bei kurzen Boulderrouten spielen sich hier im Kopf ganze Krimis ab. Großes Selbstvertrauen ist notwendig, um die Angst, an der Schlüsselstelle zu versagen und mit einem 10-Meter-Sturz aus der Route zu fliegen, verdrängen zu können. Zwei Wochen kämpfte ich um den Durchstieg, die Psyche war am Ende.*

»Om« (elfter Schwierigkeitsgrad) ist vorläufiger Endpunkt in der modernen Klettergeschichte der Berchtesgadener Alpen.

Natürlich gab es auch im Steinernen Meer und vor allem am Hochkönigstock Weiterentwicklungen. Im Steinernen Meer fallen die Erfolge der Seilschaft *Viehauser/Schied* aus dem Jahr 1947 auf. Auch Broad-Peak-Erstersteiger *Marcus Schmuck* klettert schwieriges »Neuland« am Schöneck, an den Drei Docken, am Wildalmkirchl. In jüngerer Zeit sind es die *Brüder Göllner* und *Pfeffer*, denen anspruchsvolle Erstbegehungen gelingen.

Der kühne Albert Precht

Am Hochkönigstock wird 1948 mit der Erkletterung des Wetterwand-Südpfeilers (Großer Bratschenkopf) durch *Hubert Peterka* und *Willi End* ein zwar augenfälliges und vornehmes, jedoch – das mochten selbst die Erstbegeher kaum glauben – kein extremes Kletterproblem gelöst. *Haidachers* und *Szalays* Sattelkopf-Südwestwand gibt immer noch das Maß der Schwierigkeiten vor, aber wer weiß das schon? Die bilderbuchhaft-markante Torsäule-Südverschneidung (V+), 1946 eröffnet, ist eine der herausragenden Freiklettereien der vierziger Jahre im Hochkönigmassiv.

Wie Haidacher, so gebührt auch *Grutschnigg* das Prädikat, seiner Zeit voraus gewesen zu sein. Nicht nur, daß er beispielsweise die anspruchsvolle Wetterriffel-Ostwand (V+) eröffnet. Grutschnigg versucht sich Mitte der vierziger Jahre am Kleinen Törlwieskopf der Mandlwand an Routen, die erst über 30 Jahre später durch Albert Precht verwirklicht werden können. Als ausgesprochen interessant empfinde ich, daß 1985 erst die 800 Meter hohe Nordwestwand des Floßkogels (Nordwestverschneidung) durchstiegen wird. Die Erstbegeher, unter ihnen auch der bekannte Salzburger Alpinist Kurt Lapuch, vergleichen ihre Route (VI-, V und IV) mit einem

Hier, an der Südwestwand des Großen Bratschenkopfes im Hochkönigstock der Berchtesgadener Alpen gelang Albert Precht im Juli 1988 seine »Neue Dimension in solo« – eine nur für ihn persönlich neue Dimension, wie er ausdrücklich betont. Die Route verläuft an der prallen Plattenzone des linken Wandteils.

Laliderer-Nordwandanstieg. Ungewöhnlich für die Berchtesgadener Alpen!

Aber da wir nun schon einmal bei *Albert Precht* sind: er dominiert das Klettern des Hochköniggebiets seit mehr als 20 Jahren. Im Oktober 1991 vollendete der Bischofshofener Eisenbahnbeamte seine insgesamt fünfhundertste (!) Neutour. Precht ist der Paul Preuß unserer Zeit. Im Verbund mit Kletterern wie Franzl, Seidl und Prax beginnt er Anfang der siebziger Jahre mit schweren Sechsern die Nacherschließung des Hochkönigs und seiner Trabanten. Eine kaum überschaubare Reihe von Sechser- und Siebener-Routen und etliche Achter kennzeichnen Prechts Erfolgsjahrzehnte. Der Bischofshofener führt in genialer Weise weiter, was sein alpines Vorbild Franz Hawelka mit seiner Erstbegehung der Torsäule-Südwestwand 1969 vorgab. *Mit seiner Art und Weise, wie er seine Touren ging, hat Hawelka auf uns eingewirkt und einen fairen Alpinismus gelehrt,* sagt Precht. Dieser eröffnet 1988 free solo eine Führe an der Südwestwand des Großen Bratschenkopfs, die eine Stelle unteren achten Grades aufweist (siehe Seite 109).

Müßig zu erwähnen, daß Albert Precht seine Touren ohne Bohrhaken und, bis auf ganz wenige Ausnahmen, absolut frei kletternd erstbegangen hat; viele davon im Alleingang. Thomas Bubendorfer über Albert Precht:

Sicherlich gäbe es in seinen Gebirgen noch Wandteile, wo man Erstbegehungen machen könnte, herrliche Linien, zweifellos wunderbare und sehr schwierige sportliche Klettereien. Doch normale Haken und Klemmkeile ließen sich an diesen noch unberührten Wandstellen nur alle fünfzehn, zwanzig, dreißig Meter anbringen, wenn überhaupt; und er, Albert Precht, traut sich das, derart (un)gesichert, nicht zu. Für ihn ist das unmöglich, sagt er, drum geht er dort nicht hinauf. Er ist aber klug genug, um zu betonen: »Für mich und momentan«. *Denn in ein paar Jahren wird ein im Klettergarten trainierter Kletterer kommen und diese Erstbegehungen vielleicht sogar im Alleingang machen.*

◁
Albert Precht, autorisierter Berg- und Skiführer aus Bischofshofen, ist der Paul Preuß unserer Zeit. Trotz seiner schier unfaßbaren Klettererfolge bleibt der Bischofshofener Eisenbahnbeamte »auf dem Boden«. Bohrhaken lehnt er vehement ab.

Eine Begegnung mit Josef Aschauer

Christl Zembsch hat sie mir vermittelt, und eines regnerischen Nachmittags fahren Heinz Zembsch und ich hinüber ins Aschauersche Heim am Westrand von Berchtesgaden. Josefs Frau, gut 20 Jahre jünger als er, sympathisch, herzlich, öffnet. Und da steht er schon in der Tür: Aschauer, eine Bergsteigerlegende schon zu Lebzeiten. »Kemmts eina«, sagt er, und freut sich über die Abwechslung. Auf dem Tisch liegt bereits das große Watzmann-Ostwand-Poster. Ich beginne zu fragen, und der »Asche« erzählt und erzählt. Doch so weit er auch ausholt, er findet immer wieder auf den Kern der Frage zurück. Wir staunen. Im gemütlichen Aschauerschen Wohnzimmer hören wir Alpinismusgeschichte aus ferner Zeit.

Zum erstenmal Watzmann-Ostwand

Josef Aschauer, am 16. Januar 1902 geboren, kommt 1915 aus der Volksschule und lernt Buchdrucker. Mit vierzehn schon setzt und druckt er den »Berchtesgadener Anzeiger«. Zweimal zieht sich der Lehrbub eine Bleivergiftung zu. *Mit a Luftpump'n haben wir halt den Bleistaub aus dem Setzkasten 'blasn, da hat se damals koana was dabei denkt.*

Irgendwann schenkt jemand dem blutjungen Aschauer den Zeller-Führer über die Berchtesgadener Alpen, und er lernt viele der Routenbeschreibungen auswendig. *I bin in a kurz'n Lederhos'n ganga, und des Büachl hab' i vorn im Hos'ntürl g'habt.* 1919, siebzehnjährig, steigt Aschauer zum erstenmal durch die Watzmann-Ostwand. Sein Begleiter ist Lugg Bogner aus Traunstein. *Beim Fischer Hiasl auf Bartholomä hat ma übernacht', auf an unangenehma, feucht'n Lager.* Während der Ostwand-Durchsteigung regnet es, Josef Aschauer friert erbärmlich in seinen kurzen Hosen. *'s Wetta war fast so schlecht wie 1922 bei der großen Katastrophe.* Drüben am Hocheck, wo der Sturm den kalten Regen waagrecht daherpeitscht, bindet sich der »Asche« das Hanfseil so um den Bauch, daß die Schlingen wenigstens ein bißerl die nackten Oberschenkel schützen.

Der »Schwarze Tag«

1920 schon klettern Aschauer und Sepp Kurz ohne Haken ihre Direkte Westwand am Kleinen Watzmann. Ein Jahr darauf gelingt Josef Aschauer mit Hellmuth Schuster die Direkte Ostwand am Watzmann-Hocheck. *De war wirklich schwer. Da muaßt mit der Hand in den Riß und drinnen a Faust macha, und dann ziagst di*

Alte Bergsteiger beim Plausch: Links »Simmerl« Flatscher aus Bad Reichenhall, der sich mit der ersten Winterbegehung der Watzmann-Ostwand einen Namen machte. Daneben Luis Trenker und – was wird er ihm wohl gerade sagen? – Josef Aschauer, der »Asche«. Von ihm ist auf den folgenden Seiten die Rede. Neben Aschauer Frau Baumann, die Frau des mittlerweile verstorbenen, bekannten Landschaftsfotografen Ernst Baumann.

dro 'nauf. Wer klettert heute noch die Direkte Hocheck-Ost? Dabei besticht ihre Linienführung. – Im gleichen Jahr, 1921, durchsteigen Aschauer und Sepp Kurz die Westwand des Hohen Gölls auf direkter, überaus kühner Route fünften und oberen vierten Grades. Wiederum gehen sie alles frei. *I hob koa b'sonders G'schick fürs Hakenschlagen g'habt,* bekennt der »Asche« freimütig. Die Direkte Göll-Westwand gilt auch heute noch als sehr ernste, alpine Unternehmung an teilweise brüchigem Fels.

Im Juni 1922 dann die große Tragödie; der »Schwarze Tag« an der Ostwand beziehungsweise am Watzmann überhaupt, an dem die Münchner Otto Leixl, Ehrensberger und Dr. Kaußler sowie die Berchtesgadener Diensthuber und Stangassinger im Wettersturz an Erschöpfung und Unterkühlung sterben.

Die Münchner Partie möchte mit der Ostwanddurchsteigung eine Urlaubswoche auf dem Watzmannhaus einleiten und führt deshalb überschwere Rucksäcke mit. Unverständlich, daß der erfahrene Leixl hier nicht gegensteuert. Beide Partien übernachten auf Bartholomä, gehen anderntags aber getrennt. Die drei Münchner brechen vor den Berchtesgadenern auf, werden von diesen jedoch bereits eine Viertelstunde oberhalb der Eiskapelle eingeholt. *Warum habts ihr so damische Rucksäck' dabei?,* wundert sich der zwanzigjährige Aschauer, der jüngste der Sieben. Der Älteste ist Kaußler mit siebenundzwanzig!

Das Wetter entwickelt sich zum Schlechteren, aus dem Nebel wird Regen. Aschauer aber fände auch »blind« durch die Wand. Stangassinger, Diensthuber und Pöhlmann tragen kurze Lederhosen. Letzterer zieht sich in der Zellerhöhle um, er hat den Rat Aschauers befolgt und Bundhosen mitgenommen. Um neun Uhr vormittags hört der Regen auf. Die Umkehrüberlegungen, mit denen sich die Münchner ohnehin nicht anfreunden konnten, werden verworfen. An einer glatten Platte tut sich Kaußler mit seinem großen Rucksack furchtbar schwer. *Ziag hoit a bißl o,* rät Aschauer dem sichernden Leixl. Doch der erwidert nur, was ihn – Aschauer – dies anginge.

Als sich die Partien im oberen Wandteil befinden, setzt erneut Regen ein, der zum Dauerregen wird. Um 15.30 Uhr treten die Berchtesgadener aus dem Windschatten der Ostwand auf den vom eisigen Sturm umtosten Watzmanngrat. Vom Südgipfel aus hat Aschauer noch Rufkontakt mit den Münchnern. *Leixl, besorgt um den Zustand Dr. Kaußlers, veranlaßt Aschauer, mit seinen Gefährten zum Watzmannhaus abzusteigen, damit man von dort aus nötigenfalls Hilfe senden kann, wenn sie bis abends nicht einträfen* (Schöner[4]).

Am tiefsten Punkt des Grates zwischen Süd- und Mittelspitze geht der Regen in Schnee über. Kurz unterhalb der Mittelspitze stirbt Diensthuber, unterm Hocheckgipfel Stangassinger. Pöhlmann lief nach dem Tode Diensthubers voraus, um aus dem Watzmannhaus Hilfe zu holen. *Zum zweitenmal innerhalb achtzig Minuten bindet Aschauer die Leiche eines Kameraden an das Drahtseil. Nun packt auch ihn das Grauen. Überanstrengung, Kälte und das furchtbare Erleben beschleunigen den Kräfteverfall. Er schleppt sich zum Hocheck und läuft zum Watzmannhaus hinunter. Um halb neun trifft er an den oberen Serpentinen auf den Bewirtschafter des Watzmannhauses, Gschoßmann, der in Begleitung eines Trägers mit Decken und warmen Getränken auf dem Weg zum Hocheck ist... Aschauers Kameraden ist nicht mehr zu helfen. Und die Münchner? Die sind sicher wegen des Schneesturms ins Wimbachgries abgestiegen. Sonst müßten sie Aschauer längst erreicht haben, bei den langen Aufenthalten – wenn wieder einer starb* (Schöner[4]).

Aber die Münchner sind an der Griesalm nie angekommen. Nach drei Tagen erst werden die Leichen von Leixl und Ehrensberger in den Hocheckfelsen entdeckt. Kaußler findet man zehn Tage nach dem Unglück in einer kleinen Höhle unterhalb der Südspitze – noch in der Ostwand.

Hoher Göll, Großer Trichter

Aschauer »kaut« lange an den schrecklichen Erlebnissen. Trotzdem: noch im gleichen Jahr gelingt ihm mit Sepp Kurz seine schönste Neutour, der Große Trichter. *Erst amoi, am 21. Juli 1922, hab' i's direkt probiert, aba an dene glatt'n Platt'n bin i net auffakemma. Doch dann is ma ei'gfalln, daß i de Wand a im Winter studiert und mir überlegt hab': wo Schnee liegt, muaß was geh'n.* Es geht tatsächlich. Die beiden klettern über die schwierige Verschneidung auf den »Schild« und seilen sich von dessen Ende auf das »Sauschwanzl«, den untersten Auslauf des Trichters, ab. Für dieses Abseilen schlagen sie einen Ringhaken. *Des war der oanzige Haken, den wir auf derer Tour verwendet hab'n.* Dann geht's über die glatten Klemmblöcke des Trichters, teilweise im oberen fünften Schwierigkeitsgrad, hinauf ins leichtere Gelände.

Mit dem »Großen Trichter« erreicht Aschauer in den Berchtesgadener Alpen – auch was den Stil betrifft – Dülfers Standard des Kaiserkletterns; zehn Jahre später eben. Die relative Abgeschiedenheit des »Landls« macht sich offenbar auch in bezug auf das Klettern bemerkbar. *Als wir anfingen, gab es in Berchtesgaden außer den Brüdern Weiß keine Extremen,* sagt Aschauer. Gut, der Salzburger Hans Feichtner und die Münchner Adolf Deye und Herbert Kadner hatten zum Beispiel am Großen Grundübelhorn (Südkante), am großen Weitschartenkopf (Westwand) beziehungsweise am Großen Häuslhorn (Direkte Südwand) durchaus schon den fünften Schwierigkeitsgrad gemeistert. Doch erst mit dem Großen Trichter kann mit Dülfers, Preuß' und Fiechtls alten Touren gleichgezogen werden. Aschauer darf diese Pionierleistung in seiner Heimat für sich in Anspruch nehmen. 1927 bewältigen er und Sepp Kurz den Salzburger Weg der Watzmann-Ostwand erstmals im Abstieg – frei, ohne sich abzuseilen. »Da muaßt scho' klettern könna«, sagt der Zembsch Heinz sichtlich beeindruckt. 20 Jahre später, 1947, eröffnen Aschauer und Schuster sozusagen aus Versehen – sie hatten eigentlich vor, den ihnen noch unbekannten Münchner Weg zu klettern – die heute meistbegangene Führe durch die Watzmann-Ostwand, den Berchtesgadener Weg.

Einmal mehr Simon Flatscher als Seilerster im Großen Trichter der Göll-Westwand, fotografiert von Ernst Baumann. Mit der Erstbegehung dieser Führe erreichte Josef Aschauer in den Berchtesgadener Alpen den Standard der Dülferschen Routen – 10 Jahre später eben.

Das Loch im Schnee

Mehr noch als sein Kletterkönnen imponieren Josef Aschauers zahlreiche Einsätze im Zeichen der Bergrettung. Hier offenbart sich der aufopferungsbereite Menschenfreund. Gebannt lauschen Heinz und ich diesen ebenso spannenden wie schönen Geschichten. Etwa jener vom Sturz eines sechzehnjährigen Burschen in eine Doline nahe der Gipfelplatte des Dritten Watzmannkindes. Zufällig hatte der »Asche« anläßlich einer Skitour das eigenartige Loch im Schnee eine Woche vor dem Unfall entdeckt. Die Vermißtenmeldung geht ein, als der Sepp soeben von einer Skitour auf den Hohen Göll zurückkommt. Sofort schließt er sich der Rettungsmannschaft an, rennt im Kar voraus und weiß natürlich, wo er suchen muß. Aschauer ruft also in das Loch hinunter und erhält zu seinem Erstaunen sofort Antwort. Das 30-Meter-Seil, das der Berchtesgadener mitführt, reicht bei weitem nicht. Der Bub schreit herauf, er habe, als es noch hell war, den Himmel nur durch eine ganz winzige Öffnung sehen können, und er sei so tief unten, wie der Turm der aus Ziegeln gebauten Kirche in Salzburg hoch sei.

Aschauer fährt den anderen auf Skiern entgegen, um weitere Seile zu holen. Gemeinsam steigen die Männer zum Lochrand. Dann wird der Sepp am Seil hinuntergelassen. Als es abgerollt ist, wird ein zweites drangebunden. Doch auch 60 Meter sind zu wenig. Erst mit Hilfe eines dritten Seiles erreicht Josef Aschauer einen aus der Dolinenwand ragenden Eisspitz. Plötzlich rutscht der »Asche« ab und saust über eine steile Eisfläche auf den hoch mit Schnee bedeckten Grund des Loches, wo er sich neben dem Burschen findet. Die schräge Fläche und der weiche Schnee haben dem jungen Salzburger das Leben gerettet. Er ist so gut wie unverletzt. Bald hängen er und Aschauer am Seil, doch beide auf einmal können nicht hochgezogen werden. Und zögen sie den Buben allein aus dem Loch, wäre es fraglich, ob das Seil noch einmal bei Aschauer »landen« könnte. Dem aber fällt ein, daß er sommers drunten an der Schapbachalm eine große Seilrolle gesehen hat. Diese wird von der Mannschaft herbeigeholt. Mittels zweier Seile kann die Rettungsaktion, die die ganze Nacht über gedauert hatte, erfolgreich zu Ende geführt werden.

Draußen macht sich der Bub sogleich davon, bis ihm einer nachschreit: »Muaßt di scho bedanka bei eahm!« Daraufhin ruft der Bursch dem Aschauer ein »Dankschön« hin und haut ab. *I hab' dann nix mehr von eahm g'hört,* erzählt Josef Aschauer, *und i hab mir denkt, der Bua hat recht. Denn wenn des 'rauskemma war, dann hätten eahm seine Eltern nie mehr in d' Berg' geh' lass'n.* Siebzehn Jahre nach dem Unfall, während des Zweiten Weltkriegs in einer Schirrmeisterstube, begegnen sich die beiden wieder. Noch heute besucht der Salzburger Josef Brodinger seinen Lebensretter. *Es war sehr anstrengend, aber auch das schönste Erlebnis, das ich am Berg hatte. Unvergeßlich die funkelnden Eisgebilde im Schacht, als ich beim Abseilen mit der Lampe umherleuchtete.*

21 Stunden auf einem Tritt

Als seine gefährlichste Rettungsaktion bezeichnet Josef Aschauer die Bergung eines Traunsteiner Kletterers aus der Watzmann-Ostwand. *Ich war vom Kar aus auf einem Band in den oberen Teil der Jungfrau-Südwand hineingequert, nur um zu schauen. Da höre ich unter mir ganz deutlich das Notsignal.*

Es kommt aus einem »Verhauer« rechts der Schöllhornplatte. Ein Bergsteiger steht allein in den senkrechten Felsen, sein Partner ist – tödlich wohl – in die Randkluft des Schöllhorneises gestürzt. Aschauer rast ins Tal und alarmiert die Rettungsmannschaft, die sogleich nach Bartholomä fährt. Als es dunkel geworden ist, entzünden die Männer ein Feuer. In dessen Schein gehen sie von Zeit zu Zeit auf und ab, damit der droben in der Wand wissen soll: da sind Menschen, die mir helfen werden.

Anderntags erreicht Aschauer den Überlebenden der Seilschaft. Er steht auf einem einzigen Tritt, das Seil hat er um einen aus der Wand ragenden Felszacken gewickelt. Zu seinem Erstaunen erfährt der Berchtesgadener, daß der andere seit 21 Stunden so verharrt. *Des macht dir so schnell koana nach,* sagt der »Asche«, und er bleut dem in Bergnot Geratenen ein, er solle bloß zusehen, daß er jetzt nicht falle, weil er sonst alle vier Retter mit in die Tiefe risse. Das sind bange Minuten, ehe Aschauer den zähen Traunsteiner in Sicherheit gebracht hat. *Von dem hab' ich danach aber nie wieder was g'hört.* Es klingt nicht enttäuscht, sondern ganz sachlich.

Mysteriöse Schreie

Oamoi, sinniert Aschauer, *war i im Kar und hör' an ganz eigenartigen Schrei; so wia a Mensch nur schreit, wenn er in höchster Todesnot is. Und glei drauf hör' i an Juchzer. I hab' mir erst gar koan Reim drauf macha könna. Aber dann kemma Hilferufe aus meiner Direkten Westwand. Der Erste von a Seilschaft war am »Kraftriß« g'stürzt. I kletter oiso hi, bind' ma den Verletzten mit an provisorischen Seilsitz auf'n Buckel und trag'n, vom Kameraden des Gestürzten g'sichert, über de Wand obi. Da ruaft auf oimoi oana von unten rauf. An da Stimm' hab' i glei kennt, daß des der Hinterstoisser Anderl war. Er is alloa durch de Direkte, und wia er drob'n aus dem Hangelquergang ins leichte Gelände auße is, hat er vor Freud' g'juchzt. I sag' zum Anderl, du kommst wia g'ruafa. Kimm, hilf mir da beim Abseilen des Verletzten.* Und so bringen sie diesen glücklich herunter. *War a netter Kerl, der Anderl. Der Kurz Toni war a bißerl überg'schnappt. Der hat scho g'wußt, wer er is.*

Aschauer ist natürlich auch maßgeblich daran beteiligt, als im Januar 1937 die Vettern Frey aus München nach sieben Tagen lebend der winterlichen Watzmann-Ostwand entrissen werden.

Da Första von Bartholomä ruaft mi o' und sagt, in da Ostwand is a Liacht obag'falln. I sag' drauf, wia vui Glasln Punsch hast denn trunk'n, daß du da a Liacht siehst?

Doch mit dem Spaß ist's schnell vorbei. Die Crème de la Crème der bayerischen Bergsteigerschaft eilt zum Watzmann, unter anderen Göttner, Gramminger, Paidar, Schmaderer, Rosenschon, und natürlich die Berchtesgadener Josef Aschauer, Sepp Kurz und drei des Gebirgsjägerregiments Bad Reichenhall. Nach zunächst vergeblichen Versuchen gelingt es, die beiden Jungen – die aus eigener Kraft noch sehr weit gipfelwärts steigen können – ins Leben zurückzuholen.

Josef Aschauer war ein exzellenter Skiläufer, der diesen Sport bis ins achtzigste Lebensjahr hinein betrieb. Die »Große Reib'n« bewältigte der »Asche« von Berchtesgaden bis Berchtesgaden an einem Tag. Da half noch keine Jennerbahn!

»Schau', da oben is de Stell'«. Josef Aschauer, Gründer der Jungmannschaft in der Sektion Berchtesgaden des D.u.Ö.A.V., im Hochkaltergebiet.

»Sterb'n wollt i net«

Ins Leben zurückholen muß sich Josef Aschauer 1972, an seinem 69. Geburtstag, selber. Zur Feier des Tages geht er auf Skitour, macht sich allein an die »Kleine Reibn«. Die Verhältnisse sind schlecht: harschiger und vereister Schnee. *Heut' muaßt aufpass'n,* sagt sich der »Asche«. Trotzdem stürzt er während einer Hangquerung, bei der er die Ski trägt, etwa 70 Meter ab. *I muaß bewußtlos lieg'n blieb'n sei. Wia i aufwach', hab i sofort g'wußt: i bin am Westhang, auf der Königssee-Seit'n.*

Aschauer hat sich die Hände erfroren. Sein linkes Knie kann er nicht mehr abbiegen. Doch er steht auf und geht talwärts. Einen Ski, den er im Sturz verkrampft festgehalten hatte, sticht er so weit vor sich, wie es geht, in den harten Steilhang, schlägt mit dem Schuh, den er am heilgebliebenen Bein trägt, Kerben in den Schnee und kämpft sich dieserart nach unten. Über zwei felsige Steilstufen rutscht er auf darüberliegenden Baumstämmen hinunter; einzig darauf bedacht, nicht kopfüber in den Schnee zu fallen und darin zu ersticken – wie es seinem Freund Sepp Kurz 1950 in einem banalen kleinen Schneerutsch passiert war.

Sterb'n wollt i net, sagt der »Asche«. Nach vielen Stunden gelangt er auf den vom Priesberger Moos zur Königsbachalm führenden Weg. Aschauer schleppt sich zur Jennerseilbahn-Mittelstation, die er um zwei Uhr früh erreicht. *I hab' immer nur fünf Schritt' macha könna.* An der Seilbahnstation ist niemand. Als sich Josef Aschauer auf der Straße nach Vorderbrand weiterschleppt, sieht er die Lichter eines Autos und stellt sich mitten in den Weg. Es ist ein Paar, das sich zufällig länger als geplant auf einer Hütte aufgehalten hatte und jetzt erst nach Hause fahren möchte. Der Fahrer »derbremst« es. *Ja, helft's ma doch,* sagt Aschauer.

Die Direkte Westwandroute am Kleinen Watzmann endet mit einem ausgesetzten Hangelquergang. Als ihm Anderl Hinterstoisser entstieg, tat der den im Text beschriebenen Juchzer.

94 Tage lang liegt der »Asche« im Berchtesgadener Krankenhaus. Zwei große Spritzen voll Gewebeflüssigkeit und Blut punktieren sie ihm aus dem verletzten Knie. An der einen Hand hat er Erfrierungen zweiten, an der anderen solche dritten Grades. Fingerkuppen und ein Fingerglied müssen amputiert werden. »Sie können mindestens zwei Winter nicht mehr skifahren«, sagt der behandelnde Arzt. Da wettet Aschauer, daß er im gleichen Jahr wieder fährt. Und gewinnt. Am 20. April steht er im Ötztal wieder auf den Brettln. – Wie lange er denn überhaupt Ski gefahren wäre, möchte ich gerne wissen. *Bis ins achtzigste Lebensjahr. Woaßt, wenns'd nimma guat siehst, des is' Schlimmste.* Und weil der Sepp schon geraume Zeit nicht mehr so gut gesehen hat, fuhr er eben immer einen Meter hinter seiner perfekt skifahrenden Frau her . . .

Glück gehabt

Ja, es war a schön's Leb'n, meint Josef Aschauer. *Und i hab Glück g'habt.* Auch im Krieg, wo der »Asche« die »JU 52« flog und in anderen Maschinen als Bordschütze Dienst tat. Just für den Zeitpunkt, da seine übrigen Staffelkameraden abgeschossen wurden, war Aschauer zu einer anderen Aufgabe abkommandiert worden. Beim Abschied sagte er noch: Ihr müaßts alle einmal nach Berchtesgaden zum Berggeh' kemma. *Es war'n ja lauter Preiß'n,* meint der Sepp. *Nette Kerln,* wie er bedauernd hinzufügt.

Auch an der Nordwand des Signalkopfs im Lattengebirge, wo ihn eine Seilgefährtin bei ihrem Sturz aus der Wand reißt – der Standhaken für die Selbstsicherung war von Unbekannten herausgeschlagen worden – und Aschauer vierzig Meter auf ein grasbewachsenes Felsband stürzt, hilft ein strapazierter Schutzengel . . .

65 Kilogramm Gewicht bei 180 cm Körpergröße, damit tat sich der Josef Aschauer leicht beim Klettern. Lang und feingliedrig – schlank ist er heute noch. Er betrieb übrigens noch einen anderen Leistungs- ja sogar Hochleistungssport: die Nordische Kombination. Er war erfolgreicher Teilnehmer bei den Bayerischen und bei den Deutschen Meisterschaften, und sogar bei den Weltmeisterschaften 1929 in Zakopane.

Nach Stunden schier atemberaubenden Zuhörens brechen wir auf. Herzlich und fest drückt uns der alte Josef Aschauer die Hände. Es war ein Nachmittag besonderer Art. Alpinhistorie erlebt! Nicht nur der »Asche« hatte Glück. Auch Heinz und ich hatten es – weil uns diese Begegnung gegönnt gewesen war.

Erlebtes – nicht Erdachtes

Unter unerheblicher Abwandlung des Titels eines Bücherls von »Kaiserpapst« Franz Nieberl (»Erlebtes und Erdachtes«) bringe ich nachstehend ein paar persönliche Tourenschilderungen aus den Berchtesgadener Alpen. Diese Texte handeln nicht von »großen Tagen am Berg«, wie sie etwa ein Walter Bonatti erfuhr, sondern von ganz normalem Wandern, Bergsteigen, Skitourengehen und Klettern. Den kleinen, in der Erinnerung verwurzelten Dingen am Rande soll dabei schwerpunktmäßig Augenmerk geschenkt sein.

Wetterwandpfeiler

Leise wie Diebe schleichen wir über die Treppen. Aber die Tür ist verschlossen und wir müssen uns durch das Toilettenfenster ins Freie zwängen. Dichter Nebel verbirgt die Zacken der Mandlwand; allein das oberste Drittel des Wetterwandpfeilers scheint weit und hoch über uns und den grauen Schleiern zu schweben – von den ersten Sonnenstrahlen umspielt. Es ist wie ein Wunder: gestern noch hatte es wie aus allen Kübeln gegossen, und jetzt dieser prächtige Morgen. Noch etwas unausgeschlafen-muffelig folgen wir dem zur Erichhütte führenden Weg. Gerade dort, wo die Steigspuren ins Riedingkar hinüberleiten, verschwindet der Nebel, und mit einem Schlag steht die gesamte Wetterwand des Hochkönigs vor uns. Der Südpfeiler des Großen Bratschenkopfs, der Wetterwandpfeiler – er gehört seit Jahren zu meinen Wunschzielen.

Unterhalb der Schneefelder, welche zum Pfeilervorbau hinaufziehen, schnüren wir die Schuhe fester. Die Wand erscheint von hier immer noch sehr hoch und vor allem sehr steil. Wir können kaum glauben, daß es da eine mittelschwere Führe über 1000 Höhenmeter gibt; von der Einstiegsseillänge abgesehen, die gar nicht so einfach sein soll. Jeder sucht sich seinen eigenen »Weg«. Ich habe Glück und finde auf Anhieb eine Stelle an der Randkluft, die unschwierig den Übergang in die Vorbaufelsen gewährt. Peter aber gelangt dort an den Spalt, wo er unüberwindlich breit ist, und muß auf schmalem Schneefirst zu mir herüberqueren. Nicht einfach mit den glatten Sohlen seiner EB's. (»EB« ist die Abkürzung eines Firmennamens. Der »EB« war der erste weiche Kletterschuh moderner Prägung.) Um ihm die unangenehmen Meter etwas zu erleichtern, schlage ich mit meinen schweren Schuhen bequeme Tritte heraus.

An den steilen Grasflanken des Vorbaus heißt es aufpassen, alles ist noch naß vom Regen. Jeder geht für sich und sucht nach der günstigsten Möglichkeit. Peter erwischt es besser, und als ich ihn erreiche, schlägt er schon den ersten Standhaken. Wir seilen uns an, und über nassen, etwas brüchigen Fels quere ich nach links zum Beginn der Schlüsselseillänge. Vorsichtig schiebt sich der Freund über die steilen Platten höher. Die Stelle soll schon bei trockenem Gestein nicht leicht sein. Heute wird sie zu einer heiklen Angelegenheit. Lange zögert Peter, ehe er den entscheidenden Schritt wagt; um so mehr verständlich, da es keine Möglichkeit für eine Zwischensicherung gibt. Aber dann ist er mit einigen schnellen Zügen oben. Für mich ist diese Seillänge natürlich wesentlich einfacher zu gehen, trotzdem wirds mir heiß.

Was folgt, ist Genußkletterei bis zum Pfeilerkopf nach dem ersten Drittel. Gegenüber steht strahlend und verlockend die »Tauernkönigin«, die Hochalmspitze. Nur sie ragt aus Nebel und Wolken, und dieses Bild läßt den Wunsch spüren, bald dorthin zu gehen. – Der zweite Pfeiler-

»Der zweite Pfeileraufschwung beginnt mit einem längeren, ausgesetzten Quergang, dem ein anstrengender Kamin folgt.« – Seilschaft am Südpfeiler der Wetterwand des Großen Bratschenkopfs, den Hubert Peterka und Willi End 1948 zum erstenmal erkletterten.

aufschwung beginnt mit einem längeren, ausgesetzten Quergang, dem ein anstrengender Kamin folgt. Über leichteren Fels gelangen wir dann zu einer großen Terrasse vor dem letzten Drittel des Bratschenkopfpfeilers. Hier rasten wir ausgiebig und löschen vor allem unseren Durst. Zu lange dürfen wir uns jedoch nicht aufhalten, denn bis zum Gipfel sind es noch gut 300 Meter.

Vom Standplatz weg leitet eine kurze, doch äußerst luftige Querung in ein Rinnensystem, das ohne besondere Schwierigkeiten über drei Seillängen hinweg rechts der Pfeilerkante aufwärts führt. Links oberhalb von uns sehen wir einen Haken samt eingehängtem Karabiner, und Peter zieht's sogleich in diese Richtung. Ich meine aber, daß das ein »Verhauer« sein müßte, und tatsächlich befindet sich der Quergang zum Pfeiler hinaus noch ein gutes Stück weiter oben. Bald drücken wir uns nebeneinander an die beklemmend ausgesetzte Kante. Nur für einen reicht der Fleck, um einigermaßen gut stehen zu können. Während Peter weiterklettert und ich es mir erst einmal etwas bequemer einrichte, schaue ich über die Schulter ins Riedingkar. Da pfeift's hinunter! Die vielen Schafe auf den Wiesen sind als kleine, helle Punkte zu erkennen, ein Spielzeugauto kriecht auf der Straße zum Arthurhaus. Aber noch etwas sehe ich, und das gefällt mir gar nicht besonders: schwarze Wolken. Da scheint sich etwas zusammenzubrauen. Der Fels verliert nun an Steilheit, wir könnten eigentlich seilfrei gehen; trotzdem sichern wir uns bis zum Ausstiegssteinmann.

Die Freude darüber, daß wir jetzt oben sind, ist groß. Aber es wird eine kurze Rast, denn plötzlich ist's ringsum schwarz, und die ersten Donner rollen. Über Geröll und Schnee queren wir zum Hochkönigweg hinüber und nehmen, obwohl chancenlos, den Wettlauf mit dem Gewitter auf. In Höhe der Torsäule bricht das Gewitter los. Regen prasselt, Blitze erhellen das Ochsenkar, die Donner krachen ohrenbetäubend und hallen von den Wänden zurück. Wir verstehen unser eigenes Wort nicht mehr und laufen, so schnell es geht. Der von den vielen Begehungen schon bei trockenem Wetter unangenehm glattpolierte Steig erweist sich nun als höllische Rutschbahn. Unsere Hosenböden machen nicht nur einmal Bekanntschaft mit dem nassen, erdverschmierten Boden. Dank meiner Profilsohlen geht's mir noch ein bißchen besser als dem Freund.

Kurz vor der Mitterfeldalm verzieht sich das Gewitter, der Lärm verebbt, nur noch leise tröpfelt der Regen. Es ist dunkel geworden. Warm und heimelig scheint das Licht aus den Fenstern der Hütte. Die Versuchung, einzukehren, ist groß. Doch im Arthurhaus warten die Frauen, und wir wollen sie nicht noch länger in Sorge lassen. Also los, nur noch eine halbe Stunde. Bald sind wir da, naß bis auf die Haut. Der Flur des Arthurhauses wird zur Umkleidekabine, dann sitzen wir in trockenen Sachen beim ersten Glas Bier und können uns endlich richtig freuen. Wenig später rollt der Wagen heimwärts. Traudl fährt, ich sitze daneben zwischen Träumen und Wachen und fühle, daß ich unendlich zufrieden bin.

Im Steinernen Meer

Es ist das Übliche: eingepfercht zwischen krawatten- und handtaschentragenden Urlaubsgästen sitzen wir, die Rucksäcke vor unseren Füßen, auf den Bänken des Königsseeschiffes. Nach der schauerlichen Geschichte vom Untergang des Wallfahrerbootes und der noch schauerlichen Watzmann-Ostwand-Totenbilanz entläßt uns der wackere Alleinunterhalter auf den Steg bei Sankt Bartholomä, wo wir auch gleich in Richtung Süden vor den sich zur Gaststätte wälzenden Leibern flüchten. Erst mit einigem Abstand zum ehrwürdigen Wallfahrtskirchlein richten wir unsere Siebensachen, um dann bei drückender Schwüle über die Hochstieg zur Schrainbachalm-Holzstube hinaufzusteigen.

Ohne Zweifel ist unser Weg zum Ingolstädter Haus nicht der direkteste, schon gar nicht der schnellste, aber vielleicht der großzügigste und interessanteste. Wir wollen das Steinerne Meer ganz behutsam, Stück für Stück, erwandern und kennenlernen. Leider haben wir bei unseren schönen Plänen das Wetter außer acht gelassen. Nahe der Sigeretplatte werden die Wolken immer bedrohlicher, alsbald tröpfelt es, und am Paß Trischübel hat es sogar den Anschein, als daß wir noch ordentlich naß werden sollten. Doch es kommt so schlimm nicht, der einfallende Nebel ist das kleinere Problem, und dank der ausgezeichneten Markierungen finden wir recht zügig durch die Hundstodgruben und über das Hundstodgatterl zu unserem Ziel.

Aus dem Hütteninnern dringt vielstimmiger Lärm: ein Sektionsausflug. Immerhin, wir bekommen die letzten freien Lager zugewiesen. Später drücken wir uns in die hinterste Ecke des bis auf den winzigsten Platz besetzten Gastraumes und führen, trotz des beachtlichen Spektakels rundum, so ganz für uns eine intensive Unterhaltung. Wir fühlen uns wie auf einem kleinen Eiland, vom Getöse eines wilden Meeres umgeben. Die Stunden bis zur Hüttenruhe »verfliegen« dieserart im Nu. Schon wird es Zeit, in die Lager zu gehen.

Am Morgen steigen wir bei herrlichstem Sonnenschein auf den Gipfel des Großen Hundstods. Nun freilich ist die Freude groß über unser erstes Stelldichein im Steinernen Meer, aber wir wollen uns damit nicht begnügen, sind begierig, mehr von dieser eigentümlich schönen, kargen Landschaft mit ihrer felsigen Öde und ihrem Pflanzenreichtum als Kontrast in uns aufzunehmen. So wandern wir am Nachmittag hinüber zum Kärlingerhaus oberhalb des Funtensees. Wie so viele Bergsteiger vor uns halten auch wir das Schottmalhorn zunächst für die Schönfeldspitze. Ein Blick auf die Karte jedoch korrigiert sogleich den Trugschluß. Der Wunsch aber, auch diesen Berg – den bekanntesten Gipfel des Steinernen Meeres – endlich zu ersteigen, ist wach. Die Gedanken eilen hinauf zum von hier unsichtbaren Felshorn. Während des Abstiegs durch die Saugasse zurück zum Königssee nehmen wir uns vor, bald wiederzukehren.

Wochen später. Für mich ist der Ausflug zur Schönfeldspitze – ich schäme mich, es zu sagen – eine Ersatztour; ein Ausweichziel für die Watzmann-Ostwand, denn das Wetter scheint ihre Durchsteigung nicht zuzulassen. In der Tat verbergen schwarzgraue, dichte Nebel die halbe Wand. Erleichtert bummle ich hinter Traudl und Hildegard in Richtung Saugasse hinauf. Im Kärlingerhaus müssen uns diesmal Notlager genügen. Als wir am nächsten Morgen nach dem Wetter schauen, trauen wir unseren Augen nicht: ein

»... ist unser Weg zum Ingolstädter Haus nicht der direkteste, schon gar nicht der schnellste, aber vielleicht der großzügigste und interessanteste.« – Im Bereich der Sigeretplatte während des Aufstiegs von Sankt Bartholomä zum Trischübelpaß.

Diese einzeln stehende, abgestorbene Zirbe (sie stand im Ledererkar des Steinernen Meeres und ist mittlerweile umgestürzt) zeugt von der sich einstmals höher befindlichen Waldgrenze.

strahlend schöner Tag! Diese unerwartete Entwicklung versetzt mir nun doch einen kleinen Stich, und nur zögernd gebe ich mich mit der Wanderung zur Schönfeldspitze zufrieden. Auf der Baumgartlhöhe jedoch, von wo aus man das herrliche Felshorn zum erstenmal frei dastehen sieht, sind alle mißmutigen Gedanken verflogen. Die Vorfreude auf einen uns noch unbekannten Berg nimmt endlich von allen dreien Besitz.

Aber es gibt noch einen wunden Punkt: den Zeitplan. Ich errechne, daß, würden wir die Schönfeldspitze überschreiten und noch zurück nach Königssee zu unserem Auto wollen, dies heute nicht mehr zu schaffen wäre. Das letzte Schiff würde längst abgefahren sein, wenn wir wieder nach Sankt Bartholomä gelangten. Welche Möglichkeiten bieten sich an? Traudl hat morgen frei, ich hoffe auf das Verständnis meines bergsteigenden Chefs – und schlage unserer Freundin vor, daß wir noch einmal im Kärlingerhaus übernachten und anderntags erst zu Mittag unsere Arbeit beginnen sollten. Das nun erscheint Hildegard als eine Ungeheuerlichkeit! Andererseits möchte aber auch sie den Gipfel erreichen. Was tun? Da fällt mir die Lösung ein: Nach erfolgter Schönfeldspitze-Überschreitung könnte die Freundin vom Riemannhaus nach Saalfelden absteigen und von dort mit dem Zug nach Hause fahren. So käme sie pünktlich zur Arbeit.

Erleichtert nehmen wir unsere Wanderung wieder auf und steigen durch die Schönfeldgrube zur Buchauer Scharte, wo wir, nach Norden schauend, so recht den Namen Steinernes Meer zu verstehen glauben: Eine riesige, zu Wellen erstarrte Steinfläche breitet sich vor uns aus. Schönfeldspitze-Ostgrat und -Südostflanke bringen Kurzweil und lustiges Klettern an unschwierigem Fels. Nach den etwas ermüdenden, flacheren Schlußhängen stehen wir vor dem eigenartigen Gipfelkreuz, das eine Pieta darstellt. Die süd- und westseitige Normalroute glänzt aufgrund der ungezählten Begehungen wie eine Speckschwarte. Am Riemannhaus löscht eine kühle Radlermaß den doch recht groß gewordenen Durst.

Der Moment der Trennung ist da. Hildegard trottet in Richtung Süden, gegen Saalfelden hinunter. Sie sollte, wie wir anderntags von ihr erfahren, um zwei Uhr nachts nach Hause kommen und pünktlich um 7.30 Uhr an ihrem Arbeitsplatz sitzen. Wir ziehen vor so viel Pflichtbewußtsein innerlich den Hut und kommen uns doch ein wenig schäbig vor. Aber das hält nicht lange an. Die Schau auf das in mildem Spätnachmittags- und Abendlicht verklärte Steinerne Meer verdrängt meine Skrupel, und das Zurückschlendern über das Salzburger Kreuz zum schon in der Dämmerung liegenden Kärlingerhaus wird zum eigentlichen Höhepunkt der Tour.

Diesmal bekommen wir sogar ein anständiges Lager. Am nächsten Tag sind wir schon früh auf den Beinen, um wenigstens – das schlechte Gewissen meldet sich – das erste Schiff zu erreichen. Wir sehen es bereits von weitem am Landungssteg liegen, nur noch Minuten, und es würde ohne uns abfahren. Da beginne ich zu laufen – welche Freude mit den schweren Bergschuhen –, und wir schaffen es tatsächlich. Wegen des dichten Nebels, der über dem See liegt, kann das Boot aber nicht abfahren. Mit erheblicher Verspätung gelangen wir zu unserem Wagen. Jetzt ist ohnehin schon alles egal: In einem Biergarten noch weit vor der Stadt lassen wir uns ein gutes Mittagessen schmecken. Die Rest-Arbeitsstunden am Nachmittag überstehen wir mit Anstand.

Watzmann, Untersberg, Hochkalter und Schärtenspitze

Die Morgendämmerung beginnt gerade erst, als wir zum Bootsschuppen gehen. Ungewohnte Stille umgibt das Nordufer des Königssees, wo sich an den meisten Tagen des Jahres die Menschen zuhauf drängeln. Bald schnurrt das »Personalboot«, wie das erste Schiff am Morgen genannt wird, auf die glatte, dunkle Wasserfläche hinaus. Nebelfetzen stehen über ihr, die Morgenkühle läßt uns frösteln. Als das Boot anlegt, steht die große Wand noch in geheimnisvollem Schatten. Etwas später aber scheint ihr oberer Teil im ersten Sonnenlicht zu glühen. Mir ist sie nicht mehr fremd. Meine beiden Begleiter jedoch nähern sich ihr zum ersten Mal, und besonders Traudl kann ihren Respekt vor der zweithöchsten Wand der Ostalpen nur schwer verbergen. Mit uns wandern drei weitere Bergsteiger zur Eiskapelle, dem Firnfeld am Wandfuß: ein Alleingeher und Bergführer Heinz mit einem Kunden für den Salzburger Weg. Vor dem ewigen Schnee trennen sich unsere Wege. Heinz und sein Klient queren ihn und steigen in die Schrofen des Kederbacherweges ein, der »Einschichtige« und wir drei wenden uns dem ins Schuttkar des Berchtesgadener Weges führenden, schmalen Steig links der Eiskapelle zu.

Vormittag und Mittag verstreichen. Dreitausend Klettermeter, von denen ein Großteil Gehmeter sind, fordern ihre Zeit. Knapp unterhalb der Südspitze, am letzten, etwas schwierigen Wandl, sehen wir Heinz samt Kunden die Geröllschlucht heraufsteigen. Bald darauf erreichen wir alle miteinander im schönsten herbstlichen Nachmittagslicht den Gipfel. Einer jener Augenblicke, für die es sich lohnt, immer wieder aufzubrechen. Nach gelungener, zugegebenermaßen sinnloser Tat Glücksmomente, deren Zwischensummen den Reichtum der Erinnerung ausmachen. Es ist ganz einfach schön, durch solch eine Wand zu steigen. Du brauchst Kondition, ein wenig Klettergeschick und vor allem deinen Kopf, um die logischste Route zu finden. Wenn das reibungslos klappt, genießt du auch die landschaftliche Großartigkeit einer Watzmann-Ostwand. Mit der Entspannung danach gehen Minuten wunschlosen Zufriedenseins einher. Bergsteigen ist ein Weg, solche Augenblicke zu erfahren. Nach ihnen bin ich süchtig.

Ich habe die meisten meiner Klettertouren in den Berchtesgadener Alpen »unter der Woche« gemacht. Sie waren allemal Urlaubstage wert. Stell dir vor, du bist allein in der Untersberg-Südwand! Ein Mittwoch Ende Oktober. Der Himmel ist grau, aber noch ist's warm, und es wird trocken bleiben, zumindest heute. Wir genießen die originellen Passagen. Weder müssen wir anstehen, noch »sitzt« uns eine andere Seilschaft »im Genick«. Auf dem Gipfel dann eine Wahnsinns-Wolkenstimmung.

19. November: Immer, wenn wir eine neue Seillänge der Südwand des Salzburger Hochthrons klettern, liegt die vorangegangene bereits im Schatten. Die Spätherbstsonne wärmt noch. Wir steigen im T-Shirt, während es auf der Untersberg-Hochfläche harte, dicke Eisschichten gibt. Die Täler sind wie unter Wattebäuschen verborgen.

Beim Abstieg vom Hochkalter treibt uns ein Gewitter. Dabei sollten wir schon längst im Tal sein, jedenfalls nach dem ursprünglichen Zeitplan. Aber ich hatte verschlafen heut' morgen. Vielleicht waren die Würstl, die ich mir am Abend vor dem Tourentag einverleibte, doch nicht ganz das Richtige? Immerhin durchmaß ich des Nachts wiederholt eine bestimmte Strekke meiner Wohnung. Und als ich endlich einschlafen konnte, wäre es Zeit zum Aufstehen gewesen.

Die restliche Wurst, die ich als Proviant für unterwegs eingepackt hatte, überließ ich kurzerhand dem Blaueis. Das Corpus delicti fiel mir just in dem Moment in die Finger, als wir die Steigeisen aus den Rucksäcken kramten. Ein Bild war das! Wir, in Turnhosen, auf unbequemem Stand im steilen Schnee an den Bindungsriemen herumfummelnd. »Is' euch endlich steil gnua?«, brummte ein makellos gerüsteter Bergler und stieg kopfschüttelnd an uns vorbei. Er hatte ja recht. Und jetzt sitzen wir in einer kleinen Felsnische überm Ofental. Ich lege meinen Rucksack unter einen dicken Wasserstrahl, denn ich möchte wissen, ob es stimmt, was der Hersteller sagt, nämlich, daß der Stoff wasserdicht ist. Es hat tatsächlich gestimmt.

Nicht gestimmt hat dagegen die Wettervorhersage für den Tag, als wir die Schärtenspitze-Nordostwand kletterten. Eine kurze, schöne

»Eine riesige, zu Wellen erstarrte Steinfläche breitet sich vor uns aus.« – Tiefblick vom Gipfel der Schönfeldspitze auf Wurmkopf (ganz links) und Sommerstein, neben dem das Riemannhaus in der Ramseiderscharte zu erkennen ist.

Tour mit allerdings langem Zustieg. Claudia, die Tochter eines Vereinsspezls, genießt ihre letzten Schulferien, ehe der Ernst des Arbeitslebens beginnt. Ob es in ihrer Absicht liegt, den mannigfachen Freizeitfreuden auch ein masochistisch anmutendes Erlebnis hinzuzufügen, wage ich zu bezweifeln. Jedenfalls sind die Wasserblasen an ihren Füßen schon nach einer Stunde Gehzeit auf dem Blaueishütte-Weg offen. »Die Tour können wir abschreiben«, denke ich und biete auch sofort an, umzukehren. Pfeifendeckel. Pflaster drauf und weiter geht's, und das nicht gerade im Schneckentempo.

Klaglos steigt sie zur Hütte, klaglos über die Steinbergplatten zum Einstieg. Wortlos klettert sie durch die Nordostwand, und ohne einen Muckser trottet sie zur Blaueishütte zurück. Erst nach der Schärtenalm werden die Schmerzen offenbar übermächtig. Barfuß oder in Socken, das ist für Claudia die Frage. Da kommt mir eine lustige Idee: »Probier's doch mal mit meinen Kletterschuhen!« Die, sechs Nummern zu groß, können doch gar nicht reiben! Und es klappt. Die langen Latscher erinnern zwar stark an Zirkusclowns, aber das ist piepschnurzegal. So erreicht ein munterer und nicht etwa verdrossener Teenie das Auto. Die Schmerzen werden vermutlich spätestens zu Hause in der Badewanne zurückgekehrt sein. Klar, daß Claudia auf den beim Zustieg angekündigten Sprung in den Hintersee verzichtet. Und auch das vorhergesagte Gewitter ist ausgeblieben.

Nebel im unteren Wagendrischlkar

Mit der Absicht, die Nordwand des Kleinen Grundübelhorns zu klettern, schnaufen wir über den Böslsteig hinauf. Oberhalb seiner gesicherten Wandstufe verlassen wir ihn und erreichen auf dem steilen Jakobsteig das untere Wagendrischlkar. Eigentlich herrscht kein Kletterwetter. Die Gipfel stecken im Nebel, der fast bis zu den Wandsockeln herunterreicht. Als wir uns dem Einstieg am Kleinen Grundübelhorn nähern, wird's im gesamten Kar trüb. Bald befinden wir uns in der sprichwörtlichen »Waschküche«. Was tun? Ich schlage vor, am Brettstein vorbei wieder auf den Böslsteig zu queren. Der Karte nach müßte das möglich sein, und wir finden auch tatsächlich Steinmänner. Von einem Steinmandl zum andern arbeiten wir uns voran. Plötzlich aber stehen wir oberhalb einer großen, steilen Karrenplatte, die sich nach unten hin im Nebel verliert. Hier ins Ungewisse hinabklettern? »Gehen wir zurück und steigen wir wieder auf dem Jakobsteig ab«, sage ich zu Traudl.

Verdammt, ist der Nebel jetzt dicht geworden. Kaum daß wir noch die Steinmänner erkennen. Auf einmal aber finden wir sie nicht mehr. Rein gefühlsmäßig müßte die Richtung stimmen. Kompaß haben wir natürlich keinen dabei. Wir gehen und gehen, alles schaut irgendwie gleich aus. Schließlich gelangen wir zu einem Felsblock, der mir bekannt vorkommt. Wir sind im Kreis gelaufen! Das soll uns nicht noch einmal passieren. Entschieden schlage ich den vermeintlich richtigen »Weg« ein. Nach einiger Zeit stoßen wir wieder schier mit der Nase auf den Block. Jetzt wird's ernst. Es hat zu regnen begonnen, und wir stehen ohne Biwakzeug da. Bei Traudl fließen die Tränen. »Ich muß einen Ausweg finden, ich muß, ich muß«, denke ich mir. Da durchfährt es mich wie ein Blitz: »Hör mal, das Kar wird doch nur an einer Seite von Steilwänden begrenzt. Und unterhalb von ihnen ist die Wegspur. Wenn wir jetzt laut schreien, hallen unsere Rufe als Echo von den Wänden zurück, und wir brauchen nur in die Richtung des Echos zu gehen, um den Weg zu finden.«

Gesagt, getan. Wir brüllen, es brüllt – durch Nebel und Regen gedämpft – zurück, und wir laufen schnurstracks in die Richtung des Echos. Zentnerlasten fallen uns von der Seele, als wir auf die Steigspuren treffen. Der erdige Jakobsteig abwärts ist bei dem mittlerweile herrschenden Schnürlregen zwar auch nicht gerade das lupenreine Vergnügen, aber immer noch besser als eine ungemütliche, saukalte Notübernachtung in einem Kar der Reiter Alm. »Da hat der Biwakhansl aber sauber um die Eck'n g'schaut«, sage ich zu Traudl, als wir patschnaß unser Auto erreichen. Während der Heimfahrt gießt es, was es nur gießen kann. Die Gewißheit jedoch, kommende Nacht im warmen Bett schlafen zu dürfen, erleichtert uns das schwierige Fahren.

noch eine Schneewolke, aus der die Freundin gottlob wohlbehalten wieder auftaucht.

Nach dem Abstieg über das mit einem Drahtseil gesicherte Schrofenwandl schnallen wir die Skier für eine rasante Fahrt bis zum Straßenrand noch einmal an. Das Auto steht in der prallen Sonne. »Sechzig Grad Celsius, was meinst?« Und das nach dem großen Schlottern heute früh.

Mit Skiern auf den Hohen Göll ...

Wohl alle Tourenskifahrer kennen solche Situationen: man möchte eigentlich lieber im Auto bleiben, ausschlafen. Da kann man sich hundertmal einreden, daß es einem nach zehn Minuten Gehen warm wird, und daß die Müdigkeit verfliegt. Zu Beginn einer Skitour heißt es immer, sich zu überwinden. Jedenfalls mir gehts so. Und wenn ich Traudl und Hildegard so betrachte, geht es denen auch nicht viel besser.

Auf dem hartgefrorenen Steilhang schwitzen wir längst. Die Schneefahnen oben an der Hangkante lassen den Höhensturm ahnen. Wütend springt er uns an, nimmt für Sekundenbruchteile den Atem. Später sitzen wir übermütig auf dem Querbalken des Gipfelkreuzes. Das Lachen sollte uns freilich noch vergehen, denn bei der Abfahrt – schon weit unten im Alpeltal – baut Traudl einen bösen Sturz. Wir sehen nur

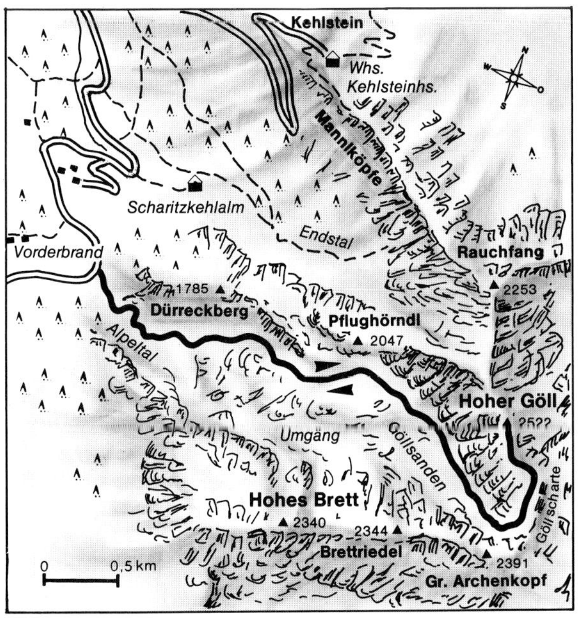

... ins Watzmannkar

Wir steigen im weitläufigen Kar bergauf. Unmittelbar vor uns erhebt sich der Steilhang des Fünften Kindes. Ich erinnere mich an eine Tour vor bald acht Jahren, bei der wir noch die Gebirgsjägeruniformen trugen. Schorsch stand damals mit dem Tiefschneefahren etwas auf Kriegsfuß. Um den Spezl nicht von vornherein zu schrekken, machte ihm der Voitl mit Unschuldsmiene glaubhaft, daß wir vom Gipfel des Fünften Kindes aus südseitig herumqueren und über den nicht so steilen und besser eingefahrenen Hang des Dritten Kindes herunterkommen würden. Daß dies gar nicht möglich ist, sah Schorsch erst an Ort und Stelle. Voitl und ich grinsten uns eins.

Heute fällt die Entscheidung schwer: Skischarte, Fünftes oder Drittes Kind. Nach einigem Hin und Her steigen vier von uns dem Dritten, und zwei dem Fünften Kind aufs Dach. Später können wir unsere beiden Abtrünnigen auf »ihrem« Gipfel sehen. Wie ein Schiffsbug ragt er gegen die Bartholomäseite des Watzmanns. Der Blick in die winterliche Ostwand ist phantastisch. Aus dieser Perspektive wirkt selbst die »kleine« Ostwand der Mittelspitze mit ihren doch immerhin 700 Metern Höhe unnahbar.

Kurz vor Hammerstiel kommt uns Fritz entgegen. Ihn, den Fastsiebziger, der in seinen jüngeren Jahren Extrembergsteiger und Teilnehmer der Nanga-Parbat-Expedition 1953 gewesen war, und der noch bei jeder unserer Touren locker mithalten konnte, hatte ein schwer verdorbener Magen zur Umkehr gezwungen. Fritz ist natürlich ein bißchen traurig, wenngleich sein Verzicht in diesem Fall das einzig Richtige war. Wie gerne würden wir den Freund an unserer Freude teilhaben lassen. Doch sind wir uns darüber im klaren, daß wir das nicht können. Zu unterschiedlich sind die Gefühle der Zufriedenheit nach geglückter Fahrt und jene des Bewußtseins, aufgegeben zu haben. Auch wenn es nicht anders ging.

... und auf den Hochkönig

Es bedurfte etlicher Anläufe, bis wir endlich mit Skiern auf den »Highking«, wie wir den höchsten Gipfel der Berchtesgadener Alpen in einem Anfall von Kindischsein nannten, gelangen sollten. Einmal hatten wir verpennt, und es reichte gerade noch für den Hohen Göll. Ein anderes Mal tat es kurz nach Rosenheim einen trockenharten Schlag, und der Motor stand still. An wieder einem anderen Tag fiel uns kurz vor Golling ein, daß wir vielleicht doch besser ins Tennengebirge fahren sollten. Dann trieb uns ein Wolkenbruch zurück, und so fort.

Ganz überraschend, den Entschluß für die Tour sozusagen von einem Tag auf den anderen gefaßt, glückt der Hochkönig schließlich doch noch. Beim Matrashaus sind wir entsprechend in Feierstimmung. Nach froher Rast gleiten wir an die Kante des ersten Hanges und schwingen in den herrlichen Pulverschnee hinein. Mit jedem Meter abwärts aber wird die Wirklichkeit Hochkönig geringer. Bis er nur noch Erinnerung ist.

Die letzten Meter zum höchsten Punkt des Fünften Watzmannkindes, im Hintergrund der oberste Teil der tiefverschneiten Watzmann-Ostwand. Die Watzmannkar-Skitour ist eine hochalpine, sicherste Schneeverhältnisse fordernde Unternehmung, die aufgrund ihrer außerordentlichen Beliebtheit nur zu gerne unterschätzt wird.

Heinz

Heinz Zembsch. Ein Kapitel für sich. Ein Original. Ein Bergführer, wie er im Buche steht. Der gebürtige Regensburger blieb, indirekt durch die Wehrdienstzeit, in Berchtesgaden hängen. Der Watzmann rief ihn. Ich meine das jetzt nicht einmal »ambrosmäßig«. Es ist einfach so, daß der Heinz nach dem Barras im Berchtesgadener Hochgebirgszug nicht mehr so recht Bock hatte, als Maschinenschlosser zu arbeiten. Er wollte lieber Bergführer werden. Und über die Zwischenstation des Heeresbergführers gelang ihm das 1970 auch.

Der Heinz ist ein harter Bursche. Eiger- und Droites-Nordwand, jeweils im Sommer, und die Matterhorn-Nordwand im Winter (vierte Begehung) stehen in seinem Tourenbuch. Und der lange, schwierige Verbindungsgrat vom Pico del Norte zum Illampu in der Cordillera Real (Bolivien). »Da Zembsch geht bis 'osteht«, sagt der Schriftleiter der Mitteilungen des DAV, Elmar Landes. »Da Zembsch war vielleicht net unbedingt a eleganter Kletterer, aber es hat nix geb'n, wo der net durchkemma is«, meinte einmal mein Reichenhaller Freund und Heeresbergführer Franz Brandstetter. Ich finde, daß diese beiden Aussagen guter Bergsteiger bezeichnend sind.

Nach Helmuth Zebhausers Definition der Eigenschaften »tapfer, mutig und kühn« würde ich den Heinz unter »mutig« einordnen. Mich selber allenfalls an die untere Grenze von »tapfer«. Ich bin im Grunde unsportlich. Die relative Sportlichkeit, über die ich heutzutage verfüge, habe ich mir mühsam antrainiert. Mehr und mehr »Verwaltungsbergsteiger«, muß ich mich mittlerweile fast als Gelegenheitskletterer bezeichnen. Und da bin ich bei schwierigen Touren von Herzen froh, einen Heinz Zembsch als Seilersten zu haben.

Heinz und ich sind uns im Laufe der Jahre menschlich nahegekommen. Ich möchte den Begriff Freundschaft nicht strapazieren, und wir machen da auch keine großen Worte. Aber es ist schon was in der Richtung. Als ich zum erstenmal durch die Watzmann-Ostwand stieg, war es mit Heinz. Als ich mit Traudl und Walter den Berchtesgadener Weg beging, kletterte Heinz mit seinem Kunden am Salzburger Weg. Wir bummelten in gemächlichen siebeneinhalb Stunden durch die Bartholomäwand. Droben unterm Ausstiegswandl drosch ich zwecks anständiger Absicherung einen »Bong« in den Riß.

◁◁
Heinz Zembsch in der Alten Südwand des Kampenwand-Westgipfels.

Die Kletterei ist Erinnerung, das Seil kann wieder in den Rucksack. (Nach der Ostwandverschneidung des Salzburger Hochthrons, Untersberg.)

In dem Moment kamen Heinz und sein Klient daher. Der Zembschei grinste und sagte: »Kimm', hau'n auße, hast ja recht, aber hau'n auße.« Und er kletterte ruckzuck über das Wandl hinauf und ließ uns alle nachsteigen. Der besorgte, gütige Bergführer. Ich hätt' das ja auch hingekriegt. Aber die Autorität von Heinz verbat sich falschen Stolz. Beim Abstieg von der Südspitze hatte Traudl, die so souverän durch die Ostwand geklettert war, ein wenig Schwierigkeiten. Wir brauchten halt eine halbe Stunde länger als normal. Und wer wartete besorgt auf dem Wimbachgries? Heinz.

Heinz Zembsch ist »Hausmeister« in der Ostwand. Eine Respektsperson! Wenn da »Ostwandler«, vielleicht gar noch zum erstenmal am Watzmann, im Nebel herumirren und der Heinz taucht unversehens aus der Waschküche auf, fallen Gott sei Dank zwar keine Steine über die Wand, aber doch Zentnerlasten von den Herzen. Der Zembsch! Jetzt kann nichts mehr schiefgehen! Heinz kennt jeden neuralgischen Punkt, da kann der Nebel noch so dicht sein. Einmal hat er mit vielleicht nicht gerade dem schnellsten Gast drei Tage durch die Ostwand gebraucht. Ein anderes Mal mußte er, da am nächsten Tag erneut eine Ostwandführung anstand, den übermüdeten Klienten bei stabilem Hochdruckwetter in der Biwakschachtel zurücklassen. Um ihn anderntags – der Ostwandschläfer war ausgeruht und bei frischen Kräften – wieder mitzunehmen.

Während der Saison, wenn das Wetter stimmt, sind schon mal drei, vier Ostwandführungen pro Woche fällig. Da kam es vor, daß Christl Zembsch ihrem Mann die Steigeisen nach Bartholomä brachte, wenn neben Berchtesgadener-Weg-Gästen zwischendurch mal einer den Kederbacherweg begehen wollte. Ostwandführer, *der* Ostwandführer zu sein, ist reizvoll, die Höhenmeter watzmannauf, watzmannab, addiere die Kilopond-Belastung auf Kniegelenke und Wirbelsäule! Ein Fünfziger ist er jetzt, der Heinz. Da sind schon allerhand Höhenmeter zusammengekommen. Und der Zembsch führt ja nicht nur an der Watzmann-Ostwand ...

Gibt es eigentlich Situationen, wo es einem Heinz Zembsch »heiß« wird? Wart' mal ... ja, doch, an eine kann ich mich erinnern: Wir klettern auf der Reinlroute durch die 500 Meter hohe Trisselwand überm Altausseer See. Eine tolle Tour, wenngleich sie sich schwieriger und brüchiger als im Alpenvereinsführer angegeben zeigt. Obwohl der Wetterbericht kein Gewitter vorhergesagt hatte, zieht auf einmal doch eines vom Dachstein herüber. Dabei hätten wir's uns denken können, bei der Schwüle am Vormittag.

Unter rollenden Donnern hetzen wir über die Ausstiegsschrofen. Auf dem Gipfel gibt's Hagelschlag, so daß wir die Schutzhelme gleich auf den Köpfen lassen. Noch angeseilt fliehen wir ins Latschendickicht, binden uns aus, stopfen den ganzen Krempel in die Rucksäcke und laufen bei Hagelschloßen und sintflutartigem Regen talwärts. Wir sehen, daß der Weg über eine freie, ebene Fläche führt. Plötzlich ein ohrenbetäubender Krach und blendendhelles Licht: Der Blitz hat unmittelbar auf dem Wanderweg eingeschlagen! Wären wir nur eine Idee schneller gewesen, dann . . .

Wir rennen wie von Furien getrieben über das kleine Plateau und hinunter in den schützenden Wald. Als wir das auf dem Tressensattel geparkte Auto erreichen, hört's auf zu regnen. Wir aber haben keinen trockenen Faden mehr am Leib. »I hab ganz schön Muffe g'habt«, sagt Heinz. »Ich auch«, kann ich nur erwidern.

Eine tragische Situation erleben wir am Untersberg. Die Südkante des Gamsalmkopfes gefällt uns gut. Wir gelangen zügig zum Gipfel und steigen über den Grubenpfad ab. Plötzlich ein Krachen, dann ein greller Schrei; Geröll rieselt. »Was war das?« Wir bleiben stehen. Das mußte aus der Ostwand des Berchtesgadener Hochthrons kommen, die wir von hier noch nicht einsehen können. Als wir über die Schotterhalden in Richtung Scheibenkaser queren, sehen wir unterhalb des Ostwandansatzes einen roten Fleck. Ein Mann hetzt durch die Latschengassen herauf. Heinz kennt ihn. Beide steigen sie sogleich gegen den roten Fleck empor, während ich zur Almhütte hinuntergehe. »Erspar' Dir das«, meinte der Freund, als ich Hilfe anbot. »Es gibt nichts mehr zu helfen«. Wie sich später herausstellt, war der Verunglückte aus dem oberen, leichten Teil des Schimkepfeilers 300 Meter über die Ostwand abgestürzt. Der rote Fleck entpuppte sich als das Seil, das sich der Unglückliche auf den Rücken gebunden hatte.

So erfährt der frohe Tourentag eine traurige Note. Ob wir es wollen oder nicht: Unsere Gespräche drehen sich immer wieder um den Unfall. Schlagartig drängt sich nach solchen Erlebnissen das Bewußtsein darüber in den Kopf, daß Klettern letzten Endes doch ein gefährlicher Sport bleibt, auch wenn im Durchschnitt Trainingszustand und Können, und natürlich die Ausrüstung der Kletterer in den vergangenen Jahrzehnten immer besser geworden sind. Viele Unfälle, vor allem solche von guten Bergsteigern, passieren im leichten Gelände. Wer weiß, vielleicht läßt die Konzentration während der Phase der Euphorie, die sich nach dem Überwinden von Schwierigkeiten einstellt, doch ganz erheblich nach. Welcher Kletterer hätte das noch nicht erlebt? Wenn man eine Lehre aus den erschütternden Tatsachen des geschilderten Unfalls ziehen wollte, dann die, daß man sich gerade im leichten Gelände dazu zwingt, jeden, aber auch wirklich jeden Schritt voll konzentriert zu tun.

Ob's immer was nützt, ist die Frage. Als wir 1982 mit dem Schiff nach Sankt Bartholomä fuhren, sagte Heinz: *Jetzt hat's de Grace Kelly a dawischt. I glaub', es ist alles vorbestimmt. Einmal, da gehst du durch die Hölle und nix passiert; a andersmal passiert's auf'm Wanderweg. Wenn mir einmal was passier'n soll't, derf koana nüchtern von meiner Beerdigung hoamgeh'.*

Seit einigen Jahren bewirtschaften Christl und Heinz Zembsch das Purtschellerhaus am Hohen Göll. Die Hauptarbeit hat dabei natürlich die Christl, weil der Heinz mit seinen Führungen beschäftigt ist. Während der Ferien sich auch die beiden Kinder, Evi und Christoph, öfter auf der Hütte. Die sehr sportliche Evi hat, wie es scheint, Spaß am Klettern. Ich kann mir gut vorstellen, daß Heinz seine Sprößlinge, wenn sie noch ein wenig älter sind, durch seine Watzmann-Ostwand führt. Es ist tatsächlich so ein bißchen »seine« Wand. Denn als »Hausmeister« hat sein Wort schon Gewicht.

Bergsteiger und ihre Erzählungen

So unterschiedlich wie die unternommenen Touren, so verschieden sind auch die Erzählungen darüber. Elisabeth Dabelstein schreibt poetisch, ja lyrisch über eine Durchsteigung der Watzmann-Mittelspitze-Ostwand mit Josef Aschauer. Im Kontrast dazu steht der eher sachlich-nüchterne Text des Albert Precht über seine äußerst gewagte Solo-On-Sight-Neutour im unteren achten Schwierigkeitsgrad: die Primärquelle einer alpinismusgeschichtlich bedeutsamen Tat. Henner Schüleins Aufsatz über eine Begehung der Südwand des Vierten Watzmannkindes hingegen gehört meines Erachtens zu den schönsten Texten über die Berchtesgadener Alpen überhaupt.

Elisabeth Dabelstein: Die Wieder-Route

Elisabeth Dabelstein, Mitglied der Sektion Kiel des Deutschen und Oesterreichischen Alpenvereins, studierte in den zwanziger Jahren in München. Während ihrer Freizeit reiste sie, so oft es ihr möglich war, in die Berchtesgadener Alpen, um dort bergzusteigen und zu klettern. Befreundet mit Josef Aschauer, glückten ihr unter seiner Führung schöne und auch große Touren.

Auch Ernst Baumann, eine Zeitlang so etwas wie Aschauers »Hofphotograph«, kannte die Dabelstein. *Lisa war so ein bißchen Leni Riefenstahl. Schwarz und lebendig, ein bißchen wild und sehr burschikos. Klettern war ihr Sport.*

Die bergbegeisterte Frau aus dem alpenfernen Schleswig-Holstein, die von 1924 bis 1957 als Oberin eines Jugenderholungsheimes im Allgäu wirkte, schrieb eine Reihe von herrlichen Aufsätzen und ein poetisches Buch: »Wände und Grate«. Der folgende, etwas gekürzte Text »Die Wieder-Route« ist diesem »Alpinen Klassiker« entnommen.

Elisabeth Dabelstein lebte von 1958 an in den Niederlanden, wo sie 81jährig 1977 starb. – Im oberen Teil der Watzmann-Ostwand erinnert eine Karrenplatte, an deren äußerem Rand meist ein Orientierungs-Steinmandl steht und die zu behaglicher Rast einlädt – die »Dabelstein-Platte« – an die interessante Bergsteigerin.

»Bis zu vierzig Meter breit, von einigen tief gekerbten, seltsam verästelten Kannelüren übersponnen, völlig glatt, steigt dieses Band ohne Unterbrechung durch die Wand empor. So wie ein edles Motiv durch alle Sätze einer Symphonie geht, so wie ein starker Wille sicher durch die Wirrsale des Lebens führt, so leitet dieses Band hinauf.«

Es war nicht auszudenken, wie der Tag morgen verlaufen sollte, denn der Freund schwieg sich über Genaueres von unserem Ziel hartnäkkig aus und sagte mir: »Ich führ dich schon an ein schönes Platzerl!«

Irgendwo zwischen Himmel und Erde. Schön, ja, das mußte ich selbst an diesem verzagten Abend zugeben, schön waren seine Platzerl allerdings . . .

Entsetzlich schnarrend hatte der Wecker gerasselt, bänglich hatte mich die ungelöste Frage dieses Tages angestarrt. Nun brodelte der Tee auf dem Spirituskocher – dann waren wir fertig.

Über den kleinen Hof und durch den Gang, den ein fast venezianisch anmutender Bogen überwölbt, an der Schnitzstätte vorbei, traten wir auf die stillen Straßen Berchtesgadens hinaus. Jetzt waren sie einmal frei von all dem fremden Volk, das sich sonst hier bewegt, so frei wie sonst nur im späten Herbst und ersten Frühling, den wir darum liebten . . .

Die Nebel über der Königsseer Ache hingen noch dicht und ihr Wasser sah an diesem frühen Morgen so kalt aus, daß wir unwillkürlich zusammenschauerten und schneller gingen. Aber es wandert sich köstlich, wenn so ein sprudelnder Bach an unserer Seite sein Lied plätschert von der Höhe dort oben, aus der er kam, von der Ebene in der Ferne, zu der er will, und von deren Trostlosigkeit der muntere Gesell so wenig weiß, wie wir von den Jahren, die vor uns liegen – nun, froh wollen wir sein, daß wenigstens heute unser Weg die umgekehrte Richtung hat! . . .

Wir standen am Saum des Firns, als mein Freund sich zu mir wandte und lachte.

»So, du! Ostwand, Kleine Watzmann-Westwand oder Überschreitung der Kinder, jetzt such dir aus.«

Die Zaghaftigkeit von gestern abend überfiel mich hinterrücks. Was half's, ich mußte Umschau halten. War es ein Wunder, daß sie in ihrem Mantel von Sonnenglanz, durch jene Schneestreifen so zierlich verbrämt, mit ihrer stolzen und erdabgewandten Gebärde, sie, die Watzmann-Ostwand, mir als das Köstlichste ringsum erschien? Und dann jenes herrliche Band, wie konnte ich's nur vergessen! »Die Wieder-Route!«, bat ich meinen Begleiter, der alle Bergherrlichkeit zu verschenken hatte. Mit einem Schlage versank das letzte Bedenken und eine starke Freude, die allen Sieg in sich trägt, verband uns wieder, wie sie es noch auf allen Touren getan hatte.

Wir hielten uns nun mehr nach rechts. Die Steilheit der langen Schneehänge nahm rasch zu.

»So, du! Ostwand, Kleine Watzmann-Westwand oder Überschreitung der Kinder, jetzt such dir aus.« In der Tat lassen sich aus dem Watzmannkar wenigstens drei großartige leichte bis mittelschwere Kletterrouten unternehmen. Die Westwand des Kleinen Watzmanns, hier vom Watzmannhaus gesehen, gehört zu den schönsten Wandbildungen in den Berchtesgadener Alpen. Sie ist mittlerweile von einem wahren »Spinnennetz« von Routen »überzogen.«

Ausblick vom Gipfel des Kleinen Watzmanns auf die gesamte Mittelspitze-Ostwand mit dem markanten Wiederband; links im Vordergrund der U-Boot-förmige Aufbau des Vierten Kindes, hinten der obere Teil der großen Watzmann-Ostwand, der Bartholomäwand.

▽ ▷

Auf dem großen Band der Westwand des Kleinen Watzmanns. Die »Alte Westwand«, ebenfalls von Kaspar Wieder erstmals geklettert, ist technisch etwas schwieriger als das »Wiederbandl« der Mittelspitze. Jedoch weist dieses mehr Kletterstrecke auf.

Der Einstieg zu unserer Route, die vom Ansatz der Wand im Kar direkt zur Mittelspitze hinaufführt und somit einen Höhenunterschied von achthundert Metern in schöner Felsarbeit überwindet, befindet sich ziemlich verdeckt in einer Schlucht, die man vielleicht am ehesten an ihrem rötlichen Gestein und ihrer süd-nördlichen Richtung – man hat die Wand also zur Linken – erkennt. Das Gestein ist gut gestuft, aber von Geröllauflagerungen nicht ganz frei. Man gewinnt rasch an Höhe, von der man jedoch ein wenig aufgeben muß, um über plattigen Fels, der heute naß war, den Beginn des Bandes zu erreichen, das über uns in umgekehrter Richtung emporführt. Hier kam ein breiter Strahl Schmelzwasser aus großer Höhe mit solcher Gewalt herabgedonnert, daß wir nur mit Mühe in ihm unsere Flaschen auffüllen konnten und ich mir einige Schelte wegen naßgewordener Kletterschuhe holte.

Mir schlug das Herz vor Freude und Erwartung, als wir jetzt nach der Wendung südwärts und nach der Überwindung einiger luftiger Steilstufen das Band betraten. Und wirklich, ich weiß nicht, was ich der Eigenart und der Macht dieser Szenerie vergleichend an die Seite stellen kann. Bis zu vierzig Meter breit, von einigen tief gekerbten, seltsam verästelten Kannelüren übersponnen, völlig glatt, steigt dieses Band ohne Unterbrechung durch die Wand empor. So wie ein edles Motiv durch alle Sätze einer Symphonie geht, so wie ein starker Wille sicher durch die Wirrsale des Lebens führt, so leitet dieses Band hinauf. Es haftet der Landschaft etwas Heroisches an, und wollte man es versuchen, ihr Bild in Worte zu spannen, so würde man unwillkürlich ein schweres und feierliches Versmaß, eine alte und klassische Sprache wählen.

Uns segnete die Sonne den Weg. Sie ließ die mächtigen Schneewälle, die noch im Winkel der Wand lagen und uns stellenweise bis scharf an die Kante drängten, in weißer Pracht aufleuchten. Sie machte das Gestein so bleich und eintönig, daß es sich kaum abhob vom Schnee. Zuerst tastete der weichbesohlte Fuß zögernd auf den Platten, bald aber gewöhnte er sich an diese scheinbare Haltlosigkeit und vertraute den kleinen Rauheiten, die das Auge nicht mehr wahrnimmt. Mühelos gehen wir nebeneinander empor, ohne Worte und hingegeben an die Erhabenheit unseres Weges.

Er findet sein Ende an einem Turm (»Bandwächter«), der – zierlich und fast wie künstlich aufgerichtet – einer Hermessäule an griechischer

Straße gleicht. Nun links von ihm über die senkrechte Wand in köstlichster Kletterarbeit empor und man stößt bald auf einen Steinmann, der in einer alten Blechdose die Karten der Ersteiger enthält. Da wir hier rasteten, hatten wir Muße genug, sie sorgfältig zu trocknen und ihr Datum abzulesen. K. Wieder (Salzburg) führte den Anstieg am 29. Mai 1920 unter erschwerenden Umständen mit H. Lapuch zum erstenmal durch und wiederholte ihn dann am 17. Juli 1921 mit drei anderen Begleitern. Die nächste Durchsteigung erfolgte am 31. Juli durch Aschauer, eben meinen Gefährten, mit dem Berchtesgadener Schelle. Wir konnten nicht alles entziffern, obwohl wir uns Mühe gaben, um festzustellen, wie oft die Wand in den drei Jahren ihrer Erschließung begangen worden ist. Nach dem, was wir herauslesen konnten, handelte es sich heute um das siebte, höchstens zehnte Mal, was in Anbetracht der überragenden Schönheit dieser Wand, ihrer bequemen Lage und ihrer klettertechnisch äußerst günstigen Struktur erstaunlich gering ist. Vielleicht liegt es daran, daß die benachbarte Bartholomäwand sie in den Schatten stellt, aber doch wohl zu Unrecht, denn wenn auch die Länge derselben dieser ohne weiteres den Vorrang als alpine Leistung sichert, so trägt doch die Kletterei, von einigen wenigen schwierigeren Stellen in der Bartholomäwand abgesehen, naturgemäß denselben Charakter. Und was die landschaftliche Schönheit betrifft, so waren der Freund und ich uns darin einig, daß es uns ganz unmöglich sei, der einen oder der anderen den Preis zu erteilen. Gewiß ist der Tiefblick beim Bartholomäweg ein größerer, dafür hat man aber hier zu seinen Füßen den schimmernden Gletscher, mit dessen Weiße und prachtvoller Ausdehnung der schmutzige Firn der Eiskapelle am Rande der Wälder von Bartholomä nicht wetteifern kann. Ja, hier hat man noch den gewaltigen Blick in die ungeheure Wandflucht der Südspitze, der, wenn man sich in ihr befindet, in den nächsten Wellen von Fels hängen bleibt, durch die man sich emporringt.

Ein leichter, tänzelnder Wind gesellte sich zu uns, als wir nun weiterstiegen und milderte die Glut der Mittagsstunden, in der es mehr und mehr schwül lauerte. Es war so froh, so leichtgemut dieses Klimmen im Fels, und obwohl ich es lange kenne, entzückte mich die Sicherheit, mit der mein Kamerad kletterte, doch wieder aufs neue. In seinen Bewegungen war jene Mühelosigkeit und Feinheit, die nur organisch werden und wachsen kann. Mit langausgreifenden ruhigen Bewegungen wurde er der schwersten Stellen Herr und die unbegreifliche Grazie, mit der er sie überwand, hätte mich wohl manches Mal über die Natur dieser Stellen getäuscht, wäre er dann nicht stehen geblieben, um sichernd das Seil einzuziehen. Er hatte eine eigene Art, die Hände behutsam auf das Gestein zu legen, um sich kaum merkbar in seichten Rillen zu verklammern, fast wie ein Streicheln war es. Niemals entstand die bange Frage, ob wir das Ziel erreichen würden – das stand ganz außer Zweifel. Nirgends ward unser Weg zu jenem verbissenen und trotzigen Ringen, das den Berg wie einen Feind bezwingt. Wohl war es immer noch redlicher Kampf, aber es blieb genug Freiheit, sich der vereinzelten kleinen Blüte zu erfreuen, die ihr zartes Köpfchen in einer Ritze wiegt; genug, um dem huschenden Flug der Gipfeldohlen nachzusehen, genug auch, um den dürstenden Blick in die Weite der Berge hinauszusenden. Die Zeit steht uns still und jede Unrast verklingt: alles, was uns groß und begehrenswert dünkt, ist unser.

Den langen Quergängen, über die sich die untere Hälfte des Anstieges bewegt, folgt in der oberen eine mehr direkte Richtung. Man hält sich vorwiegend in einer seichten Schlucht in der Fallinie des Gipfels. Da er ein vielbesuchter ist, so ergibt sich für den »Ostwandler« das zweifelhafte Vergnügen üppig wuchernder Steinschlaggefahr. Aber auch durch die menschenfernen Teile der Wand hörten wir mehrfach lange und schwere Schläge gehen.

Nicht ganz unerwartet – denn sie hatte schon ins Kar zu uns herabgefunkelt – sahen wir uns dann plötzlich einer Schneewand von solcher Steilheit und so grauenvoller Ausgesetztheit gegenüber, daß wir lange zögerten, denn wir waren ohne Pickel. Wir klemmten uns vorsichtig auf die kaum handbreite, nasse Felskante, die zwischen Schneerand und senkrechter Tiefe das einzige war, was an festem Boden blieb und sahen empor. Der Freund griff noch einmal prüfend nach dem Seilknoten auf der Brust und begann ganz gerade aufzusteigen. Er hieb in kraftvollen Stößen die Füße fest ein, aber der Schnee war naß und breiig. Große Stücke flogen zischend in den freien Raum hinaus. Da war es ein Gedanke, der mich schmerzhaft durchzog: nicht, daß, wenn der Schnee unter dem Freund vollends ausbrach, ich, da ich ihn nicht würde halten können, an sein Schicksal gebunden war, aber daß alle, die ihn verloren, ohne weiteres glauben würden, ich habe es durch mein geringes Können verursacht, das bereitete mir eine solche Angst, wie sie unsere Phantasie nur in Augenblicken höchster Nervenanspannung entstehen läßt. Viel Zeit hatte ich jedoch nicht. In den guten Spuren des Freundes folgte ich ihm nach. Fast berührte das Gesicht den Schnee, so groß war die Steigung des Hanges und der gesenkte Blick fiel an den Füßen vorbei ohne Hemmung Hunderte von Metern hinab ins Kar. Es waren zwei Seillängen.

Dieser blaue Himmel aber hatte uns noch ein seltenes und fesselndes Abenteuer zugedacht, das unseren schönheitstrunkenen Weg mit knisterndem Flammenspiel krönen sollte. Keine Wolke war zu sehen, kein jäher Wind kam auf, nur um die höchsten Zinnen unseres Berges lag ein bläulicher Dunst, der sich mehr und mehr zu verdichten schien und wie Mittagsglut über dem Grat flirrte. Wir hatten einen steilen Wandabsatz überwunden und befanden uns auf schönen, aber trittarmen Platten etwa dreißig Meter unter dem Gipfel, als mein Gefährte plötzlich ruckartig aufschnellte und im gleichen Augenblick erregt ausrief: »Elmsfeuer!« An die Lebhaftigkeit seiner Äußerungen gewöhnt, hob ich ohne Eile die Augen von meinem Griff – noch heute sehe ich diese Rille im Plattengrund vor mir! –, um nach dem Gipfelkreuz auszuspähen, da ich annahm, sein Ausruf bezöge sich auf dieses. Aber es war noch nicht in Sicht und erst als ich in das erschrockene Gesicht des Freundes sah, begriff ich, daß über dem Bergfirst eine Hochspannung lag, die durch ausströmende Elektrizität verursacht war und in deren Region wir nun gerieten. Josef hatte beide Hände auf die nackten Schultern gepreßt, wie um einen unangenehmen Schmerz zu mildern, und zum erstenmal sah ich ihn überrascht und ratlos. »Die Jacke über!« rief ich ihm zu und in Windeseile riß er sie aus dem abgeworfenen Rucksack. Ich hatte ihn inzwischen eingeholt und in dem Augenblick, als ich die Hände hob, um ihm behilflich zu sei, fuhr es wie mit tausend Nadeln stechend durch sie hindurch und wie gelähmt ließ ich sie sinken – nun war auch ich im Bereich der elektrisch geladenen Atmosphäre, deren Abgrenzung gegen die von der Spannung freie Zone sich haarscharf feststellen ließ. Knisternd sträubten sich unsere Haare auseinander und bei mir so stark, daß ich sie kaum unter die seidene Zipfelmütze bändigen konnte, die ich nun hervorzog. Alles, was wir zunächst instinktiv empfanden, war: Eile! Und so stürmten wir über die letzten Platten ohne weitere Achtsamkeit und Seilbedienung. Mit jedem Schritt aber, den wir höher hinaufkamen, nahm die Stärke der elektrischen Ausströmungen zu.

Manchmal fuhr sie so stark durch uns hin, daß wir die Handflächen gegen die Kopfhaut drückten, um die reißende Spannung in derselben herabzudämpfen. Oft, wenn man die Hand ausstreckte, um Halt im Gestein zu finden, fuhr es schlagend in sie, und ich mußte dann alle Energie aufwenden, um dennoch zuzupacken. Nebenbei suchte ich in meinem Gedächtnis nach Resten alter Physikkenntnisse, um zu ermitteln, was zu tun wohl jetzt das Beste war. Ich erinnerte mich etwas unbestimmt, über tückische und durchaus nicht harmlose Rückschläge gelesen zu haben, gleichzeitig dämmerte mir die keineswegs tröstliche Behauptung aus irgendeinem Bergbuch, daß die Blitzgefahr auf Graten und Gipfeln im allgemeinen nicht unterschätzt werden dürfe. Aber vorwärts!

Keuchend kamen wir auf der Mittelspitze an. Einen Augenblick mußten wir verweilen, um den Puls ein wenig ausschlagen zu lassen. Das eiserne Gipfelkreuz brauste wie ein Gießbach, alle Besucher schienen längst umgekehrt zu sein. Diese völlige Einsamkeit hier oben, das dröhnende Eisen neben uns und der weite, lachende Himmel ringsum, der von nichts zu wissen schien und sich sorglos über alle Bergzüge spannte, die das Auge von hier erreicht, hatten etwas Grandioses. Wir empfanden und genossen es. Doch ließen wir uns nicht die Zeit, uns ins Buch einzutragen, sondern hasteten weiter.

Mit jeder Minute wurde unsere Lage verschärfter und unheimlicher. Alle Sicherungen surrten. Wir hielten uns nach Möglichkeit von ihnen fern. In den Gratscharten war es stets erträglicher, stiegen wir aber wieder empor, so schien sich die fremde Gewalt, der wir wehrlos preisgegeben waren, verdoppelt zu haben. Manchmal rissen diese Eindrücke so an den Nerven, daß deren Widerstandskraft vielleicht in Frage gestellt worden wäre, wenn nicht die Aufmerksamkeit durch die Eile, mit der wir uns über den Grat kämpften, abgelenkt worden wäre. Mir schien es selbst kaum glaublich, daß wir knapp zwölf Minuten, nachdem wir die Mittelspitze verlassen hatten, ins Unterstandshüttchen auf dem Hocheck schlüpften.

Auch hier war es leer. Hoch atmend sahen wir uns an – so waren wir doch noch nie gelaufen! Das Tempo in der Wand selbst, für die wir zweidreiviertel Kletterstunden gebraucht hatten, kam mir jetzt kaum noch rasch vor! Waren wir in der Hütte sicher? Wir wußten es nicht, aber es ist merkwürdig, daß vier dünne Bretterwände genügen, um dem Menschen die Illusion zu geben, er sei allen feindlichen Mächten der Natur entronnen. Während wir das Seil einpackten und die Nagelstiefel anzogen, polterten die ersten schweren Gewitterschläge um uns. Das Feuer der Blitze *blendete in solcher Nähe, daß uns jedesmal eine körperliche Erschütterung spürbar ward. Dabei fiel kein erlösender Regen, und die Ferne blieb klar und sonnenlichterfüllt.*

Wir hatten beide etwas Ähnliches noch nicht erlebt und standen noch lange unter dem Eindruck dieses dämonischen Ausklanges unseres Weges.

Albert Precht: Neue Dimension in solo

Albert Precht, geboren 1947 in Bischofshofen, ist einer der großen Neutourenerschließer in der Geschichte des Bergsteigens. Am 11. Oktober 1991 vollendete er am Großen Sattelkopf der Mandlwand seine fünfhundertste(!) Erstbegehung. So sind denn auch Hochköniggebiet, Tennen- und Dachsteingebirge die »Hauptspielplätze« des Albert Precht. Er ist ein Freikletterpurist wie sein Vorbild Paul Preuß und lehnt, da er – wie er selbst sagt – auf das Handwerk beim Bergsteigen und Klettern sehr viel Wert legt, Bohrhaken vehement ab. Preuß – Hubert Peterka – Albert Precht wäre eine denkbare »Verwandtschaftslinie« großer österreichischer Freikletterer. 1988 wagte der Eisenbahnbeamte und staatlich geprüfte Berg- und Skiführer aus dem Pongau allein eine Neutour an der Südwand des Großen Bratschenkopfes, die er an einer Passage mit dem unteren achten Schwierigkeitsgrad bewertete. Wie sich Precht diese für ihn persönlich »Neue Dimension in solo« eröffnete, erzählt er auf den folgenden Seiten.

Die Prellungen an meinen Füßen schmerzen. Ungewohnt ist das Gewicht des klobigen Gipses an der linken Hand, meine Gedanken, die den vergangenen Tag verarbeiten, lassen mich nicht einschlafen. Tiefe Befriedigung spüre ich in mir – es ist wohl die Dankbarkeit dafür, daß mir bei dem Unfall nicht mehr passiert ist!

Eigentlich hatte der Tag ganz wunderbar begonnen. Mit einer kleinen Einschränkung vielleicht, daß ich mich vom Nachtdienst nach Hause schleppen mußte. Doch einige Tassen Kaffee und der Rucksack am Rücken wirkten wie Doping. Als ich dann über das einfache Felsgelände zum Wandfuß hinaufeilte, war die letzte Nachtschwere aus den Gliedern gewichen.

In der »Gloria Patri«, einer Paradetour an der Hochkönig-Südwand (1985 von Albert Precht mit zwei Begleitern eröffnet; VI; Anm. d.V.), *waren zwei Farbtupfer zu erkennen – regungslos!*

Albert Precht »free solo« in seiner eigenen Route »Gloria Patri« an der Hochkönig-Südwand (550 Meter Wandhöhe, zwei Stellen VI, vielfach zwischen IV+ und V+). Albert Precht ist für strenge Bewertungen bekannt.

Ich dachte schon an Schlimmes, doch dann – frei nach Galileo Galilei – bewegten sie sich doch! Mein heutiges Ziel war allerdings nicht die »Gloria Patri«, vielmehr wollte ich am Nachbargipfel, am Großen Bratschenkopf, eine Erstbegehung an der Südwand versuchen.

Eigentlich sollte man sich die Augen verbinden! Jeder Blick hinauf in die haltlosen Plattenfluchten der Riesenwand stiehlt das Selbstvertrauen. Nur nicht hinaufschauen! Schon öfter war diese Losung der Schlüssel gewesen bei einer unmöglich aussehenden Neutour. Auch ohne hinaufzuschauen ahnte ich, was mich dort oben erwarten würde. Und immer wieder stellt sich die gleiche Frage: Gibt es nicht viel wichtigere Aufgaben? Und die Gedanken wanderten zu meiner Familie – ein endloser Zwiespalt: Bin ich am Berg, dann sind meine Gedanken daheim, und mich plagt das schlechte Gewissen, nicht bei Frau und Kind zu sein. Bin ich jedoch zu Hause, dann sind meine Gedanken oben am Berg, und ich bin unausstehlich. Und immer wieder wird mir bewußt, wie bergabhängig ich eigentlich bin! Doch dann nagten andere Zweifel in mir: Links oben, dort lockte die »Gloria Patri«, deren Klettergenuß mir ohne größeres Risiko sicher gewesen wäre. Denn mein Erstbegehungsvorhaben war eine ernste Sache. Vor allem die Ungewißheit – möglich oder nicht möglich – barg Risiken, die nicht abschätzbar waren. Aber was wäre das Klettern ohne Abenteuer? Und Abenteuer heißt eben auch, Risiken in Kauf zu nehmen.

Irgendwie sollte meine heutige Neutour auch eine Demonstration, vielleicht sogar ein Protest sein gegen die Bohrhakenerschließung. Ich kann und will mich einfach nicht damit abfinden, daß man den Bergen mit Bohrhaken zu Leibe rückt! Daß Routen sogar von oben eingerichtet werden! Sollte das Erschließen von Neutouren nicht auch Abenteuer sein? Und als solches, zumindest im alpinen Raum, erhalten werden, so daß noch mehrere Generationen davon profitieren können?

Der Mensch ist nur Verwalter, nicht Besitzer der Erde. Doch gleichzeitig ist er kurz davor, sie zu vernichten! Und die Kletterer sind dabei, ihre Wände kaputtzubohren! Ist es nicht in vielen Lebensbereichen so, daß der Mensch immer einen Schritt seinen eigentlichen Fähigkeiten voraus sein möchte? Ethische Grundsätze sind die Fundamente eines jeden Sports. Im Bergsport liegt die Ethik derzeit am Boden, und wäre Sokrates ein Bergsteiger gewesen, so würde er sich im Grabe umdrehen. Bert Brecht schrieb einmal, und das paßt auch exakt auf den modernen Alpinismus: »Kein Weg ist so schwer wie der Vormarsch zurück zur Vernunft!«

Am Einstieg war das Gestein sehr brüchig. Volle Konzentration war erforderlich, und es blieb keine Zeit mehr, über Sinn oder Unsinn nachzudenken. Plötzlich war alles ganz einfach, sämtliche Probleme beschränkten sich auf die nächsten Klettermeter. Mein Ausweichziel, die »Gloria Patri« war vergessen, und der Weg zu Frau und Kind führte – nun fest entschlossen – nur über diesen Berg. Mit meiner Tagesverfassung konnte ich zufrieden sein, die Sohlen der Reibungsschuhe klebten scheinbar überall, und die Griff- und Trittkombinationen gelangen auf Anhieb. Tempo bestimmte den Kletterablauf, eine Kletterei zum Ausflippen! Lautes Rufen riß mich aus meiner Trance. Irgend jemand plärrte von drunten aus dem Kar meinen Namen. Ich jauchzte zurück, hatte aber im gleichen Moment schon die Befürchtung, angesichts meiner musikalischen Begabung könnte mein Schrei als Hilferuf gedeutet werden …

Der wirkliche Ernst des Lebens begann schließlich am Fuß einer Wasserrille. Ausgerechnet an ihrer steilsten Stelle verliert sie sich in den Platten, um weiter oben erneut deutlich ausgeprägt nach 100 Metern auf einem Band auszulaufen. Jedesmal, wenn ich durch das Birgkar abstieg, hing mein Blick dort oben an dieser Wasserrille. Und nun stand ich direkt darunter, und mein Herz hämmerte hinauf bis in den Hals.

Einige Dutzend Erstbegehungen waren mir in den letzten Jahren im Stil »allein – ohne Ausrüstung« gelungen. Die Taktik dabei hieß: Die nächstliegenden Meter richtig einschätzen, ob sie tatsächlich innerhalb des eigenen Leistungsbereiches liegen! Für den Fall eines Rückzuges ist es dabei höchst wichtig, sich die Kletterstellen gut einzuprägen, die entsprechende Sicherheit beim Abklettern natürlich vorausgesetzt! Und bisher war ich immer konsequent gewesen und habe den Schwanz eingezogen, wenn es mir zu schwer erschien. Die Genußkletterei am Beginn der Wasserrille war es wohl gewesen, die mich verführt hatte. Eine kurze dynamische Kletterbewegung, und es war zu spät! Der einzige Weg führte nach oben, hinein in eine für mich neue Dimension.

Das Herz pochte, Gedankenfetzen, die vielleicht irgendwann einmal ihre Fortsetzung finden werden, jagten durchs Gehirn. Leben und Tod gehen Hand in Hand – ich möchte allerdings nicht falsch verstanden werden: Nichts soll heroisiert werden; das Abenteuer selbst war schon heroisch genug. Zum Nachdenken blieb mir in diesem Moment keine Zeit. Meine Sinne waren ausschließlich den Wenigkeiten gewidmet, die mir blieben, und dem Horizont aus wenigen schwierigen Klettermetern. Erst jetzt, nach einiger zeitlicher Distanz nagt an mir das Problem des Verantwortungsbewußtseins – immer wieder die Frage: Darf ich das überhaupt? Jedenfalls war es gelungen, zumindest dieses eine Mal, weil ich in solchen Situationen eine eiskalte Moral entwickeln kann, ja sogar irgendwie mit dem Leben abschließe. Endlich hielt ich die wiederbeginnende Wasserrille in der Hand. Nach wenigen Piazzügen war ich dem »Nichts« entronnen und hatte allen Grund, dem lieben Gott zu danken. Ich holte mein Maskottchen, eine kleine Knotenschlinge aus der Tasche und verklemmte es in einem kleinen Riß. Sentimentalität befiel mich, und ich mußte an meinen kleinen Sohn denken. Würde er später auch einmal so verrückt klettern? Würde ich ihn einmal so verhaftet in diesem »Nichts« wissen müssen, ich hätte wahnsinnige Angst! Manchmal habe ich ein schlechtes Gewissen, ob ich ihm nicht etwa durch mein Bergsteigen ein lebensbedrohendes Erbe ins Kinderbettchen gelegt habe. Ach, wie schnulzig! Was nützt die ganze Sinniererei, aber hätte ich die Wahl, so wäre es mir lieber, mein Sohn würde nicht in die Fußstapfen seines Vaters treten. Vielleicht bin ich einmal über jeden Bohrhaken, den er schlägt, froh? Wer weiß! Dennoch bin ich davon überzeugt, daß der junge Alpinist von morgen wieder eine ernstere Beziehung zur Natur haben wird, und daß das Abenteuer als Ganzes wieder mehr im Vordergrund stehen wird. Denn eines ist klar: Mit jedem technischen Ausrüstungsgegenstand verringert man den Erlebniswert eines Unternehmens. Und deshalb verteidige ich diesen »Solo-ohne-alles-Stil«. Nach der schwierigen Unterbrechungsstelle allerdings war ich von meiner Philosophie nicht sehr überzeugt, und Zweifel über den Sinn derartiger Aktionen überkamen mich. Doch der Weiterweg lud bald zur Versöhnung ein, phantastischer Fels und Genuß in einer Riesenwand. Die Schwierigkeiten hielten sich nun in Grenzen, und die Freude an der Kletterei ließ mich im Laufschritt durch den oberen Wandteil bolzen. Ganz allmählich wich auch die Spannung von mir, und bereits am Gipfel waren viele Augenblicke nur mehr Erinnerung . . .

Meinen Müsliriegel verfütterte ich an die Bergdohlen. Ich wollte ja noch am Matrashaus vorbeischauen, und dort gibt es ja immer etwas zum Essen und zum Trinken. Außerdem war dort auch mein »fliegender Teppich« deponiert, der mich direkt hinunter ins Tal, vor das Auto tragen sollte. Ich wußte, daß ein Start vom Gipfel des Hochkönigs bei Südströmung problematisch sein kann. Heute allerdings war mir schon so vieles gelungen, daß ein simpler Gleitschirmflug mich wohl kaum mehr vor Probleme stellen würde. Das dachte ich . . . Der Wind drehte in allen Richtungen, erst beim dritten Anlauf hob ich ab. Aber nur einige Meter, dann drückte mir eine Windbö die linke Schirmseite zusammen. In Sekundenbruchteilen schmierte ich ab Richtung Südwand und knapp vor dem Steilabbruch krachte ich in die Felsen. Dieser dramatische Tag sollte dennoch mit einem Flug enden, es war der Helikopterflug hinunter ins Krankenhaus.

»Schon wieder so ein Gleitschirmexperte! Und wir sollen dann Wunder wirken und diese Affen wieder zusammenflicken . . .«, hörte ich noch durch die halboffene Tür einen Arzt schimpfen . . .

Henner Schülein: In der Südwand des Vierten Watzmannkindes – mit und ohne Zeitverschiebung

»Die Musik der Sprache erfüllt den Raum . . .« Das ist einer der schönsten Aufsätze, die Kletterer je schrieben! Er stammt aus der Feder des Bischofswieseners Henner Jörg Schülein, der heute in Ramsau lebt. Der achtundvierzigjährige Gymnasiallehrer eröffnete in den sechziger Jahren einige extreme Felsführen in den Berchtesgadener Alpen; meist zusammen mit seinem Bruder Frieder, der 1968/69 dem Akademischen Alpenverein München (AAVM) vorgestanden hatte. Publikationen von Henner Schülein fallen durch ihren »Tiefgang«, durch ihre philosophischen und auch kritischen Gedanken auf. In einem Alter, da andere Extremkletterer mehr dem »gedämpften Saitenspiel« huldigen, genießt der Berchtesgadener seine schwierigen und früher im Stil der Zeit vielfach technisch gemeisterten Touren im modernen alpinen Freikletterstil.

Aus der Dachrinne schießt der Strahl und klatscht auf die Steine, so daß sein monotones Plätschern die Stille des Nachmittags noch unterstreicht. Eintönig strömt Winterregen, seit Tagen nun schon, und er wird in Bälde die letzten Reste

»Wie so viele Male zuvor steigen wir bedächtig schweren Schrittes durchs ›Kar‹, wie wir es vertrauter Einfachheit wegen nennen.« – Viertes Watzmannkind (auch »Jungfrau«) aus dem Watzmannkar.

des wäßrigen Firns aufgelöst haben, dann taucht überall braune, modrige Erde auf.

Wie komische Christbaumkugeln klammern sich Amseln und Dompfaffen ans Gezweig der Haselsträucher, in denen tausend Tropfen blinken. Wenn sie zu schwer werden, fallen sie ab, und das Spiel wiederholt sich Minute um Minute. Unmerklich verrinnt die Zeit. Zeit für den Blick nach innen. »In uns oder nirgends ist die Ewigkeit mit ihren Welten, die Vergangenheit und Zukunft«, sagt Novalis in seinen »Fragmenten«. Der Weg nach innen ist für ihn der Königsweg. Auch mir tut es gut, die Zwänge des äußeren Lebens einen Moment lang zu vergessen.

Wie so viele Male zuvor steigen wir bedächtig schweren Schrittes durchs »Kar«, wie wir es vertrauter Einfachheit wegen nennen, das sich grau in grau hinanzieht, uns hindurchwindend zwischen mannshohen Blöcken, ab und zu Schutt lostretend, der mit dumpfem Geräusch nachgibt. Erstarrt liegt es da in der Morgenkälte des Novembertages. Die schon allzu tief stehende Sonne kann es nicht mehr zum Leben erwecken.

Dort drüben war es! Wo das Firneis im Schutt ausläuft, in den »Sanden« hatten wir uns vor undenklichen Zeiten, wie es mir heute scheint, vor etwa 25 Jahren, an einem jener Septembertage, die die Glut des Sommers noch einmal sammeln, ins Kar aufgemacht, später unser Biwaklager eingerichtet, und der volle, weiße Mond über der schwarzen Silhouette des Jungfraugrates hatte uns ins Gesicht geleuchtet, so daß wir nicht schlafen konnten. Zur Jungfrau-Südwand war es damals ein weiter Weg, als wir noch mit den Fahrrädern unterwegs waren.

Der Firn ist heute tückisch. Fast alle der unzähligen Schmelzmulden sind aus blankem Eis, nur hin und wieder ragt ein gefrorener Stein daraus hervor, an dem die profillosen Gummisohlen Halt finden, manchmal auch an einer Lage schwarzen Gletscherstaubes. Mit Armen und Beinen müssen wir uns hinüber zu jenem Felsriegel, der zur Schischarte hinaufzieht, schieben, schleichen, tasten – welch ein Eiertanz!

Drüben tut sich jäh der Blick aufs Steinerne Meer auf, das ganz nah scheint. Goldbraune Matten zwischen hellem Kalk, weite Einsamkeit, zum Träumen schön. Jenseits hinab. Unsere Schritte sind sorgsam bemüht, keinen Stein loszutreten. Gemsensicherheit ist angesagt. Tief unten im Kar die rissige, schmutzige Eiskapelle. Dann das vertraute Plattenband mit dem gleichwohl niederträchtigen Geröll, das zum Fuß der Wände führt. Weit oben der schlanke Gipfelaufbau der Jungfrau, dem vierten und größten der Watzmannkinder.

Dorthin will ich – und ich traue
mir fortan und meinem Griff,
offen liegt die Wand, ins Blaue
ragt dies ungeheuere Riff ...

Wieder muß ich an Nietzsches Gedicht »Nach neuen Meeren« denken, das dem Kletterer so unmittelbar aus dem Herzen spricht:

Alles glänzt mir neu und neuer,
Mittag schläft auf Raum und Zeit,
nur dein Auge, ungeheuer
Blickt's mich an – Unendlichkeit.

Alle Welt ist in Ruhe erstarrt und erstrahlt im Glanz dieses Tages. Sanfter erwärmt das leuchtende Gestirn diese Südfluchten. Die unerträgliche Sommerhitze mit ihren Rinnsalen von Schweiß ist hinweggezogen. Mittelmeerische Trockenheit hat sich ausgebreitet.

Was ist das? Woher rührt dieses feine Rieseln? Seit Wochen kein Regen, der Fels ist wie ausgedörrt. Und doch ein Wasserrieseln! Ich hebe die Augen und suche die flirrende Wand ab. Da bleibt mein Blick an einem schwarzen Streifen hängen. Ist's möglich? Mitten aus steiler Wand perlt das Wasser. Es muß von der Nordseite des Fünften Kindes, wo Altschnee übriggeblieben ist, auf geheimen Gängen durch den Berg hierher gelangt sein. Mit jeder Minute wird der Streifen länger, springt und rinnt das Naß weiter herab, schließlich kann ich es erreichen. An solchem Brunnen kann niemand vorübergehen.

Die erste Seillänge ist kompliziert: Unter einer ausladenden Schuppe ist ein weiter Spreizschritt nach links zu vollführen, und nach einer kurzen Wandstelle erreicht man eine glatte, aber nicht ganz senkrechte Verschneidung, die auf der linken Seite nur nach unten gerichtete Unebenheiten zeigt. Dezimeterweise gelingt das Fortkommen. Nur am Anfang keine Fehler machen, die Kraft kosten, die fortan noch gebraucht wird! Dann der lange, feine, gerade Riß in grauer Platte mit manchmal schlecht sitzenden Haken.

Wie war das nur zugegangen? Mit klobigen Bergschuhen, die mit dicken Profilsohlen versehen waren, und mit schweren sandfarbenen Cordbundhosen am Leib waren wir solche Wände und Kletterstellen angegangen, die Überlegung im Kopf, daß bei starrer Sohle das Stehen auf kleinen Tritten weniger anstrengend sei. Ohne Zweifel stand es sich zudem damit in den Trittleitern ganz einfach bequemer, die wir in »Sechsertouren« bei überhängenden Wandstellen ohne Skrupel benutzten, und deren Sprossen aus Buchenholz wir selbst gefertigt hatten. Freilich setzten wir unseren Ehrgeiz daran, sie so selten wie möglich in Anspruch zu nehmen, nicht nur aus ethischen Gründen, sondern auch deswegen, weil das Gefitze mit den Nachholschnüren lästig, das Hängenbleiben der Sprossen am Fels ärgerlich war. Einen Sitzgurt kannten wir nicht. Wir waren schon erleichtert, wenn der vierfach gelegte Brustgürtel den Druck vom Oberkörper wegnahm, der vordem durch das einfach um ihn geschlungene Seil eingeschnürt gewesen war.

Wir waren's so zufrieden, der Auftrieb war grenzenlos, der Sog des Wagnisses – wie mag die nächste Seillänge aussehen, wie der Fels gegliedert sein? – zog uns nach oben. Um die Haken, die steckten, waren wir froh, diejenigen, die wir schlugen, gaben uns ein gutes Gefühl, denn Keile und Klemmapparate gab es nicht. Es könnte einer von denen da im feinen Riß gewesen sein mit seinem massiven Kopf aus gegossenem Eisen, in dem ein »R« gestanzt war von Riegl, der zusammen mit Sommer und Grob die Route eröffnet hatte: ein guter Neubeginn nach einem verheerenden Krieg und der Not der Nachkriegsjahre.

Henner Schülein 1966 in der vierten Seillänge der Direkten Südwand des Vierten Watzmannkindes.

Heute halten wir uns nicht mit Schlingen auf. Die Slicks haften gut auf dem warmen Fels. Gern legen sich die Hände auf ihn, ertasten die trockenen Griffe, um sie nach raschem Zug und Druck wieder freizugeben. Dieser Nachmittag hüllt uns ein mit Vertrauen und dem Gefühl der Sicherheit. Dann und wann kommt dennoch ein Zögern und Überlegen vor, eine gewagte Körperstellung und Körperverrenkung, freiere Nuancen des Spiels mit der Schwerkraft. Dieser Spätnachmittag ermöglicht vieles, was der Sommer nicht zuließ.

Die Wand ist jetzt gänzlich in gelbes Licht getaucht. Alles leuchtet in einer lautlosen Orgie äquatorialen Lichts, Zacken und Kanten, Schuppen und Pfeiler werfen den kürzesten Schatten. Die Welt um uns herum strahlt in einem Fest, bei dem wir zufällig Gäste sind, die nicht weiter auffallen. Heitere Ruhe vor der Härte des Winters.

»Mit klobigen Bergschuhen, die mit dicken Profilsohlen versehen waren, und mit schweren sandfarbenen Cordbundhosen am Leib waren wir solche Wände und Kletterstellen angegangen.«

Südlichere, griechische Breiten, die nach Norden ausgreifen, steinernes Lächeln altersloser Schönheit. Die kompakten Gipfelplatten des Fünften Kindes, zu denen wir hinüberschauen können, rücken näher, so wie wir an Höhe gewinnen. Darüber mittelmeerisches Blau. Zwei Dohlen glänzenden Gefieders spielen im Aufwind, dem trokkenen und würzigen, und besiegen die Schwerkraft mit Leichtigkeit. Kein Mensch weit und breit. Die Sportkletterer meiden den langen Zustieg. Verwunschene Gegend, in der nicht viel fehlt, daß Pan auf einem Felskopf sitzt und auf seiner Flöte eintönige Weisen spielt.

Die Parallelverschneidung war glatt und steil. Ein verblichener Holzkeil hatte im fingerbreiten Riß gesteckt. Zur Sicherheit schlug mein Bruder, der langjährige Seilgefährte, einen soliden U-Haken dazu und arbeitete sich hinauf. Jeder Meter brachte uns dem Gipfel näher, jeder Meter bedeutete eine Schwierigkeit weniger, und war er noch so erkämpft!

Mit Inbrunst hatten wir zu Hause den Führer studiert, in dem es gleichermaßen nichtssagend und auch wieder vielsagend hieß: »Gerade empor zu fingerbreitem Riß (Jawohl, hier war er!), oben rechts heraus und gerade zu seichter Höhle (Wie mag dort wohl der Standplatz aussehen?). Über den Überhang und in der folgenden Rinne empor, bis sie sich gabelt. Im rechten Ast zu Stand. Links über den Überhang und im folgenden Riß eine Seillänge zu Stand. Auf schmalem Band 5 Meter nach rechts. Durch die teilweise überhängende Verschneidung zu schrofigem Absatz. Gerade empor auf die steile Rampe, etwas linkshaltend über die hellgraue Platte auf das splittrige, überwölbte Band unter den gelben Wülsten . . .«

Schon beim Führerstudium war es uns durch den Kopf gegangen: Ist es ein großer »Überhang« oder nur ein kurzer, unmerklicher? Wie schwer wird sich die »überhängende Verschneidung« erweisen? Bedeutet sie Kampf und Mühe, oder kann man sie locker überspreizen? Wie sieht die graue Platte aus der Nähe aus? Ein »überwölbtes Band« scheint beruhigend und bequem. Wird es halten, was die Beschreibung versprach?

Das Abenteuer bestand darin, nicht zu wissen, was die nächste Seillänge brachte und wie die nächsten Meter zu bewältigen waren. Die Ankündigungen des Führers boten meistens Überraschungen. Oft kam es vor, daß die Wirklichkeit viel harmloser war, oft aber auch, daß eine heikle, unangenehme Stelle nicht einmal genannt wurde.

Erst vor dem zweiten Überhang mit der gelben Begrenzungswand, den wir ohne Skrupel technisch überwanden, hatte uns die Sonne erreicht, die bis dahin der weit vorspringende Südgrat des Dritten Kindes verdeckt hatte, und wir waren recht froh darum gewesen, denn nun brach die Südwandhitze aus.

Der Strahlenball rückt dem Südgrat des Großen Watzmanns näher. Dessen mächtige Ostwand liegt schon geraume Zeit im tiefen Novemberschatten, und wir bangen der Minute entgegen, wo er ihn berühren wird und die Schatten zu uns hergreifen, die aus den Schluchten und Rinnen heraufwachsen.

Die schönste Stelle ist erreicht: eine strukturlose, doch rauhe, braungelbe – nicht »graue«, wie der Führer angab – Platte mit vielen Absplitterungen, die ihre Schwächen verbirgt. Es ist von großer Wichtigkeit, die Fußspitzen sorgsam und genau zu setzen und überlegt und ruhig zu greifen. Maßarbeit. So ist es ein Vergnügen und keine schweißtreibende Zitterpartie. Das splittrige Band – da ist es wieder! – ist auch mit den vielen Jahren kein echtes Band geworden, abschüssig

Abend vor dem Watzmannhaus. Keine Stimmung wie in »südlicheren, griechischen Breiten« zwar, aber doch eine Stunde der Stille und der Hoffnung, der folgende Tag möge gutes Tourenwetter bringen. Indes gab es Kälte, Wind, Regen und später Schnee. Kein Tag für König Watzmann.

und eng wie eh und je führt es nach rechts, viel Feingefühl und Schleichgang sind vonnöten, gleicht es doch einer seichten Hohlkehle, die nur wenige Haltepunkte für die Finger anbietet. Dann läßt uns der Beginn der beruhigenden Hakenreihe am großen Überhang aufatmen. Die zahlreichen Zwischensicherungen lassen heute schon mal den einen oder anderen Piazzug zu, wo wir seinerzeit mit den Leitern herumgewerkt hatten.

Doch was ist das? Mit einem Mal erbleicht der Fels, alle Farbe, alle Kontur entweicht. Kühle streicht unversehens herauf: Die Welt hat sich verändert. Während der Arbeit im Überhang habe ich das Unausweichliche übersehen: Der schartige Watzmanngrat hat die Sonne verschluckt. Ganz schnell war sie weg, und ich habe ihr nicht einmal Lebewohl sagen können. Grau und fahl liegt nun die Wand vor uns, ihr Gesicht ist abweisend geworden. Die senkrechte Platte, der kleine Pfeilerkopf mit den hohlen Schuppen, ein Rastplatz, endlich die zweite Höhle. Ich kann gerade darin sitzen, die Beine baumeln vor dem Eingang.

In der prallen Mittagshitze hatten wir an der zweiten Höhle die kleinen, bauchigen Karamalzflaschen leergetrunken und überlegt, ob wir zur Scharte beim Fünften Kind hin ausweichen soll-

ten, was der Führer anbot, doch der direkte Ausstieg, von Jürgen Wellenkamp 1950 erschlossen, ließ uns keine Ruhe. Ein steiler, gelber Riß war ja die logische Fortsetzung der Route.

Mein Bruder stieg voran, die schweren Bergschuhe samt Innenschuh an den Füßen – man denke! Der Riß war unzureichend präpariert, daher setzte er, sich abmühend, den einen oder anderen Stift. Der Schlingenstand an den beiden Erstbegeher-Haken war beeindruckend luftig, ist es doch das Markenzeichen der Jungfrauwand, daß sie ganz oben am steilsten ist. Dann kam mein Part, vor dem ich bangte: Ein wackeliger Seilzugquergang an rötlich-gelber Platte, die zwar etwas geneigt, aber doch ziemlich grifflos war. Ich erschauderte vor der Ausgesetztheit. Quälender Durst plagte uns, als wir schließlich am Fuß des letzten Gipfelaufschwungs ausstiegen, dort wo das oberste Ende des »Kars« an die Ostflanke der Jungfrau stößt – und waren erlöst!

Wir hatten eine schwierige Prüfung bestanden, eine, die uns ungleich mehr wert war als die Schulaufgaben und Extemporalien im Gymnasium, das mich anderntags – mein Bruder hatte sein Studium bereits begonnen – wieder aufnehmen sollte. Im Führer hatte doch die bedeutungsschwere Bemerkung »eine der schwierigsten Felsfahrten in den Berchtesgadener Alpen« gestanden, worauf wir im geheimen nicht wenig stolz waren.

Während ich langsam kalte Finger bekomme, überspreizt Norbert die Höhle in bewährter Art. In überhängender Verschneidung setzt er ganz ruhig – wie stellt er das an, sich in solcher Position so lange zu halten? – einen Zweier-Friend und richtet nach geraumer Weile auf dem kleinen Pfeilerkopf den Stand ein. Die Kälte ist von den Fingern ins Handgelenk gekrochen, sie sind steif geworden, ihre Gelenke knacken, als ich mit Aufwärmübungen beginne. Die Piazstelle, dort wo der Klemmkeil so weit hinten steckt, daß ich ihn kaum frei bekomme, bereitet mir nun einige Schwierigkeiten. Alle Achtung, Kamerad, das hast du sauber gemacht! Als ich nach dem Wechsel die eigenartig konkave, ungegliederte Wandstelle angehe und sich die Beine bedenklich dem Spagat zu nähern beginnen, spüre ich die Sprödigkeit der Muskeln. O Sonne, wie hast du uns verlassen! Allzu rasch ist deine Wärme, die der Fels eben noch abgab, aus ihm gewichen. Unsicherheit will aufkommen, stört den Bewegungsfluß. Ich krümme den Körper nach links, dorthin, wo eine Rißspur mit kleinen Zacken zum Festhalten ansetzt – der seinerzeit vom Bruder hier gesetzte Haken ist längst verschwunden –, hangle mich hinauf mit gepreßtem Atem. Die Standhaken von ehedem, da sind sie, unverändert! Jetzt dienen sie nur zu kurzer Rast. Piano in die Querung. Indem ich mit dem Fuß den einzigen Griff benutze und den Körper aufrichte, zerrt und reißt es im Rücken. Am Ausstieg versagen mir fast die Arme, so verkrampft sind sie schon. Streng waren die letzten Meter! Als der Freund bei mir steht und wir einen Blick zurück in die abstürzenden Fluchten werfen, besiegelt ein Händedruck das Spiel mit der Schwere, das würdige Finale des Klettersommers. Das Handeln ist zur Ruhe gekommen, die Anspannung löst sich, die Sprache kommt wieder: »Da schau, heute wird es nicht finster!« Über den sanften, rötlichen Kuppen des östlichen Gebirges steht groß im verblassenden Tageslicht der volle Mond. Als ob er einen Augenblick zögerte, hat er sich nun vom blauen Horizont gelöst und betritt seine nachtblaue Bahn, an Macht des geborgten Lichtes zunehmend. Überrascht und staunend blicken wir ihm ins blasse Angesicht, das wie aus Wassertiefen herüberglänzt. Dann stolpern wir zu Tal, während das Rollen des Schutts auf den Platten des Watzmannkars die tiefe Dämmerung durchhallt. Wir wissen, daß er uns nicht im Stich lassen wird, uns begleiten wird, wenn längst die Spätherbstnacht hereingebrochen ist ...

Draußen ist es finster geworden. Unaufhörlich rauscht der Regen. Die Mutter liest mit ruhiger Stimme den Kindern die Geschichte vom Frieder und dem Katerlieschen vor. »Wo ist Butter und Käse?« fragte der Mann. »Ach Friederchen«, sagte das Katerlieschen, »mit der Butter habe ich die Fahrgleise geschmiert, und die Käse werden bald kommen; einer lief mir fort, da habe ich die anderen nachgeschickt, sie sollten ihn rufen.« Sprach der Frieder: »Das hättest du nicht tun sollen, Katerlieschen, die Butter an den Weg schmieren und die Käse den Berg hinunterrollen.«

»Ja Friederchen, hättest mir's sagen sollen!« Ab und zu unterbricht eine helle, klare, dann eine piepsige Kinderstimme den Vortrag. Die Musik der Sprache erfüllt den Raum.

Droben in der Südwand des Vierten Kindes orgelt jetzt der Sturm, wirbelt den Schnee in jede Felsritze. Die Elemente sind losgelassen. Nichts Menschliches hat dort oben seinen Platz. Wie kommt es, daß meine Gedanken trotzdem dorthin wandern?

Touren

Eine kleine Tourenpalette soll die Monographie ergänzen; klein deshalb, weil es über die Berchtesgadener Alpen hervorragende Führerbücher gibt. Trotzdem seien die Hütten und einige lohnende Bergspaziergänge genannt, zwei große Durchquerungen und ein paar großzügige Gipfeltouren beschrieben sowie eine kleine Auswahl an Kletterrouten und Skitouren vorgestellt. Was ich beschreibe, habe ich selbst erwandert, erstiegen, erklettert und (mit Skiern) erfahren. Informationen also aus erster Hand!

Bergsteigerunterkünfte

Nachstehend ein Überblick über die Schutzhütten und einige Berghotels in den Berchtesgadener Alpen, die zumeist schon innerhalb der Gebirge-Charakterisierungen Erwähnung fanden. Diese Auflistung erhebt keinen Anspruch auf Vollständigkeit. Insbesondere am Göll- und am Hochkönigstock gibt es zusätzlich eine Reihe von Gasthäusern, die mit Kraftfahrzeugen erreicht werden können. Klassische Übergänge von Hütte zu Hütte lassen sich vorwiegend im Steinernen Meer ausführen (siehe auch Seite 121 bis 123). Aber schon die üblichen Hüttenzugangswege erschließen Wanderfreunden die einzigartigen Schönheiten der Berchtesgadener Alpen in hohem Maße.

Untersberg

Stöhrhaus (1894 m)
Aussichtsreich westlich unterhalb des Berchtesgadener-Hochthron-Gipfels gelegen. DAV-Sektion Berchtesgaden, bewirtschaftet von Ende Mai bis Mitte Oktober, über 90 Schlafplätze, offener Winterraum. Telefon 08652/7233.
Zugänge: Von Hintergern (790 m) über den Stöhrweg 3 Std., von Winkl (685 m) über den Reisenkaser 3 ½ Std.

Toni-Lenz- oder Schellenberger-Eishöhlen-Hütte (1551 m)
An malerischem Platz unterhalb der Steilwände des Salzburger Hochthrons gelegen. Hütte des Schellenberger Vereins für Höhlenkunde, bewirtschaftet von Ende Mai bis Mitte Oktober, 12 Schlafplätze.
Zugang: Vom alten Paßthurm nordwestlich von Marktschellenberg (479 m) 3 Std.

Zeppezauerhaus (1664 m)
Nordnordwestlich unterhalb des Geiereckgipfels gelegen. OeAV-Sektion Salzburg, bewirtschaftet von Anfang Mai bis Ende Oktober, über 70 Schlafplätze, offener Winterraum. Telefon 06246/3346.
Zugänge: Von der Untersbergbahn-Bergstation 10 Min. Abstieg, von Glanegg (ehem. Rosittenwirtshaus, 505 m) über den Reitsteig 3 Std., über den Dopplersteig (Trittsicherheit erforderlich) 3 ½ Std.

Lattengebirge

Predigtstuhl-Hotel (1613 m)
Bei der Bergstation der Predigtstuhlbahn, aussichtsreich über Bad Reichenhall gelegen. Ganzjährig bewirtschaftet, 70 Betten. Telefon 08651/2227.
Zugänge: Zu Fuß von Bad Reichenhall-Kirchberg (470 m) auf dem Waxriessteig und über die Schlegelalm 3 Std.

Reiter Alm

Neue Traunsteiner Hütte
(Karl-Merkenschlager-Haus), (1570 m)
Auf dem Reiter-Alm-Plateau unterhalb des Großen Weitschartenkopfes gelegen. DAV-Sektion Traunstein, bewirtschaftet von Mitte März bis Ende Oktober und von 25.12. bis 10.1., über 140 Schlafplätze, offener Winterraum. Telefon 08651/1752.
Zugänge: Von Oberjettenberg (630 m) über den Schrecksattel 4 Std., von der Schwarzbachwacht (868 m) über den Wachterlsteig 3 ½ Std.

Hochkaltergebirge

Blaueishütte (1680 m)
An wildromantischem Fleck im Blaueiskar gelegen. DAV-Sektion Berchtesgaden, bewirtschaftet von Mitte Mai bis Mitte Oktober, über 80 Schlafplätze. Telefon 08657/271.
Zugang: Vom Hintersee-Ostufer (789 m) über die Schärtenalm (1362 m, Sommerwirtschaft, einige Matratzenlager) 2 ½ Std.

Bergheim Hirschbichl (1148 m)
Auf der österreichischen Seite des Hirschbichlpasses gelegen. DAV-Sektion Burghausen. Hüttenwart, geöffnet von Pfingsten bis Mitte Oktober, über 30 Schlafplätze. Telefon 06582/8354.
Zugänge: Von Hintersee (796 m) durch die Grundübelau 2 Std. (bei Busfahrt bis zur Engertholzstube ¾ Std.), von Weißbach bei Lofer (665 m) 2 Std.

Watzmannstock

Watzmannhaus (1928 m)
An herrlichem Platz auf dem Falzköpfl (Nordhang des Hochecks) gelegen. DAV-Sektion München, bewirtschaftet von Anfang Juni bis Ende September, über 180 Schlafplätze. Großer Winterraum mit AV-Schlüssel zugänglich. Telefon 08652/1310.
Zustiege: Von der Wimbachbrücke (634 m) im Tal der Ramsauer Ache über Stuben-, Mitterkaser- und Falzalm 3 ½ bis 4 Std., von Hinterschönau (697 m) über Schapbachalm und Kührointhütte 4 Std.

Das Purtschellerhaus am Eckerfirst ist Stützpunkt für den üblichen Normalanstieg auf den Hohen Göll. Die auf aussichtsreichem Platz gelegene Hütte wird von Christl und Heinz Zembsch bewirtschaftet. – Über der Talnebeldecke stehen die Kletterwände des Untersberges in ihrer vollen Ausdehnung.

Kührointhütte (1420 m)
Auf der Kührointalm nordöstlich unterhalb des Kleinen Watzmanns gelegen. Privat, bewirtschaftet von Anfang Juni bis Anfang Oktober, 19 Schlafplätze.
Zugänge: Von Hinterschönau (siehe oben) 2 Std., von Königssee (602 m) 2 ½ Std.

Wimbachgrieshütte (1327 m)
Im Schluß des Wimbachtales, am Südwestfuß des Großen Watzmanns gelegen. Touristenverein »Die Naturfreunde«, bewirtschaftet ab Februar Samstag/Sonntag sowie von Mai bis Ende Oktober, über 70 Schlafplätze. Telefon 08657/344.
Zugang: Von der Wimbachbrücke (634 m) über Wimbachschloß (937 m, Sommerwirtschaft; dorthin sehr lohnend durch die Wimbachklamm) und Wimbachgries 2 ½ Std.

Ostwandunterkunft bei Sankt Bartholomä (623 m)
Nur für Watzmann-Ostwand-Begeher. DAV-Sektion Berchtesgaden, unbewirtschaftet, Schlüssel in der Gaststätte St. Bartholomä, 20 Schlafplätze.

Göllstock

Purtschellerhaus (1692 m)
Aussichtsreich auf dem Eckerfirst und damit an der Normalroute auf den Hohen Göll gelegen. DAV-Sektion Sonneberg, bewirtschaftet von Mitte Mai bis Mitte Oktober, 90 Schlafplätze. Telefon 08652/2420.
Zugänge: Von der Roßfeld-Höhenringstraße (Parkplatz Ahornkaser, 1541 m) über den Eckersattel (dorthin kurzer Abstieg) 1 Std., von Kuchl (468 m) oder Lacher bei Golling (495 m) 5 bzw. 4 ½ Std.

Carl-von-Stahl-Haus (1728 m)
Auf dem Torrener Joch zwischen Hohem Brett und Schneibstein gelegen. OeAV-Sektion Salzburg, ganzjährig bewirtschaftet, über 80 Schlafplätze. Telefon 08652/2752.
Zugänge: Von der Jennerseilbahn-Bergstation (1802 m) ¾ Std., von Torren (478 m) bei Golling durch das Bluntautal und über die Untere Jochalm (1172 m, Sommerwirtschaft, etwa 30 Schlafplätze) 5 Std.

Schneibsteinhaus (1670 m)
Bei den Königsbergalmen etwas unterhalb des Stahlhauses gelegen. Touristenverein »Die Naturfreunde«, Ortsgruppe Berchtesgaden, bewirtschaftet von Weihnachten bis Mitte/Ende Oktober, über 100 Schlafplätze. Telefon 08652/2596.
Zugänge: Siehe Carl-von-Stahl-Haus.

Gotzenberge und Hagengebirge

Carl-von-Stahl-Haus und Schneibsteinhaus
(siehe oben)

Springlkaser (1685 m)
Auf dem landschaftlich prächtigen Plateau der Gotzenalm gelegen. Privat, bewirtschaftet von Pfingsten bis Anfang Oktober, etwa 80 Schlafplätze. Telefon 08652/3642.
Zugänge: Von der Station Kessel der Königssee-Schiffahrt (605 m) über die Gotzentalalm 3 bis 3 ½ Std., von der Jennerseilbahn-Mittelstation (1185 m) übers Priesberger Moos und den Unteren Hirschenlauf (Trittsicherheit erforderlich) 3 Std., von der Station Salet der Königssee-Schiffahrt über den Kaunersteig (Trittsicherheit erforderlich) 3 ½ Std.

Röth und Steinernes Meer

Wasseralm (1416 m)
In der Röth, westnordwestlich unterhalb der Teufelshörner, gelegen. DAV-Sektion und Forstamt Berchtesgaden, unbewirtschaftet, 36 Schlafplätze (nur für einmalige Übernachtung), Brennholz für Nachfolgende ist aufzubereiten und bereitzulegen.
Zugänge: Vom Springlkaser auf dem Reitweg und durchs Landtal 2 ¾ Std., von Salet über Obersee, Fischunkel und den gutgesicherten Röthsteig 3 Std.

Kärlinger- oder Funtenseehaus (1630 m)
Nordwestlich oberhalb des Funtensees gelegen; Hauptstützpunkt für das Steinerne Meer. DAV-Sektion Berchtesgaden, bewirtschaftet von Pfingsten bis Anfang Oktober und einfach bewirtschaftet zwischen Ostern und Pfingsten bei entsprechenden Verhältnissen für Skitouren, etwa 200 Schlafplätze, offener Winterraum. Telefon 08652/2995.
Zugang: Von Sankt Bartholomä (604 m) durch die Saugasse 3 ½ bis 4 Std.

Ingolstädter Haus (2119 m)
In der Dießbachscharte südöstlich unterhalb des Kleinen Hundstods gelegen. DAV-Sektion Ingolstadt, bewirtschaftet im Spätwinter und von Ende Juni bis Anfang Oktober, über 90 Schlafplätze, Winterraum mit AV-Schlüssel zugänglich. Telefon 06582/8353.
Zugänge: Vom Dießbachstausee (1415 m, dorthin mittwochs, samstags und sonntags bis Ende September Kleinbustaxi von Weißbach bei Lofer (665 m) über die Kallbrunnalm) 2 ½ Std., von Dießbach (681 m) über den Dießbachstausee 4 ½ Std. (Trittsicherheit erforderlich), von der Wimbachgrieshütte (1327 m) über den Trischübelpaß 3 ½ Std.

Peter-Wichenthaler-Hütte (1707 m)
Auf dem aussichtsreichen Kienalkopf westlich des Persailhorns gelegen. OeAV-Sektion Saalfelden, bewirtschaftet von Anfang Juni bis Ende September, über 50 Schlafplätze, Winterraum mit AV-Schlüssel zugänglich. Telefon 06582/3489.
Zustieg: Von Bachwinkl nördlich Saalfelden (900 m) 3 Std.

Riemannhaus (2177 m)
In der Ramseider Scharte zwischen Breithorn und Sommerstein gelegen. DAV-Sektion Ingolstadt, bewirtschaftet im Spätwinter sowie von Mitte Juni bis Anfang Oktober, etwa 140 Schlafplätze, Winterraum mit AV-Schlüssel zugänglich. Telefon 06582/3300.
Zugänge: Von Maria Alm (802 m) mit Kfz durch die Stabeler Au bis zum Parkplatz Sanden; von dort 2 ½ Std. über den Ramseider Steig, von Saalfelden (744 m) über den Ramseider Steig 4 Std.

Hochkönigstock

Bertgenhütte (1845 m)
Am Schneekar unterhalb der Hochseiler-Südabstürze gelegen. Österreichischer Touristenklub, unbewirtschafteter Selbstversorgerstützpunkt, über 20 Schlafplätze.
Zugang: Von Hinterthal (1016 m) 2 ½ Std.

Erichhütte (1546 m)
Am Südwestausläufer der Taghaube gelegen. OeAV-Sektion Lend-Dienten, bewirtschaftet von Anfang Juni bis Mitte Oktober, etwa 20 Schlafplätze. Telefon 06461/341.

Nahezu alle Hütten in den Berchtesgadener Alpen haben gemeinsam, daß sie an ausgesucht schönen Plätzen stehen. Hier das Riemannhaus der Sektion Ingolstadt des Deutschen Alpenvereins in der Ramseider Scharte, dahinter der »Hausberg« – der Sommerstein –, der eine Fülle überwiegend schwieriger Kletterrouten bietet. Gemäßigte Bergsteiger »machen« vom Riemannhaus aus das Breithorn, Geübtere steigen auf die Schönfeldspitze.

Zugang: Vom Parkplatz bei Punkt 1250 m der Hochkönigstraße (westlich unterhalb des Dientner Sattels) ¾ Std.

Birgkarhaus (1375 m)
Etwas nördlich des Dientner Sattels gelegen. Privat, ganzjährig bewirtschaftet, etwa 60 Schlafplätze. Telefon 06467/287.
Mit Kfz, im Sommer mit Postbus, zu erreichen.

Kopphütte (1309 m)
Östlich des Sonntagskogls an den flachen Hängen der Wiedersbergalm gelegen. Privat, ganzjährig bewirtschaftet, Zimmer mit Dusche. Telefon 06467/264.
Zugang: Mit Kfz von der Mandlwandstraße über das Rupertihaus zu erreichen.

Arthurhaus (1502 m)
Am Ende der Mandlwandstraße gelegen. Hotelbetrieb, ganzjährig bewirtschaftet. Telefon 06467/202. Während Winter- und Sommersaison Postbusverbindung von Mühlbach bzw. Bischofshofen.

Mitterfeldalm (1670 m)
Prächtig am Ostfuß der Mandlwand und damit am Hochkönig-Anstieg übers Ochsenkar gelegene Bergsteigerunterkunft. Privat, ganzjährig bewirtschaftet, etwa 90 Schlafplätze. Telefon 0663/69943.
Zugang: Vom Arthurhaus ½ Std.

Ostpreußenhütte (1625 m)
Auf dem das Imlautal vom Blühnbachtal trennenden Rettenbachriedl gelegen; Stützpunkt für den Hochkönig-Nordostanstieg. DAV-Sektion Königsberg; mit Ausnahme einer Pause im Spätherbst ganzjährig bewirtschaftet, über 70 Schlafplätze.
Telefon 06468/7146.
Zugang: Von Werfen mit Kfz zur Dielalm (1026 m, ganzjährig bewirtschaftet, etwa 20 Schlafplätze); von dort 2 Std., von Pfarrwerfen (540 m) über die Sonneckhütte 3 ½ Std.

Eckberthütte (1144 m)
Im hintersten Blühnbachtal, oberhalb des Tennbodens gelegen. DAV-Sektion Salzburg, unbewirtschafteter, mit AV-Schlüssel vom 1. Mai bis Mitte September und vom 12. Oktober bis zum 31. Oktober zugänglicher Selbstversorgerstützpunkt, 25 Schlafplätze, offener Winterraum.
Zugang: Von Tenneck (510 m) durchs Blühnbachtal 4 Std.

Franz-Eduard-Matras-Haus (2941 m)
Auf dem Hochköniggipfel gelegen. Österreichischer Touristenklub, bewirtschaftet Ostern, Pfingsten bzw. an den Schönwetter-Wochenenden dazwischen sowie von Juli bis Spätherbst, 130 Schlafplätze, offener Winterraum. Telefon 06467/566.
Zugänge: Von der Mitterfeldalm durchs Ochsenkar 4 ½ Std., von der Ostpreußenhütte 5 Std., vom Birgkarhaus durchs Birgkar (alpine Erfahrung notwendig; nichts für Bergwanderer!) 4 Std.

Ein paar Bergspaziergänge und einfach erreichbare Aussichtspunkte

Die Fülle der Möglichkeiten bedingt eine grobe Auswahl, bei der die Ziele erwähnt, nicht aber beschrieben sein sollen. Führer und Führerbücher über die Berchtesgadener Alpen gibt es »wie Sand am Meer« (siehe Seite 143). Deshalb werden in dieser Monographie »kinderleichte« Wege auch nicht akribisch dargelegt.

Am Untersbergstock ist die von Metzenleiten, Vorder- und Hintergern zu erwandernde *Kneifelspitze* (1189 m) ob ihrer Aussicht Pflichtprogrammpunkt. Ähnliches gilt für die *Almbachklamm*, deren Besichtigung sich mit einer Maria-Ettenberg-Rundtour verbinden läßt.

Auch der *Grünstein* (1304 m), am einfachsten von Hammerstiel bei Hinterschönau zugänglich, ist eine feine Aussichtswarte; ebenso die bekannte *Archenkanzel* (1346 m), die man von Kühroint her erwandert. Ein Besuch der *Wimbachklamm* lohnt sich allemal. Und unvergeßlich beeindrucken Watzmann, Hochkalter und Reiter Alm vom *Soleleitungsweg*, dessen Prachtstrecke von Ilsank über Söldenköpfl und Schwarzeck zum Taubensee führt.

Vom Hintersee aus empfiehlt sich ein Spaziergang zur *Halsalm*, der zu einer kleinen Rundwanderung ausgedehnt werden kann. An der Reiter-Alm-Nordostseite gäbe es mit der *Aschauer Klamm* eine äußerst lohnende Ausflugsmöglichkeit. Der Preis für die Erwanderung des *Großen Hundshorns* (1703 m) von Sankt Martin bei Lofer aus ist ein phantastischer Blick auf die Steilwände der Häuslhörner und des Wagendrischlhorns.

Als ganz grandios empfinde ich das Entlangschlendern unterhalb der südseitigen Felsenlandschaft von Hochkönig, Großem Bratschenkopf und Mandlwand – meinetwegen von der Erichhütte über Wiedersbergalm und Riedingalm zum Arthurhaus. Auch der *Gollinger Wasserfall*, vom Lacher bei Golling aus rasch zu erreichen, macht sich nicht schlecht.

Für Trittsichere noch ein besonderes Schmankerl: der *Kleine Barmstein* (841 m) mit seiner originellen AV-Steiganlage; nur ein »Katzensprung« von Mehlweg, etwas langwieriger, jedoch äußerst lohnend vom Köpplschneid-Wirtshaus und über den Götschenkamm zugänglich.

Zwei große Durchquerungen

Möglichkeiten für Durchquerungen der Berchtesgadener Alpen gibt es etliche. Hier seien deren zwei vorgestellt, die Watzmann, Steinernes Meer, Hagengebirge und Gotzenberge, Untersberg und Lattengebirge berühren. Mit etwas Planungsgeschick ließen sich auch ganz andere Routen erdenken und verwirklichen. Der Phantasie sind keine Grenzen gesetzt ...

Das »U« um den Königssee

Eine gute Woche Berchtesgadener Alpen reicht nicht für deren neun Gebirge. Ebensowenig ließen sich die einzelnen Gebirgsstöcke durch eine wirklich logische Route miteinander verbinden. Das macht nichts. Denn jene phantastische Wandertour, die gleichsam als riesiges »U« in großzügiger Weise hoch oberhalb des Königssees herumführt, ist eine Unternehmung der Superlative. Sie offenbart die gesamte landschaftliche Vielfalt der Berchtesgadener Alpen und des Nationalparks Berchtesgaden. Ob mit Watzmann-Überschreitung oder ohne, ob man wenigstens den Großen Hundstod mit einbezieht – oder gar keinen Gipfel: die Rechnung wird stimmen! Wer allerdings Watzmann, Hundstod, Schönfeldspitze und Großes Teufelshorn – von Können und Kondition her – mit »einbauen« darf, hat damit die markantesten Berge, die den Königssee säumen, erstiegen. Sie fordern selbständige, gute Bergsteiger. Ausschließliche Bergwanderer wären überfordert. Für sie gibt es einfache und kaum weniger schöne Alternativen.

Erster Abschnitt: Wimbachbrücke – Watzmannhaus

Zum Auftakt vom Ausgangspunkt Wimbachbrücke (634 m) erst einmal durch die Wimbachklamm, das ist ein Muß! Am Klammende nach links über die Brücke und auf schmalem Weg zur Forststraße, die bald in südlicher Richtung verlassen wird. In weiten Kehren hinauf zur Stubenalm. Danach vermittelt der schöne Weg zur Mitterkaseralm immerhin die Illusion, hier könne kein Kraftfahrzeug fahren. Daß es sich um eine solche handelt, erweist sich spätestens an der Talstation des Watzmannhaus-Materiallifts. Je nach Lust und Durst läßt man den Kaser rechts liegen oder nicht und steigt steil in Kehren zur Falzalm hinauf. Bereits vor ihr öffnet sich die Schau auf den wuchtigen Kleinen Watzmann mit seiner steilen Westwand.

Ab Falzalm wird der Weg zum Steig, unbequem bisweilen, mühsam, stellenweise sogar gesichert, aber landschaftlich fortwährend prächtig und daher kurzweilig. Am trutzigen Watzmannhaus (1928 m) darf man tief durchatmen, das Tagwerk ist getan. Schon jetzt ist die Rundschau großartig: behäbig die öde Flanke des Hochecks, formenschön das Hochkaltergebirge, verlockend die breite Mauer des Untersberges.

3 ½ bis 4 Std.; Höhenunterschied 1300 m.

Zweiter Abschnitt: Watzmannhaus – Watzmann – Wimbachgrieshütte

Der große Tag in den Berchtesgadener Alpen! Früh aus dem Schlafsack geschlüpft und mühselig am massigen Bergleib des Hochecks emporgekrabbelt. Nach harmlosem Auftakt wird der Anstieg steiler, aus Schrofen werden gewachsene Felsen, Sicherungen helfen über widerborstigen Stein. Der Sichtweite des Watzmannhauses entrückt, gibt es wiederum mühsames Gehgelände, danach leichten Fels, der zum kleinen Kreuz auf dem Hocheckgipfel (2651 m) mit seinem Unterstandshüttchen führt. Ort der Entscheidung: soll man oder soll man nicht? Können, Kondition und Tagesform bestimmen den Weiterweg.

Die Watzmann-Überschreitung ist eine große Bergtour. Beim Übergang zur Mittelspitze (2713 m) spürt man das noch gar nicht so recht. Es gibt keine besonders »kitzligen« Stellen. Ein längerer Plattenschuß ist hervorragend gesichert, und man steht verhältnismäßig rasch auf dem höchsten Watzmanngipfel. Zum letztenmal die Chance der Umkehr.

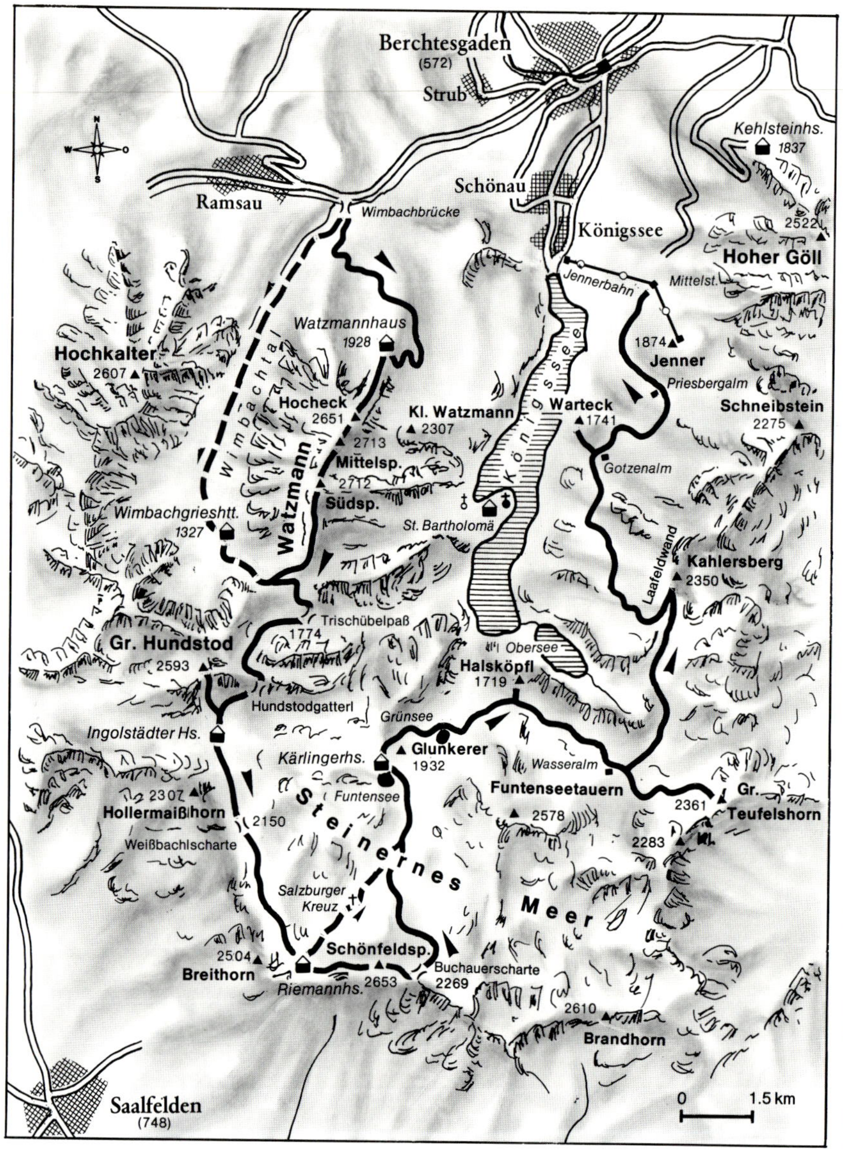

Wer die Überschreitung zur Südspitze wagen darf, folgt der markierten und an den schwierigsten Passagen gesicherten Gratroute. Ein kurzer Kaminspalt verlangt beherztes Zupacken, und bald kommt dann der Höhepunkt: an guten Sicherungen geht es direkt am obersten Rand der Watzmann-Ostwand entlang. 2100 Höhenmeter tiefer liegt Sankt Bartholomä! Die kleine Glocke am Gipfelkreuz der Watzmann-Südspitze (2712 m) dürfen angeblich nur Ostwandbegeher läuten. Hah, wer die Überschreitung packt, dem steht dies ebenso zu.

Der Abstieg: Berüchtigt, nicht ungefährlich, immerhin sehr gut markiert; Konzentration fordernd bis buchstäblich zum letzten Schritt. Zunächst einmal längeres Abwärtsklettern an leichtem, aber steilem Fels; dann das obere Schönfeld mit seinen harten Schotterflanken, wieder Steilschrofen und endlich das erholsame Gelände des Schönfelds. Aber es wird noch einmal rassig: Durch sandige Gräben, über luftige, schmale Geröllsteige, im Latschenverhau und an steilen, splittrigen Ramsaudolomit-Schrofen geht es endgültig hinaus ins weite, wilde Wimbachgries. Geschafft! Flach nordwestlich zur Wimbachgrieshütte (1327 m), wo erst die Radlermaß »zischt« und bald das Essen so richtig schmeckt. Es ist redlich verdient!

Watzmannhaus – Watzmann-Hocheck 2 Std.; Watzmann-Hocheck – Watzmann-Mittelspitze ¾ Std.; Watzmann-Mittelspitze – Watzmann-Südspitze 1 bis 1 ½ Std.; Watzmann-Südspitze – Wimbachgrieshütte 2 ½ Std., Gesamtgehzeit 6 ¾ Std., Höhenunterschied: 900 m Aufstieg, 1500 m Abstieg.

Dritter Abschnitt: Wimbachgrieshütte – Paß Trischübel – Ingolstädter Haus

Alles Folgende kann nicht mehr das bieten, was dieser zweite Tag geschenkt hat? Irrtum! Laß' Dich treiben, genieße diesen dritten Tag mit seiner vergleichsweise harmlosen und wenig anstrengenden Hüttenwanderung. An der Watzmann-Südspitze vorbei geht es rasch und fast mühelos auf den Trischübelpaß (1774 m) und südwestlich in die Hundstodgruben. Schon ist etwas vom Zauber des Steinernen Meeres, das uns für die nächsten Tage in seinen Bann zieht, zu ahnen. Der Große Hundstod zeigt seine wilde Nordostseite, und beim Abstieg vom Hundstodgatterl (2188 m) zu Punkt 2010 (AV-Karte) verlangen Schrofen ein bißchen Vorsicht. Dann ist es zum Ingolstädter Haus (2119 m) nicht mehr weit.

Wimbachgrieshütte – Paß Trischübel – Ingolstädter Haus 3 ½ Std. Höhenunterschied: 980 m Aufstieg, 200 m Abstieg.

Vierter Abschnitt: Ingolstädter Haus – Großer Hundstod – Ingolstädter Haus – Riemannhaus

Es wäre schade, wenn man den Großen Hundstod (2593 m), einen der markanten Gipfel im Steinernen Meer, »rechts liegen« lassen würde. Der Anstieg ist kurz, verlangt jedoch Trittsicherheit und Übung an steilem Schrofengelände, das zudem einigermaßen »abgespeckt« ist.

Danach vermittelt der »Eichstätter Weg« eindringlich die Öde des Steinernen Meeres. Nahezu parallel zu dessen westlichen Randgipfeln wandert man auf Karrenfeldern östlich der Schindlköpfe und des Hollermaißhorns und unterhalb der Weißbachlscharte vorbei, und zuletzt – flankiert von Achselhorn, Mitterhorn und Breithorn – zum herrlich gelegenen Riemannhaus (2177 m) in der Ramseider Scharte. Von dort geht der Blick frei hinüber zu den Hohen Tauern. Auffallend der »Hüttenberg«, der Sommerstein, der seine schroffen Südwände nur ahnen läßt.

Ingolstädter Haus – Großer Hundstod – Ingolstädter Haus 2 Std.; Ingolstädter Haus – Riemannhaus 2 ½ Std., Gesamtgehzeit 4 ½ Std. Höhenunterschied: 820 m Aufstieg, 750 m Abstieg.

Fünfter Abschnitt: Riemannhaus – Schönfeldspitze – Kärlingerhaus

Der zweite große Bergtag! Eines der Wahrzeichen des Königssees steht auf dem Programm. Zugegeben: Die Schönfeldspitze ist zum Anschauen lohnender als zum Besteigen. Zumindest die Normalroute, der Westanstieg, ist von den vielen Begehungen her unangenehm glatt; bei trockenem Fels gerade noch einigermaßen sicher zu bewältigen, bei Nässe zweifellos gefährlich. Vereinzelte Sicherungen helfen über die schwierigsten Stellen des Gipfelbereichs. Droben steht man – je nach individuellem Kunstempfinden – bezaubert oder schockiert vor der großen Pieta. Die Rundumsicht ist in jedem Fall faszinierend.

Über die steile Südostflanke (markiert, stellenweise Schwierigkeitsgrad I und ausgesetzt) klettert man an erheblich rauherem Gestein zur Buchauer Scharte (2269 m) hinunter. Nach Norden geht der Blick über die Weite des Steinernen Meeres. Wie zu Stein erstarrte Wellenkämme! Man beginnt, den Namen zu begreifen. Über diese felsigen Wogen wandert man, Schritt für Schritt, dem ersten Grün entgegen. Wie gut diese Farbtupfer unseren Augen tun – nach den Tagen im grauen Fels. Übers Baumgartl geht's hinunter zum sagenumwobenen Funtensee und weiter zum Kärlingerhaus (1630 m).

Riemannhaus – Schönfeldspitze – Buchauer Scharte 3 ¼ Std.; Buchauer Scharte – Kärlingerhaus 2 ½ Std., Gesamtgehzeit 5 ¾ Std. Höhenunterschied: 500 m Aufstieg, 1020 m Abstieg.

Sechster Abschnitt: Kärlingerhaus – Wasseralm

Vom Steinernen Meer ins Hagengebirge. Ein schlichter Wandertag ohne großes Gipfelerlebnis – aber welch landschaftlich prächtige Eindrücke!

Beim Frühstück sollte man auch gleich an den Abend denken und eventuell noch etwas Proviant erstehen. Denn das Tagesziel, die Wasseralm, ist eine Selbstversorgerhütte. – Ab Kärlingerhaus nördlich auf dem Weg nach Sankt Bartholomä leicht ansteigend, dann bei Wegteilung (Bezeichnung) rechts ab und an der Nordseite des Glunkerers vorbei erst an, dann über zwei Steilstufen absteigend in die Grünseeau. Nördlich oberhalb des kleinen, stillen Grünsees waagrecht entlang und weiter zur Weggabelung: Links abwärts führt ein Steig über die verfallene Sagereckalm und durch den Westteil der Sagereckwand zur Saletalm am südlichen Ende des Königssees. Der Steig zur Wasseralm leitet rechts hinauf zum Schwarzensee und nordöstlich in einen Sattel unterhalb des Halsköpfls (1719 m), das man über einen steilen Grashang unbedingt ersteigen sollte. Von dort hat man einen herrlichen – vielleicht den schönsten – Blick auf den Königssee.

Zurück in den Sattel und im Bogen unter dem Abbruch der Moosscheibe entlang. Man erreicht die Hüttau und wandert immer in südöstlicher Richtung durch Wald, zuletzt südlich in die Röth und zur unbewirtschafteten, aber stets offenen Wasseralm (1416 m).

Kärlingerhaus – Halsköpfl – Wasseralm 2 ½ bis 3 Std., Höhenunterschied: 400 m Aufstieg, 600 m Abstieg.

Siebter Abschnitt: Wasseralm – Großes Teufelshorn – Gotzenalm

Der höchste Gipfel des Hagengebirges ist eine ausgesprochen schöne Bergtour für sichere Geher. (Man kann sie auch im Anschluß an den Übergang vom Kärlingerhaus machen.)

Ohne »Wochengepäck« von der Wasseralm östlich zum Bachbett. Der beschilderte und markierte Steig leitet in südöstlicher Richtung durch Wald zu einer ebenen Wiesenfläche hinauf. Mit Kehren über eine Stufe und weiter, rechts an einer Felswand entlang, zur Weggabelung. (Nach rechts weist die Bezeichnung zum Kleinen Teufelshorn, 2283 m.)

◁ Die Überschreitung des Watzmanngrates (hier das anspruchsvolle Teilstück von der Mittel- zur Südspitze) gehört zu den großen Bergtouren in den Berchtesgadener Alpen und ist Höhepunkt der hier vorgestellten Durchquerung.

Das Ingolstädter Haus in der Dießbachscharte des Steinernen Meeres ist »Übernachtungsstation« für eine Durchquerung desselben und darüber hinaus Stützpunkt für die Ersteigung des Großen Hundstods (im Bild).

Der Steig zum Großen Teufelshorn führt links weiter und zieht sich bald durch einen Graben hinauf (oben eine einzeln stehende Zirbe). Über einen Wiesensteig an den Felsaufbau des Großen Teufelshorns heran. Die Markierung weist nach links über den Schrofenvorbau empor. In der Folge über steile Grashänge, durch Geröllrinnen, später über einen kleinen, steilen, jedoch gutgriffigen Aufschwung hinauf, bis der Steig mit einer längeren, an einer Stelle luftigen Linksquerung die grasigen Hänge des Gipfelaufbaus erreicht. Man ersteigt sie, den Spuren folgend, bis man links oben das Gipfelkreuz erkennt. Links unterhalb des Grates zum höchsten Punkt (2361 m). Die Rundschau von dort gehört zu den großen Aussichtserlebnissen in den Berchtesgadener Alpen. Vom Watzmann bis zum Hochkönig und zum Hohen Göll: alles »Prominenz«!

Abstieg auf der gleichen Route, nach kurzer Rast an der Wasseralm den (nun wieder gewichtigeren) Rucksack geschultert und dem Weg Landtal/Gotzenalm folgen. Erst noch durch Wald, führt er später schmal und exponiert direkt hoch oberhalb der Fischunkelalm in exakt nördliche Richtung (herrliche Ausblicke auf Obersee, Königssee und Watzmann). Abwärts in den Landtalgraben (die Abzweigung zum Obersee bleibt links) und im Landtal zwischen Laafeldwand und Kahlersberg empor, bis scharf links der Steig zur Gotzenalm abzweigt. Er quert die Laafeldwand unschwierig, jedoch etwas luftig in südlicher Richtung aufwärts und führt danach westlich durch Wald. Dann geht es, nach Einmündung des Weges von der Regenalm (Kaunersteig) auf dem Reitweg nördlich zur Gotzenalm mit dem bewirtschafteten Springlkaser (1685 m).

Wasseralm – Großes Teufelshorn 3 Std.; Großes Teufelshorn – Wasseralm 1 3/4 Std.; Wasseralm – Gotzenalm 3 bis 3 1/2 Std., Gesamtgehzeit 8 1/4 Std. Höhenunterschied: 1550 m Aufstieg, 1270 m Abstieg.

Achter Abschnitt: Gotzenalm – Feuerpalfen – Gotzenalm – Jennerseilbahn-Mittelstation
Noch vor Sonnenaufgang zum Feuerpalfen auf dem Warteck (1741 m, 20 Min.) und kurz östlich zur 1200 Höhenmeter oberhalb des Königssees gelegenen Aussichtsplattform hinab. Warten auf das erste Licht an der Watzmann-Ostwand. Einer der berühmten Anblicke in den Alpen!

Wenn man sich sattgeschaut hat, wandert man zur Gotzenalm zurück, wo das Frühstück jetzt so richtig schmeckt. Man hat ja Zeit, die letzte Etappe ist nicht besonders lang, und außerdem könnte man sie auch abkürzen, mit Abstieg zur Station »Kessel« der Königsseeschiffahrt. Aber der Weg über den Unteren Hirschenlauf, am Priesberger Moos vorbei und weiter zur Jennerbahn-Mittelstation (1185 m) lohnt sich in jedem Fall. Ein gemütlicher Ausklang dieser großen Bergwoche.

Gotzenalm – Jennerseilbahn-Mittelstation 2 1/2 Std. Höhenunterschied: 100 m Aufstieg, 600 m Abstieg.

Einfachere Alternativen
Erster Abschnitt: Wimbachbrücke – Wimbachgrieshütte – Paß Trischübel – Hundstodgatterl – Ingolstädter Haus; 6 1/2 bis 7 Std.; Höhenunterschied: 1700 m Aufstieg, 200 Höhenmeter Abstieg.
Zweiter Abschnitt: Ingolstädter Haus – Riemannhaus – Salzburger Kreuz – Kärlingerhaus; 5 Std.; Höhenunterschied: 380 m Aufstieg, 580 m Abstieg.
Dritter Abschnitt: Kärlingerhaus – Wasseralm (wie sechster Abschnitt der beschriebenen Route).
Vierter Abschnitt: Wasseralm – Gotzenalm (wie siebter Abschnitt der beschriebenen Route, jedoch ohne Besteigung des Großen Teufelshorns).
Fünfter Abschnitt: Gotzenalm – Feuerpalfen – Jennerseilbahn-Mittelstation (wie achter Abschnitt der beschriebenen Route).

Bergsteigerische Anforderungen: Sehr gute Kondition (etwa für die Überschreitung der drei Watzmannspitzen), Trittsicherheit, Schwindelfreiheit und Orientierungsvermögen sind – wenn man die Gipfel mitersteigen möchte – unbedingte Voraussetzung. Es ist also der »ganze« Bergsteiger gefordert. Durch die einfacheren Alternativen kann die Tour jedoch entschärft werden. Günstigste Jahreszeit ist normalerweise von Mitte/Ende Juli bis Mitte/Ende September.

Hinweis: Es geht von Hütte zu Hütte, und all diese Schutzhäuser sind hervorragend bewirtschaftet, so daß man sich einen überwiegend durch Verpflegung schwergewichtigen Rucksack ersparen kann. Allein die Wasseralm ist unbewirtschaftet. Zum Schlafen wird man sich wegen der starken Hüttenfrequentierung – auch auf der Wasseralm – oft mit Notlagern bescheiden müssen.

Vom Untersberg zum Hochstaufen

Nach der Überschreitung des Watzmanns und der Durchquerung von Teilen des Steinernen Meeres, des Hagengebirges und der Gotzenberge gehts nun über die beiden nördlichsten Gebirge der Berchtesgadener Alpen und danach hinüber in die Staufengruppe. Sie zählt zwar zu den Chiemgauer Alpen, doch sollte uns das nicht irritieren, denn Hochstaufen und Zwiesel sind erstklassige Berchtesgadener-Alpen-Blick-Berge. Die hier empfohlene Route bietet eine Besonderheit: Zeppezauerhaus, Stöhrhaus, Predigtstuhl-Hotel und Reichenhaller Haus stehen jeweils in Gipfelnähe, so daß man die Stimmungen des Abends und des frühen Morgens genießen kann, ohne biwakieren zu müssen.

Der Untersberg ist Höhepunkt der kleinen Durchquerung. Das Großartigste also gleich zu

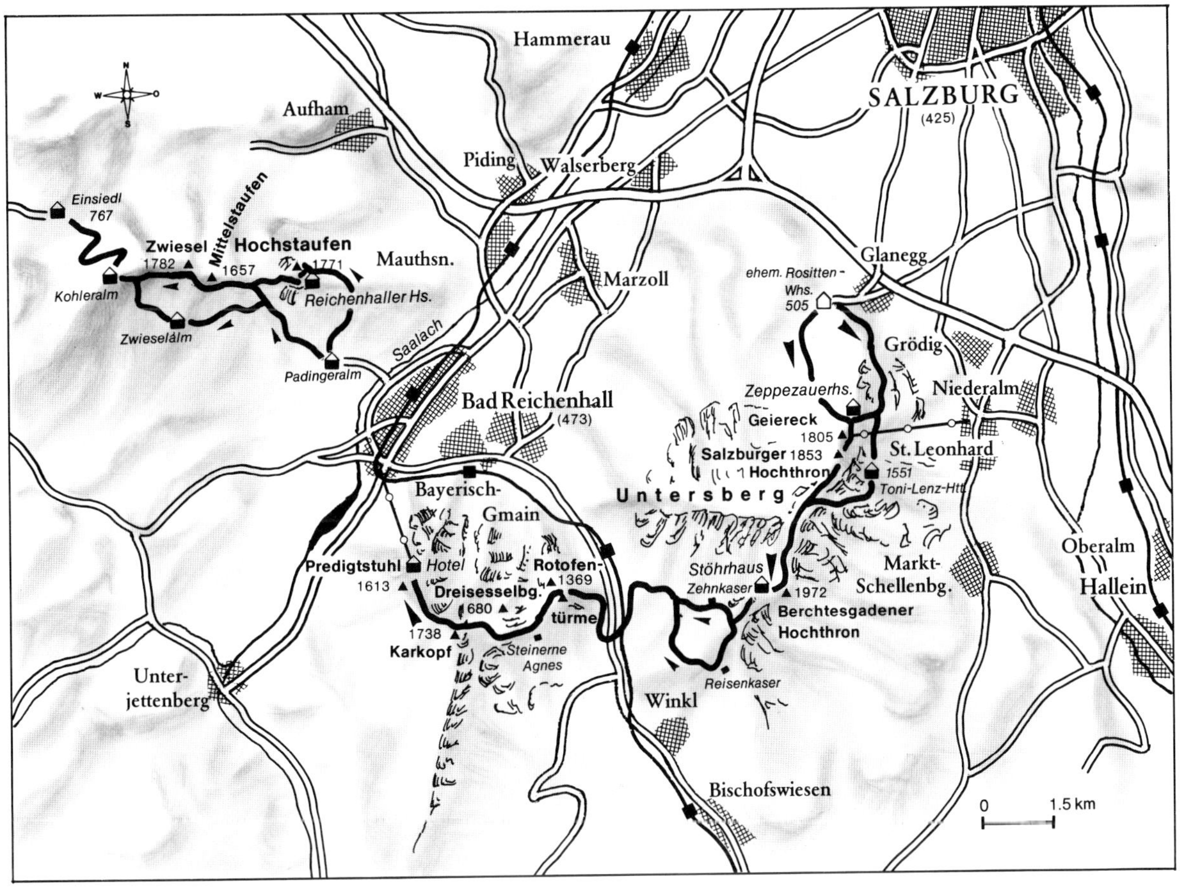

Beginn. Aus diesem Grunde führe ich Sie, liebe Leser, nicht über den gesamten Plateauweg, sondern auf Umwegen zum Berchtesgadener Hochthron. Sie sind die kleine, zusätzliche Mühe wert. Wer am Untersberg wandert, muß auch die Felswände kennenlernen! Die Dopplerwand mit ihren Höhlen, die abweisenden Steilabstürze oberhalb der Toni-Lenz-Hütte. Das ist das wilde Gesicht des »Wunderberges«.

Der Reiz des Lattengebirges liegt im Kontrast zwischen Felsenwildnis, einer herrlichen Buchenwaldzone und sanftem Almgehügel. Größere Wände fehlen zwar, doch die romantischen Türme und Türmchen sind nicht ohne.

Bergsteigerisch ist der Anstieg über die Stoanernen Jager auf den Hochstaufen das Anspruchsvollste während dieser knappen Tourenwoche. Wem das zu schwierig erscheint, der wandert eben über die Bartlmahd zum Reichenhaller Haus.

Erster Abschnitt: Glanegg – Zeppezauerhaus

Vom ehemaligen Rosittenwirtshaus (505 m) gibt es zwei Möglichkeiten, um zum Zeppezauerhaus zu gelangen: durchs Rosittental und über den Dopplersteig, oder über den Reitsteig. Ihn wählen wir, weil wir uns den Dopplersteig für den nächsten Tag aufheben wollen. Zugegebenermaßen bietet der Reitsteig nichts Besonderes, außer daß er nahe an einer Erhebung vorbeiführt, von der Franz Xaver Wagner alias Karl Tiefengraber einmal schrieb, sie trüge den sympathischen Namen »Bierfasselkopf«! Der auf dem Reitsteig erworbene Durst läßt sich im Zeppezauerhaus (1664 m) bei prächtiger Salzburgschau angenehm stillen. Danach kann ja, wer mag, noch zum restlos überlaufenen Geiereckgipfel (1805 m) und weiter auf den Salzburger Hochthron (1853 m) spazieren und sich damit das Abendessen verdienen.

3 Std.; Höhenunterschied: 1300 m.

Zweiter Abschnitt: Zeppezauerhaus – Mittagscharte – Berchtesgadener Hochthron – Stöhrhaus

Dies ist wirklich der große Tag der Durchquerung! Sozusagen zum »zweiten Frühstück« auf dem gut gesicherten Dopplersteig hinunter in die obere Rositte und mit kurzem Gegenanstieg in den Schellenberger Sattel (1433 m). Jenseits auf kleinem, teilweise gesichertem Steig unterhalb der wilden Kletterwände des Salzburger Hochthrons zur Toni-Lenz- oder Schellenberger-Eishöhlen-Hütte (1551 m). Wenn man Glück hat, entdeckt man vielleicht eine Seilschaft an der beliebten Ostwandverschneidung oder gar am glattwandigen Blausandpfeiler.

Auf dem Weiterweg zur Mittagscharte lohnt sich der Abstecher in die Schellenberger Eishöhle; Führungen finden stündlich statt. Nach dieser willkommenen Abkühlung fällt der landschaftlich großartige, aus dem Fels gesprengte und gehauene Thomas-Eder-Steig zur Mittagscharte (1670 m) leicht. Anschließend wird's vom Wegverlauf her zwar etwas weniger aufregend, doch ist mit dem Gipfel des Berchtesgadener Hochthrons (1972 m) noch einmal ein satter Trumpf zu erwarten. Die Rundumsicht von dort läßt sich schwer in Worte fassen. Kurz gesagt präsentieren sich die Chiemgauer Alpen, das Kaisergebirge, die gesamte Gipfelprominenz rund um den Watzmann, das Tennengebirge, der Dachstein ... und natürlich das Stöhrhaus, in dem man sein müdes Haupt zur Ruhe betten kann.

Es lohnt sich indes, zur Stunde des Sonnenuntergangs erneut, und diesmal nur wenige Minuten, zum Hochthrongipfel hinaufzuwandern. Man erlebt, wenn das Wetter mitspielt, Stimmungen, die im Gedächtnis bleiben.

5 bis 5 ½ Std.; Höhenunterschied: 825 m Aufstieg, 445 m Abstieg.

Dritter Abschnitt: Stöhrhaus – Hochschlegel – Predigtstuhl

Adieu, Untersberg! Vom ersten Teil des Abstiegsweges aus zeigt der Sagenumwobene nochmals seine ganze Wildheit. Danach geht es entweder über den Zehn- oder über den Reisenkaser hinab nach Hallthurm oder Winkl (685 m), und drüben gleich wieder hinauf in den Rotofensattel am Fuße des Kleinen Rotofenturms im Lattengebirge. Großer und Kleiner Rotofenturm sind, wie wir gelesen haben, Teile der Schlafenden Hexe. Unser Weg führt überdies an der Steinernen Agnes vorüber. Dreisesselberg (1680 m) und Karkopf (1738 m), die höchste Erhebung des Lattengebirges, sollte man auf dem Weg zum Predigtstuhl unbedingt besuchen. Wiederum faszinieren die großen Gipfel der Berchtesgadener Alpen. Über den Hochschlegel (1688 m) wird schließlich das Predigtstuhl-Hotel (1613 m) erreicht, in dem man sich von den Mühen dieses Wandertages erholt. Das nächtliche Bad Reichenhall aus der Vogelperspektive ist ein Erlebnis.

6 Std.; Höhenunterschied: 1055 m Aufstieg, 1335 m Abstieg.

Vierter Abschnitt: Predigtstuhl – Reichenhaller Haus/Hochstaufen

Heute lassen wir es gemütlich angehen, indem wir mit der schon 1928 erbauten Seilbahn nach Bad Reichenhall und per Taxi zur Padingeralm (667 m) fahren. Nach Frühschoppen oder Mittagessen steigen wir dann auf einen der markantesten, wenn auch nicht höchsten Gipfel der Chiemgauer Alpen. Schönster Anstieg auf den Hochstaufen von Süden ist der über die Stoanernen Jager. Man erreicht den Hochstaufen-Ostgrat an der Stelle, wo sich der Wald zu lichten beginnt. Bald wird der Steig schrofig, und etwas später gelangt man auch zu jenen beiden Felstürmchen, die zwei verwunschene Jäger verkörpern sollen. Über die ganze haarsträubende Geschichte kann man sich übrigens anhand des im Reichenhaller Haus (1750 m) hängenden großen Bildes informieren. Aber es kostet noch ein wenig Mühe und etliche Schweißtropfen, ehe man dort oben über die Schwelle tritt. In großgriffigem und gut markiertem Schrofengelände (Schwierigkeitsgrad I) geht es zügig höher, bis man das Reichenhaller Haus, einem Trutzbau ähnlich, auf luftiger Höhe sieht.

Mit diesem Flecken Gebirge verbinden mich viele Erinnerungen. Er war mir Fluchtpunkt aus dem Reichenhaller Kasernenalltag. Sommers, nach Dienstschluß, eilte ich oft noch bis hier herauf, um danach rechtzeitig zum Zapfenstreich wieder die Wache am Kasernentor zu passieren. Ich habe nicht gezählt, wie oft ich auf den Hochstaufen gestiegen bin, aber zwei dutzendmal werden nicht reichen. – Auch hier am Hochstaufen erleben wir die Abenddämmerung und den Sonnenaufgang auf einem aussichtsreichen Gipfel; oder »die Nacht auf dem kahlen Berge«, wenn es in der Hütte zu eng werden sollte.

3 ½ Std.; Höhenunterschied: 1100 m.

Fünfter Abschnitt: Hochstaufen – Zwiesel – Einsiedl

Der Gratübergang Hochstaufen – Zwiesel zählt zu den lohnendsten und aussichtsreichsten Bergtouren in den Chiemgauer Alpen. Am Mittelstaufen (1657 m) beginnen die Sicherungen, die alle schwierigeren Stellen entschärfen, ein kurzweiliges Auf und Ab! Der Anstieg zum Zennokopf (1756 m) hat es dann schon noch einmal in sich. Auf dem nahen Zwiesel (1782 m) kann man jedoch tief durchatmen im Bewußtsein, es geschafft zu haben; jedenfalls fast, denn der Abstieg über den Gamsknogel (1750 m) und die Kohleralm (1450 m) nach Einsiedl (767 m) ist noch zu bewältigen.

4 ½ Std.; Höhenunterschied: 340 m Aufstieg, 1320 m Abstieg.

Einfachere Alternative: Aufstieg von der Padingeralm über Bartlmahd zum Hochstaufen, 2 ½ Std. Übergang über Bartlmahd, Zwiesel- und Kohleralm nach Einsiedl. Man vermeidet so die »Stoanernen Jager« und den teilweise etwas anspruchsvollen gesicherten Steig vom Hochstaufen zum Zennokopf.

Bergsteigerische Anforderungen: Kondition ist angenehm, wenngleich die täglichen Gehzeiten nicht allzulang und die Höhenunterschiede nicht übermäßig groß sind. Trittsicherheit hingegen ist notwendig, für die »Stoanerne-Jager«-Route auch etwas Gewandtheit an leichtem Fels. Orientierungsprobleme dürften nicht auftreten. Günstigste Jahreszeit ist in der Regel von Mitte Juni bis Mitte Oktober.

Die »Fünf-Tage-Woche« in den Berchtesgadener und Chiemgauer Bergen geht also langsam zu Ende. Nach diesen fünf Tagen mag der Körper ein wenig müde sein, aber der Kopf ist frei. Frei, um all das Schöne ringsum ein letztes Mal in sich aufzunehmen. Frei für die Erinnerung an jene Augenblicke, für die man die Mühen des Bergaufgehens in Kauf genommen hat. Für die folgende Arbeitswoche, am Schreibtisch oder in der Werkstatt, hat man jetzt wieder so viel Lebensfreude »aufgetankt«, daß sie sich leichter überstehen läßt.

Denn wie heißt es in Rudi Lindners fabelhaftem Hochschwabbuch: »Jeder Tag, den Du nicht draußen bist, ist ein verlorener Tag.«

Weitere lohnende Gipfeltouren

Hineingegriffen in den reichhaltigen Tourenschatz und einige Goldstücke präsentiert: ein paar Bergwanderungen, einige Unternehmungen mit Klettersteigcharakter und zwei sehr anspruchsvolle Aufgaben. Die hier vorgestellten Ziele unterstreichen die Vielseitigkeit der bergsteigerischen Möglichkeiten in den Berchtesgadener Alpen.

Stadelhorn und Wagendrischlhorn
(2286 m und 2251 m)
Der höchste Gipfel der Reiter Alm, das Stadelhorn, und sein nördlicher Nachbar, das Wagendrischlhorn, lassen sich ideal zu einer Tour kombinieren. Unmittelbarer Ausgangspunkt für beide Berge ist die Mayrbergscharte, die entweder von der Traunsteiner Hütte übers Plateau oder – anspruchsvoller – von Mayrberg übers Hochgscheid (hierher auch aus dem Klausbachtal über den Schaflsteig) und den Loferer Steig erreicht wird.

Der Anstieg: Vom Gasthaus Mayrberg (810 m, hierher von Au bei Lofer mit Kfz auf guter Fahrstraße) auf dem breiten Forstweg südlich über die Daxstein-Jagdhütte und an der Bergermaißalm vorbei in östlicher Richtung zu einer Weggabelung. Man hält sich weiter auf dem rechten Weg (der linke führt zu den Einstiegen der Häuslhorn-Südwand) und erreicht zuletzt mühsam durch latschenbewachsenes Gelände das aussichtsreiche Hochgscheid. Auf Geröllsteig an den westseitigen Steilabbruch der Mayrbergscharte und mit Hilfe von Sicherungen, zuletzt durch eine Geröllrinne, in die Einsattelung (2053 m). Rechts auf Steigspuren an gestuftem, griffigem Fels (einzelne Stellen I) zum Gipfel des Stadelhorns. 4 Std. von Mayrberg.

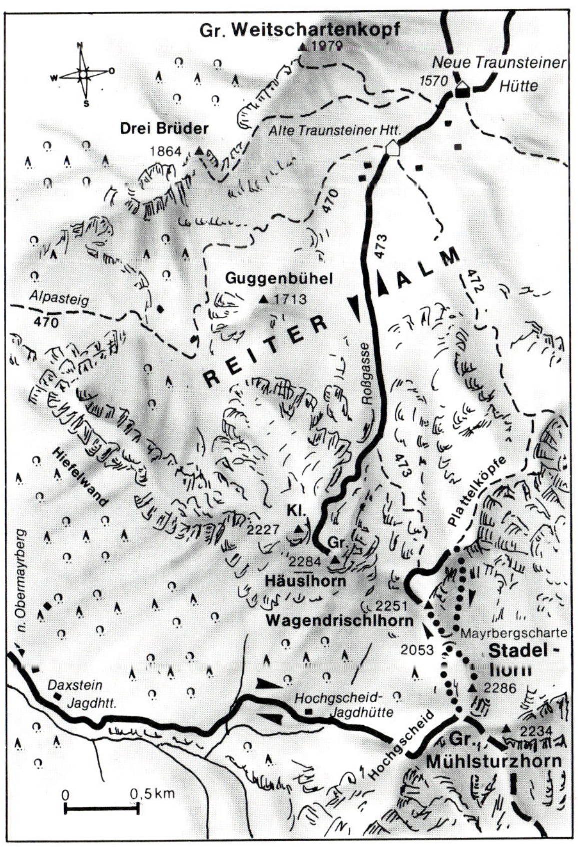

Der Gipfelaufbau des Stadelhorns, des höchsten Gipfels der Reiter Alm. Der Normalanstieg verläuft über die hier schneebedeckte linksseitige Flanke, die man aus der Mayrbergscharte erreicht.

Übergang zum Wagendrischlhorn: Zurück in die Mayrbergscharte und über den fast waagrechten Kamm an den Steilaufbau des Berges heran. Den Sicherungen über Platten und Schrofen folgend zum Gipfel. 1 1/4 Std. vom Stadelhorn.

Abstieg: Kurz auf dem Gipfelrücken gegen das Häuslhorn zu, dann östlich über vollkommen unschwierige Hänge zum Steig Mayrbergscharte – Plattenkopf – Traunsteiner Hütte.

Bergsteigerische Anforderungen: Anspruchsvolle Bergtour mit steilen Klettersteigpassagen.

Großes Häuslhorn (2284 m)
Die zweitgrößte Höhe der Reiter Alm! Ob seiner prächtigen Südwand ist dieser Gipfel ein beliebter Kletterberg. Seine Normalroute indessen können geübte Bergwanderer gut bewältigen.

Der Anstieg: Von der Neuen Traunsteiner Hütte (1570 m, siehe Seite 117) zur Alten Traunsteiner Hütte hinüber und südlich auf dem Plateau gegen die Roßgasse ansteigen. Durch sie, dann rechts über eine Steilstufe in eine Mulde und an leichtem Fels zur Scharte zwischen Großem und Kleinem Häuslhorn. Östlich auf das erstere. 2 1/2 Std. von der Hütte. (Das Kleine Häuslhorn, 2227 m, kann aus der Scharte ebenfalls rasch und unschwierig erstiegen werden.)

Bergsteigerische Anforderungen: Bergwanderung, Trittsicherheit ist angenehm. Allerdings erfordern alle Touren, die über das Reiter-Alm-Plateau führen, gute Sicht.

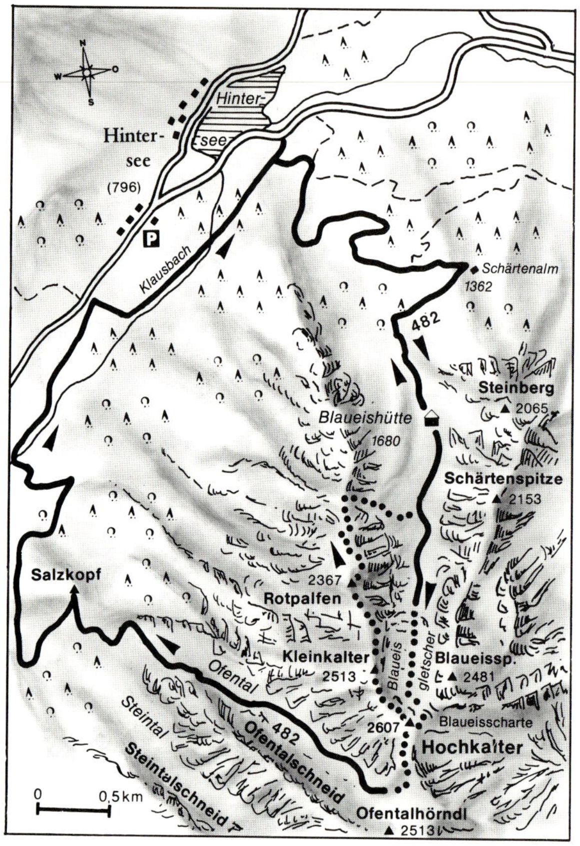

Hochkalter übers Blaueis (2607 m)
Diese Tour gehört zu den großen Gipfelfahrten in den Nördlichen Kalkalpen. Man sollte sie tunlichst während des frühen Sommers, wenn der Gletscher noch firnbedeckt und der Bergschrund noch gut zu überwinden ist, unternehmen.

Der Anstieg: Von der Blaueishütte (1680 m, siehe Seite 118) südlich auf bezeichnetem Steig zum Gletscher und über ihn zuerst mäßig steil, dann immer steiler südöstlich in die Blaueisscharte, 2400 m. (Unterhalb Bergschrund, der, je nach Verhältnissen, mehr oder weniger schwierig überschritten wird. Das Steilstück darüber weist eine Neigung von etwa 40 Grad auf. Bei zunehmender Ausaperung ist ein Bergschrundüberstieg etwas weiter rechts, westlich, eventuell günstiger.)

Aus der Blaueisscharte an die Felsen und meistens unterhalb des Grates (anfangs einige Meter II), immer den besten Möglichkeiten folgend, zum Gipfel. 2 1/2 Std. von der Hütte.

Abstiege: Entweder über den Kleinkalter (2513 m) und den Schönen Fleck (stellenweise II) zurück zur Blaueishütte. Oder südlich über Schrofen (I) und durch Geröllrinnen ins Ofental und durch dieses unschwierig (Markierungen) auf die Hirschbichlstraße. Jeweils 3 bis 3 1/2 Std. vom Gipfel bis ins Tal.

Bergsteigerische Anforderungen: Anspruchsvolle kombinierte Tour; auf dem Blaueis bis zu 40 Grad Hangneigung, an den Felsen Stellen II. Schwierigkeitsgrades. Gute Kondition sowie sicherer Umgang mit Steigeisen und Pickel sind notwendig.

Kleiner Watzmann (Watzmannfrau) (2307 m)
Wohl steht er im Schatten des mächtigen dreigipfeligen Watzmanns, und wohl ist der »Kleine« auch rund 400 Meter niedriger. Doch geringerer Bekanntheitsgrad bedingt weniger Besuch. Und schön ist die Ersteigung des Kleinen Watzmanns allemal. Ein richtiger alpiner Berg, ohne Stahlseile und Trittstifte.

Der Anstieg: Von der Kührointhütte (1420 m) kurz dem Weg zum Watzmannhaus folgen, dann südlich auf einer Wiesentrasse zum Wasserbehälter. Dort beginnt ein kleiner Steig, der südwestlich auf den Kederbichl hinaufführt. Steil durch Lärchenbestände weiter, dann durch Latschengassen auf die Grathöhe, die sich bald zu einem kurzen, scharfen Aufschwung, dem sogenannten »Gendarm« (II), zusammenschnürt. Danach wieder unschwierig über Gras und Schrofen aufwärts. Immer der gelben Markierung folgend meist unschwierig, da und dort jedoch durch kleine Kletterstellen gewürzt, an den steileren Gipfelaufbau heran. Man überlistet ihn an kleinen, griffigen Felsstufen (Stellen II-). Kurz unterhalb der Gipfelplatte wird eine steile Platte an ihrem oberen Rand auf Reibung nach rechts gequert. Die Gipfelplatte selbst ersteigt man unschwierig durch einen gutgestuften Einriß. Zuletzt von Osten her zum kleinen Gipfelkreuz. 3 1/2 Std. von der Kührointhütte.

Bergsteigerische Anforderungen: Bergtour mit kurzen Kletterstellen im I. und II. Grad. Trotz Steinmann- und Farbmarkierungen Orientierungssinn notwendig.

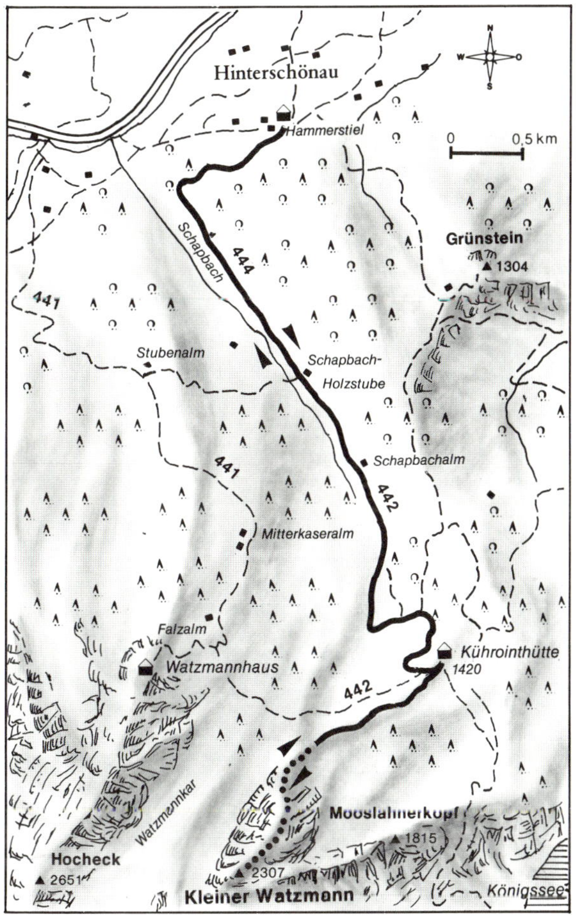

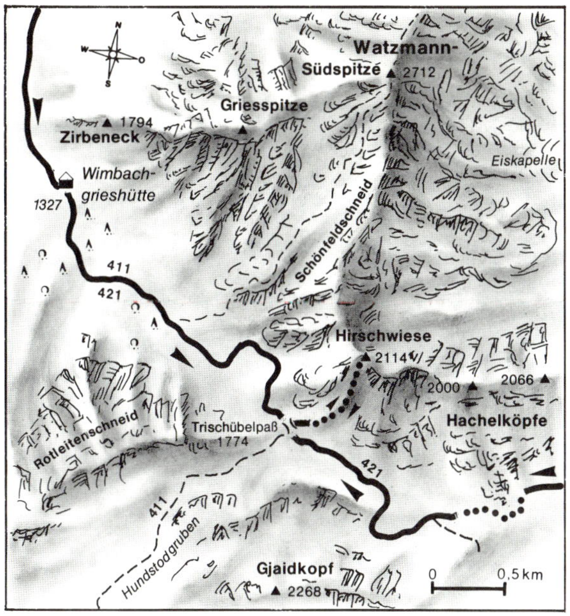

der Ostseite hinauf, der ebenfalls gesicherte, günstigere »Schusterweg« leitet in Gratnähe empor. Von der Vereinigung der beiden Steige über den breiten Rücken der Gölleiten zum Gipfel. 2 1/2 Std. vom Purtschellerhaus.

Abstieg über den Mannlgrat: Über die Gölleiten zurück und bis zu Punkt 2253 m, wo in nordwestlicher Richtung der Mannlgrat abzweigt. Bald durch einen steilen, engen, gesicherten Spalt hinunter und den Sicherungen an den Mannlköpfen folgend teilweise recht luftig und abwechslungsreich mal nördlich, mal südlich des Grates zum Kehlstein. Etwa 1 3/4 Std. vom Göllgipfel.

Bergsteigerische Anforderungen: Beachtliche Bergtour mit längeren Klettersteigpassagen. Schwindelfreiheit und Trittsicherheit sind obligat.

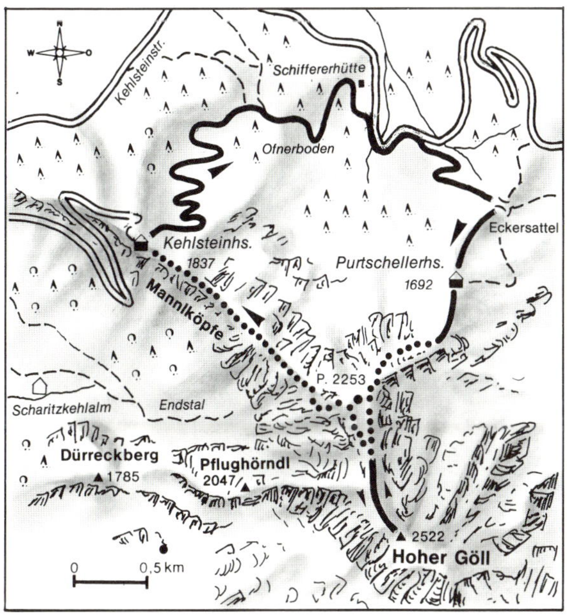

Hirschwiese (2114 m)
Die Hirschwiese ist der westlichste Gipfelpunkt jenes Kammes, der die Hachelköpfe trägt und der das Eisbachtal im Süden abschließt. Sie bietet einen eigenartig-interessanten Einblick in die Felsenwildnis der Watzmann-Südspitze und der Watzmannkinder.

Der Anstieg: Vom Trischübelpaß (1774 m, siehe Seite 122; auch von Sankt Bartholomä durch das Schrainbachtal und über die gesicherte Sigeretplatte in 3 Std. hierher) nordöstlich, den Markierungen folgend, über Wiesenhänge und Schrofen steil zum höchsten Punkt. Etwa 1 Std. vom Paß.

Bergsteigerische Anforderungen: Bergwanderung, Trittsicherheit ist angenehm.

Hoher Göll (2522 m)
Einer der großartigsten Gipfel in den Berchtesgadener Alpen darf bei diesen Tourentips nicht fehlen: der Hohe Göll. Mit Anstieg über das Purtschellerhaus und die Nordostflanke und Abstieg über den Mannlgrat ergibt sich eine klassische Bergtour.

Der Anstieg: Vom Purtschellerhaus (1692 m) auf dem grasigen Eckerfirst an die Felsen und den Markierungen zu einem Absatz mit Kreuz folgen. Links (südöstlich) etwas abwärts und an den Fuß des Steilaufschwungs, wo sich die Anstiegsrouten teilen. Diejenige durch den gutgesicherten »Kamin« (bis weit in den Sommer hinein Altschneereste) führt links an

▷ Die Teufelslöcher des Hochseilers sind die »Sensation« der Route von der Bertgenhütte aus. Man durchsteigt den rechten Felsausbruch und gelangt dieserart auf die Übergossene Alm.

Hinweis: Man parkt sein Fahrzeug am günstigsten beim Ofnerboden. Von dort ist man in 1–2 Std. am Purtschellerhaus, und nach dem Mannlgrat vom Kehlstein aus in 1 1/2 Std. zurück beim Fahrzeug.

Persailhorn – Mitterhorn – Breithorn (Saalfeldener Höhenweg) (2350 m – 2491 m – 2504 m)
Eine großartige Drei-Gipfel-Tour, die Peter-Wiechenthaler-Hütte und Riemannhaus miteinander verbindet. Wenigstens eine Übernachtung empfiehlt sich, denn diese Überschreitung steht von den Gesamtanforderungen her dem Watzmanngrat kaum nach.

Die Tour: Von der Peter-Wiechenthaler-Hütte (1707 m, siehe Seite 119) nach Osten und durch Latschenfelder an die Persailhorn-Westflanke heran. Bei den ersten Felsen quert man auf kleinem Steig nach rechts und gelangt so zum Beginn eines Klettersteigs. Immer den durchlaufenden Stahlseilen folgen (kurze Steilstufen werden mit Eisenleitern überwunden) zum Vorgipfel (Kreuz) des Persailhorns. Nun auf dem teilweise schmalen und ausgesetzten Grat, immer den Markierungen folgend, auf den Persailhorngipfel. 2 1/4 Std. von der Hütte.

Jetzt in der Nordflanke über Geröll und durch Schrofenrinnen – fortwährend nahe des Gratverlaufs – abwärts und zuletzt über glatte Plattenlagen in die Gamsfeldnieder (2257 m), der Einschartung zwischen Persail- und Mitterhorn. Über einen Steilaufschwung links des Grates (teilweise Sicherungen) zu einem Marterl (Kropsch-Kreuz). Von dort immer den Bezeichnungen folgend zum Gipfel des Mitterhorns (kurz unterhalb Abzweigung zur Weißbachlscharte). 1 Std. vom Persailhorn.

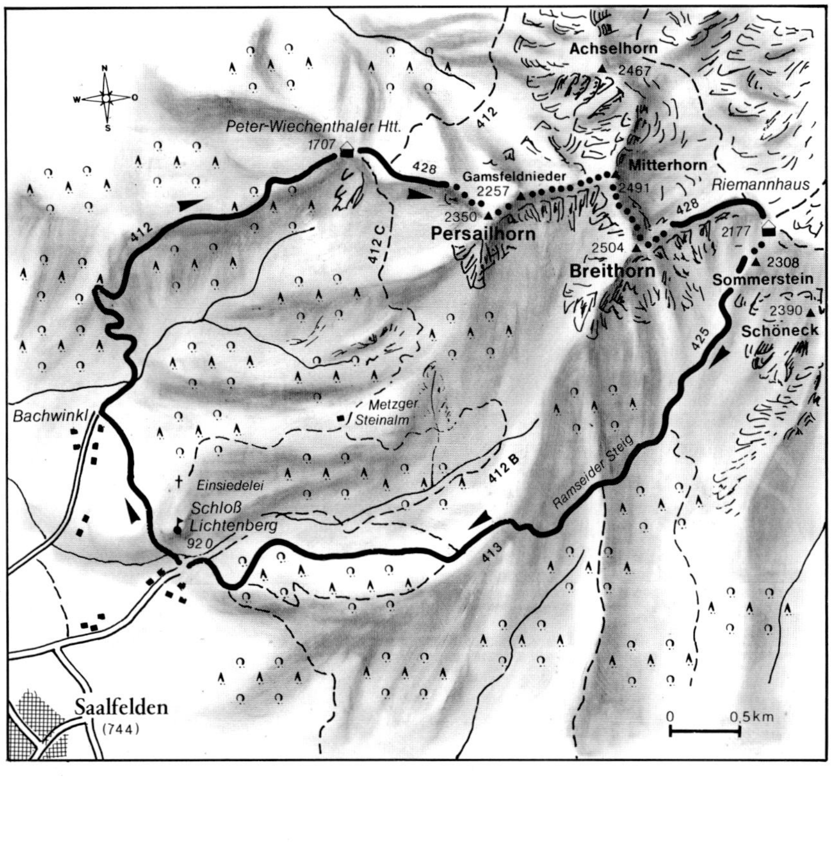

Vom Mitterhorn südlich auf und neben dem Schrofengrat abwärts und weiter bis zu einem Steilabbruch oberhalb der Einschartung vor den Drei Docken. Die Markierung leitet direkt über ihn hinunter (Stellen II). Danach werden die glattwandigen Drei Docken an ihrer Westseite auf Bändern umgangen. Über Schrofen und Geröll gelangt man schließlich zum Breithorngipfel. 1 1/4 Std. vom Mitterhorn.

Abstieg: Nördlich, dann östlich den Bezeichnungen folgend (sehr gut angelegter Steig) auf den Eichstätter Weg hinab und über ihn zum Riemannhaus (2177 m), 1/2 Std. Von dort auf dem prächtigen Ramseider Steig zum Riemannhaus-Parkplatz nordöstlich von Saalfelden und auf schönem Wanderweg unterhalb des Schlosses Lichtenberg nach Bachwinkl. 2 1/2 Std. vom Riemannhaus.

Bergsteigerische Anforderungen: Großzügige Bergtour mit Klettersteigpassagen und vereinzelten, teilweise luftigen Kletterstellen I. und II. Schwierigkeitsgrades.

Selbhorn (2655 m)
Das Selbhorn ist der höchste Gipfel des Steinernen Meeres; eine Idee nur höher als die Schönfeldspitze, jedoch weitaus weniger bekannt. Was gar nicht so ganz verständlich erscheint, denn die Südseite des Berges beeindruckt mit wilden Steilwänden. Gerade auch das Selbhorn prägt die Saalfeldener Seite des Steinernen Meeres wesentlich mit.

Der Anstieg: Aus dem hintersten Krallerwinkl (900 m) östlich von Maria Alm in Ostrichtung auf Fahrweg empor, dann auf schmalem, steilem Steig, der vom Fahrweg zunächst noch durchschnitten wird, teilweise steil hinauf zu den Wiesen der Lechneralm (1261 m). Jetzt mitunter überaus steil durch Wald, dann flacher zu einem latschenbewachsenen Rücken, der auf den Pragstein (1825 m) führt. An einem Hüttl vorbei und über den Graskamm zum Röteneck (1947 m, schöner Rastplatz).

In Kehren an den Fuß der steilen Selbhornwände, dort links (nördlich) auf schrofigem Steig (teilweise geröllbedeckte Platten) in den Hochkempensattel (2362 m). Von dort nordöstlich durch eine Mulde zur Luegscharte (2448 m) hinauf. Jetzt südlich den guten Markierungen über mäßig steile Karrenplatten folgen, dann auf Bändern (mit einer kleinen Kletterstelle, I) zum Verbindungsgrat zwischen Hauptgipfel und Südgipfel. Ersteren erreicht man über einen griffigen Steilaufschwung. Beim Übergang zum kreuzgeschmückten Südgipfel (2643 m) ist über eine kleine Steilstufe (II) hinunterzuklettern. 5 Std. vom Krallerwinkl.

Abstieg: Zurück in die Luegscharte. Dort empfiehlt es sich – nur bei guter Sicht – den Farbmarkierungen an der Nordostseite der Mannlköpfe entlang zur Buchauer Scharte (2269 m) zu folgen und von dort südlich über die Freithof-Jagdhütte, den Kasereggboden und die Kasereggkapelle wieder in den Krallerwinkl zurückzukehren. 3 1/2 bis 4 Std. vom Selbhorngipfel.

Bergsteigerische Anforderungen: Sehr gute Kondition und Erfahrung im Steilschrofengelände not-

wendig. Wenn in der langen Querung zum Hochkempensattel noch Altschneereste liegen, gefährlich. Eine große Tour im Steinernen Meer!

Hochseiler (2793 m)
Der Hochseiler, der ostseitig nur wenig den noch verbliebenen Firnfeldern der Übergossenen Alm entragt, beherrscht mit hohen, gegliederten Felswänden das Hinterthal. Konditionsstarke Geher überschreiten den Berg auf zwei großartigen, hochalpinen Steigen, oder sie kombinieren den Hochseiler gar mit dem Hochkönig, wobei dann allerdings die Birgkarroute im Abstieg zu meistern wäre. Hier sei die Überschreitung Bertgenhütte – Teufelslöcher – Niedere Torscharte empfohlen.

Der Anstieg: Von der Bertgenhütte (1845 m, siehe Seite 119) ins Schneekar, am Firn empor und über die Randkluft hinweg an die Felsen, wo Sicherungen beginnen. Bald nach rechts, einige Gräben querend, auf ein Band. Den Sicherungen folgend über Platten und, oberhalb von Geröllhängen, durch Rinnen auf ein Gratstück, das zu den Teufelslöchern führt. Der Steig leitet durch das rechte der grandiosen Felstore auf die Übergossene Alm. Nordwestlich auf Schnee an den Gipfelaufbau, den man auf einem anspruchsvollen Klettersteig überwindet. Zuletzt ausgesetzt zum Kreuz. 3 1/2 Std. von der Bertgenhütte.

Abstiege: Südlich auf dem Kamm zu dessen tiefster Senke. Gute Bergsteiger bleiben auf dem Grat und klettern über den Mooshammersteig (stellenweise II, Markierungen) zur Niederen Torscharte hinunter. Weniger Klettergewandte steigen von der Gratsenke südlich auf den Firn hinunter und erreichen in Nordostrichtung den Herzogsteig, der einfacher – jedoch ebenfalls gesichert – zur Niederen Torscharte (2246 m) führt. Von dort auf dem AV-Weg Nr. 415 zurück nach Hinterthal. 4 Std. vom Gipfel.

Bergsteigerische Anforderungen: Hochalpine, Kondition und bergsteigerisches Allroundkönnen fordernde Tour. Steigeisen und Pickel können nützlich sein.

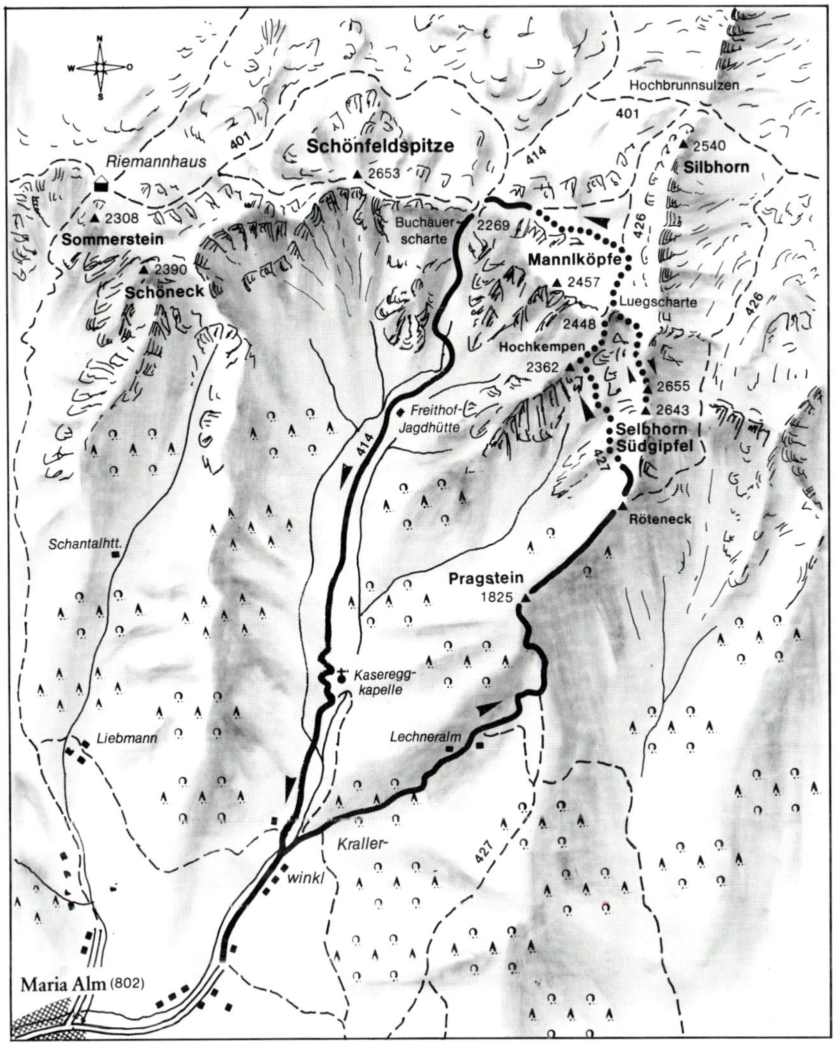

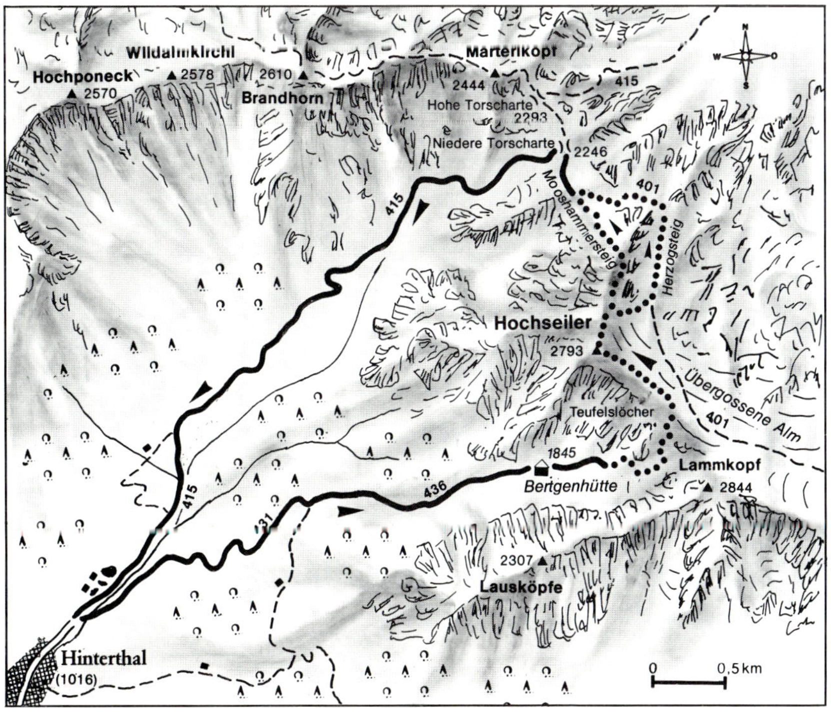

Eine gute Handvoll mittelschwerer Kletterführen

Einige Schmankerl möchten schon sein; bekannte und weniger bekannte, relativ kurze, aber auch sehr großzügige Klettereien aus fünf der neun Gebirge. Die Auswahl ist subjektiv, doch Sie haben die Garantie, daß es sich um lohnende Unternehmungen handelt.

Geiereck (1806 m) – **Laterndl und Ostgrat**
Das ist Purtschellers Geiereck-Führe mit einer etwas schwierigeren, recht originellen Einstiegsvariante. Zugegebenermaßen hat die Tour mit ihrem grasigen Mittelstück einen kleinen Schönheitsfehler, aber ich meine, gerade dies macht sie wiederum auch liebenswert, und beim Gratbuch läßt sichs im flachen Gelände behaglich in der Vormittagssonne rasten. Ein idealer Anstieg für Kletterneulinge – natürlich am Seil eines erfahrenen Vorsteigers.

Schwierigkeiten: III (zwei Stellen), vielfach II, überwiegend I. Grathöhe etwa 370 m; es stecken fixe Sicherungsbügel; Zeit: 2 Std. vom Einstieg.

Zugang: Von der oberen Rositte aus (siehe Seite 125) erkennt man am Grat, der zum Schellenberger Sattel zieht, ein Felstürmchen (Laterndl). Wo der Weg fast waagrecht gegen den kurzen Steilhang unterhalb des Sattels hinführt, geht es über einen Grashang rechts empor und durch eine Rinne links aufwärts zum Einstiegsblock.

Die Route: Über den herausdrängenden Einstiegsblock (III) hinauf und durch eine Steilrinne (Haken) zu Standplatz in einer Nische. Aus dieser auf den natürlichen »Brückenbogen« hinauf (III) und im Kamin hochspreizen, weiter gerade empor und auf schmalem Band mit guten Tritten nach links (II) zum Ausstieg am Ostgrat. Eine längere Querung (zuerst kurze Abstiegsstelle, II) führt zu einem Steilaufschwung, der links (I) umgangen wird. Danach Gehgelände mit kurzen Kletterstellen (I, II) bis zum Gratbuch. Von dort leicht linkshaltend gegen den großen Aufschwung, der an seiner linken Seite an gutgestuftem Fels, zuletzt über eine steile, griffige Wandstufe (II) erklettert wird. Danach durch eine lange Felsrinne (I) inmitten von Latschen zum seilbahnerschlossenen Gipfel.

In der fünften Seillänge der Ostwandverschneidung des Salzburger Hochthrons, die Kletterstellen oberen vierten Schwierigkeitsgrades aufweist.

Salzburger Hochthron (1853 m) – **Ostwandverschneidung**
Im Alpenvereinsführer konnte man viele Auflagen lang lesen, daß die Ostwandverschneidung eine der schönsten Kletterrouten am Untersberg sei. Ich denke, das stimmt auch heute noch. Die Führe von Erwin Schlager und Sepp Dumler aus den zwanziger Jahren bietet reizvolle Platten- und Rißkletterei an festem, griffigem Fels.

Schwierigkeiten: IV+ (Stellen) und IV, nur in den letzten beiden Seillängen leichter; Kletterlänge etwas mehr als 200 m; fixe Sicherungsbügel an den Standplätzen stecken; die eingebohrten Zwischensicherungshaken sind derzeit (August 1993) zerstört; es stecken auch keine Normalzwischenhaken, also Klemmkeile und Friends mitnehmen; Zeit: 2 bis 2 1/2 Std. vom Einstieg.

Zugang: Vom Geiereck (Seilbahn-Bergstation) auf breitem Weg (Skipiste) in Richtung Salzburger Hochthron. Am Ende des Gegenanstiegs aus der Senke unterhalb des Geierecks nach links an den Hochflächenrand und auf Gras und Schrofen abwärts in eine Mulde unterhalb des Wandrandes (links der Kopf des Blausandpfeilers). Die rote Markierung weist zum ersten betonierten Bügel noch im unschwierigen Gelände. Nun insgesamt viermal 40 m abseilen (nach der ersten und der dritten Abseillänge jeweils einige Meter unschwierig abklettern) und den nunmehr gelben Markierungen über grasdurchsetzte Schrofen südlich zum Einstieg der Ostwandverschneidung folgen. 3/4 Std. von der Seilbahn-Bergstation.

Die Route: Vom Standhaken rechts über eine fast senkrechte, wasserzerfressene Platte, links in einen Riß und links heraus auf Grasschrofen. Über eine kurze, senkrechte Wandstelle und Schrofen zum Standhaken (25 m, Stellen IV). Jetzt entweder nahe des Verschneidungswinkels gerade über die Platten oder (schöner) den leicht ansteigenden Quergang nach rechts und an zwei rauhen Erosionsrillen in den Verschneidungswinkel zurück (IV). Von dort etwas leichter über die Platte zum Stand (35 m, IV und IV-). Vom Standhaken rechts, dann links empor und gerade über Platten zu Standplatz (35 m, IV-). Nun über wenig steile Platten zum Rißüberhangl, das überspreizt wird. Danach leicht zum Stand (25 m, Stelle IV+). Von rechts her in den senkrechten Riß und leicht linkshaltend empor. Eine abwärtsgeschichtete Stelle umgeht man links, dann an etwas brüchigem Fels Quergang nach rechts in den Verschneidungswinkel. Durch ihn zur Nische mit Wandbuch (35 m, einige Meter IV+, sonst IV). Aus der Nische gerade und rechts heraus, dann an leichtem Fels zum Standhaken (15 m, III+). Von dort über brüchige Schrofen, Gras und Latschen zum Wandrand (40 m, II).

Abstieg: Am günstigsten geht man zurück zur Seilbahnstation auf dem Geiereckgipfel. Selbstverständlich sind die Abstiegswege über Mittagscharte und Toni-Lenz-Hütte nach Marktschellenberg bzw. über Zeppezauerhaus und Dopplersteig zum ehemaligen Rosittenwirtshaus landschaftlich großartig und lohnend, aber man kommt nicht beim Ausgangspunkt an.

Berchtesgadener Hochthron (1972 m)– **Alte Südwand**

Eine »olle Kamelle«? Nichtsdestotrotz ist die »Barth-Niedermayer« eine lohnende Kletterei mit originellen, wenn auch recht »abgespeckten« Stellen. Vielfach als »guter Dreier« gepriesen, in Wirklichkeit wenigstens zweimal Grad IV, gilt die Alte Untersberg-Süd zu Recht als ideale Tour für Fortgeschrittene.

Schwierigkeiten: IV (zwei kurze Stellen), eine längere Passage III+, vielfach III, überwiegend und besonders nach oben hin II; Wandhöhe etwa 230 m, Kletterlänge ohne Schrofenausstieg etwa 260 m; die Ringe der einzementierten Stand- und Zwischensicherungshaken wurden zerstört und sind derzeit (August 1993) durch Schlingen ersetzt; trotzdem Klemmkeile und Friends mitnehmen; Zeit: 2 bis 2 1/2 Std. vom Einstieg.

Zugang: Am besten von Hinterettenberg in 1 3/4 Std. zum Scheibenkaser. An der Hütte vorbei und bald auf gut ausgetretenem Steig steil nordwestlich zum Wandfuß. An einer Doline vorbei und weiter links unterhalb der Wand entlang, bis man, den deutlichen Steigspuren folgend, bequem auf ein Band hinaufsteigen kann, das nach rechts bis zu seinem Abbruch begangen wird.

Die Route: Vom ersten Standhaken links empor und nach rechts hinauf zu weiterem Standhaken unterhalb einer kaminartigen Verschneidung. Durch die Verschneidung (III+) zu weniger steilem, griffigem Fels und rechts empor unter einen Überhang. Fünf Meter luftiger Quergang (III) nach links in eine Verschneidung, durch diese wenige Meter hinauf unter eine Überdachung und links heraus (III+, »Nudelwalker«) zum Standhaken. Schräg links, dann rechts empor, über einen kurzen, steilen Aufschwung (III) und weniger schwierig weiter (II) zum Standhaken. Jetzt durch einen wenig ausgeprägten, acht Meter hohen, glatten Riß empor (IV) und kurz links abwärts zum Standhaken auf schmalem, waagrechtem Band.

Auf dem Band etwa 30 m nach links, durch ein kurzes Kaminstück (II) und gerade hinauf zu Standhaken in Nische (Wandbuch). Luftiger Quergang etwa sechs Meter nach rechts, dann über ein acht Meter hohes Wandl mit kleinen Griffen und Tritten gerade hinauf (III, IV) und an leichtem Fels zu Standhaken in einer Nische. Ende der Schwierigkeiten.

Jetzt 40 m schräg rechts empor (II) zu Standhaken. Auf Steigspuren etwa 20 m rechts hinaus, dann links oberhalb von einer breiten Rinne zu Standhaken am Beginn eines Kamins (I, II). Durch den Kamin (kurze Stelle III) 20 m zu Standhaken. Schräg rechts durch eine Rinne und längerer Quergang, zuletzt etwas abwärts (II) in das Schrofengelände unterhalb des Ausstiegs. Nun den einfachsten Möglichkeiten folgend (I, Stellen II) direkt zum Gipfel.

Abstieg: Über das Stöhrhaus und auf dem oberen Stöhrweg bis zu der Stelle (»Leiterle«), wo nach links (im Abstiegssinn, Bezeichnung) ein Steig unterhalb der Steilwände wieder zum Scheibenkaser zurückführt.

Schärtenspitze (2153 m) – **Nordostwand**

Vielleicht ein bißchen viel Zustieg für fünf schöne Seillängen Kletterei. Doch gerade das landschaftlich prächtige Hingehen macht diese Tour – eine Bergtour mit Klettereinlage – zu einer »runden Sache«. Warum nicht an einem Tag über das Blaueis auf den Hochkalter und am darauffolgenden Tag durch die Schärtenspitze-Nordostwand? Das kann ein erfüllendes und ausgefülltes Wochenende geben. – Die Kletterei selber zeichnet sich durch festen Fels und äußerst luftige Passagen aus.

Schwierigkeiten: IV und III+ (jeweils eine Stelle), sonst III und II; Kletterlänge etwas über 140 m; AV-Sicherheitshaken an den Standplätzen, auch die notwendigen Zwischenhaken wurden eingebohrt. Zeit: 1 bis 1 1/2 Std. vom Einstieg.

Zugang: Von der Blaueishütte (1680 m, siehe Seite 118) auf dem Weg zum Blaueisgletscher taleinwärts. Linker Hand befindet sich der Plattenschuß des Steinbergs. Er vermittelt den Zustieg und wird über Steigspuren nahe seiner Begrenzung durch die Wände der Schärtenspitze überwunden (I und Gehgelände; Orientierungssinn notwendig). Einstieg unmittelbar unterhalb der Schärtenspitze-Nordostkante. 1 Std. von der Blaueishütte.

Die Route: Vom einzementierten Standhaken einige Meter nach links in die Rinne queren, in ihr empor (III, Stelle III+), nach links auf ein Band und zum in Kopfhöhe befindlichen Standhaken. Auf schmaler Rampe bis zu ihrem Ende (II), dort äußerst luftiger Quergang nach links (III-) und unschwierig zum Standhaken. Nun rechts aufwärts zum großen Block, über ihn hinweg (III), weiter durch eine Rinne und unter einem Überhang links über eine glatte Platte (IV) in leichteres Gelände. An schrofigem Fels gerade empor, kurz nach links (zwei Haken, eventuell Zwischenstandplatz) und durch eine Rinne hinauf. Wo sie endet, nicht nach links auf dem Geröllband weiter, sondern rechts über ein steiles Wandl (III) und gerade über Schrofen zum Standhaken. Links empor in eine Nische, aus ihr rechts heraus und sehr schön an einer kleinen Verschneidung hinauf (III), dann gerade empor zu einem Block. An seiner rechten Seite über ihn hinweg (III) und über unschwieriges Gelände zu Standhaken. Nun rechts über eine plattige Wandstufe (II) und durch eine Steilrinne (III) zum Gipfel.

Abstieg: Auf dem markierten und teilweise gesicherten Normalweg in 1 Std. zur Blaueishütte.

Watzmann-Südspitze (2712 m) – **Ostwand, Berchtesgadener Weg**

Der Berchtesgadener Weg ist die einfachste, die leichteste Route durch die Watzmann-Ostwand. Das heißt aber nicht, daß man diese überaus großartige Felstour auf die leichte Schulter nehmen dürfte. Zwar wird nicht der vierte Schwierigkeitsgrad – wie am Kederbacherweg – verlangt, aber doch immerhin der dritte. Dazu sind beste Kondition und Orientierungssinn gefordert. Übrigens gereicht es niemandem zur Schande, sich beim ersten Ostwandversuch ans Seil eines Bergführers zu knüpfen. Ein ganz großer Vorteil des Berchtesgadener Weges: Die Begehung ist unabhängig von den Verhältnissen an den Randklüften von Eiskapelle und Schöllhornfirn.

Schwierigkeiten: III+/A0 (eine kurze Stelle unterhalb des Gipfels) und III (etwa 80 m im mittleren Wandteil), überwiegend II und Gehgelände; Höhenunterschied Einstieg – Gipfel 1780 m, Kletterlänge etwa 3000 m; alle notwendigen Haken stecken; Zeit: 6 bis 8 Std. bei normalen Verhältnissen.

Zugang: Von Sankt Bartholomä auf breitem Weg zur Kapelle St. Johann und Paul; über den Bach und auf schmälerem Steig zum Talschluß. An Blöcken vorbei zum Schneefeld der »Eiskapelle«. 1 Std.

Die Route: Auf Steig links der Eiskapelle zu einem Sporn empor. Über ihn auf deutlichen Trittspuren links hinauf zu einer Schrofenwand. Durch eine Geröllrinne in ein Schartl. Die folgende Rinne etwa 50 m empor, dann scharf rechts heraus (Steinmann) und über grasige Hänge schräg rechts aufwärts. Über Platten hinauf und nach links durch eine Rinne zu einer Felswand. Unter ihr rechts heraus, 50 m in einer Rinne hinauf und wiederum scharf rechts heraus. Schräg rechts aufwärts und in der übernächsten Rinne bis auf 1250 m Höhe empor. Rechts aus der Rinne heraus (Steigspuren) und zu den Grashängen links des Schuttkars empor.

Über einen Steig ins Kar. Oberhalb des untersten Felsriegels rechts zum Bachbett und weiter rechts zu einem Geröllrücken. Über ihn hinauf und bei 1410 m Höhe rechts an die Felsen. Gerade hinauf, dann rechts über ein Geröllband zu einem Absatz. Schräg rechts empor in die große Rinne, die von der Eiskapelle heraufzieht. Links der Rinne, zum Teil in ihr, über ausgewaschenen Fels links hinauf zum begrünten Absatz des ersten Sporns (1570 m). Weiter links hinauf, Quergang auf überdachtem Band (Unterbrechungsstelle, III) und durch Rinnen und über Platten, dann an Schrofen zum zweiten Sporn (1630 m).

Frühmorgendlicher Einblick aus dem Schuttkar des Berchtesgadener Weges in den mittleren Teil der Watzmann-Ostwand. Die deutlich ausgeprägte Diagonale ist die »Rampe unter der gelben Wand«, in die sich Berchtesgadener-Weg-Aspiranten schon oft verstiegen haben – mehrmals mit tödlichem Ausgang. Die tatsächliche »Rampe« des Berchtesgadener Wegs ist die auf diesem Foto exakt 28 mm diagonal rechts der »Rampe unter der gelben Wand« verlaufende, weniger ausgeprägte, jedoch deutlich gestufte Zone.

Jetzt rechts aufwärts bis 1650 m Höhe und links zu einem Absatz vor der kompakten, geneigten »Platte« (1690 m; links davon die »Wasserfallwand«). Etwas links, dann gerade hinauf, links um eine Felsnase herum und in einem Riß rechts empor auf ein Band (etwa 40 m, III, mehrere Haken). Über das Band links hinauf bis zehn Höhenmeter oberhalb der Abbruchkante der »Wasserfallwand«. Hier rechts(!) – nördlich – in eine Rinne queren und in ihr, teilweise rechts von ihr auf der nun deutlich ausgeprägten »Rampe« zu einem kleinen Sattel (1870 m).

Nun auf Schrofenband rechts bis zu seinem Ende. Von hier 30 m links, dann etwa 50 m rechts durch Rinnen und an kurzen Rissen zu einer steilen Wandstufe. Über sie empor (III) und rechts heraus auf Platten und Schrofen, die zu einem Sporn am untersten Auslauf der »Gipfelschlucht« (1970 m) führen. Links oberhalb befindet sich eine Biwakhöhle.

Weiter in Schluchtmitte empor. Spätestens bei 2060 m Höhe die Schlucht nach rechts queren (links erkennt man ein mächtiges Band) und über gutgestufte Felsen rechts empor (Einmündung des Kederbacherweges). Über ein Band nach links, dann über eine ausgewaschene Stufe auf eine Rippe und rechts heraus in eine Geröllrinne, die auf ein Band (Steigspuren) leitet. Man erreicht einen markanten Absatz (»Dabelsteinplatte«) und quert nach rechts zu einem schrofigen Rücken. Über ihn zum »Massigen Pfeiler«, in dessen Schutz die Biwakschachtel (2380 m) steht.

Von hier schräg rechts hinauf, dann links und durch eine brüchige Rinne bis oberhalb des »Massigen Pfeilers«. Schräg rechts durch die »Ausstiegskamine« (kurze Unterbrechungsstellen III) empor und rechts heraus in eine steinschlaggefährdete Rinne. Durch sie hinauf und rechts über ein Geröllband zu einem Absatz. Schräg links über ein Gratstück an eine etwa acht Meter hohe, sehr steile Wandstufe. Über sie hinauf (III+/A0) und zu Standplatz. Etwas linkshaltend über eine letzte, brüchige Stufe (III) und an leichtem Fels auf die Südspitze.

Abstieg: Über die Südwestflanke ins Wimbachgries und zur gleichnamigen Hütte. 2 1/2 Std. (siehe Seite 122).

Hoher Göll (2522 m) – **Westwand, Brandensteinführe**

Für Extremkletterer ist die Alte Göll-Westwand nur Abseilpiste. Gemäßigte Kletterer hingegen finden mit der Brandensteinführe eine überaus schöne Unternehmung an vorwiegend festem Fels und in einer landschaftlich beeindruckenden Umgebung. Wenn man früh genug einsteigt, dürfte es kaum »Gegenverkehr« von oben her geben.

Schwierigkeiten: III+ (gesamter Ausstiegskamin), mehrere Stellen III, überwiegend II, zwischendurch auch Gehgelände; Höhenunterschied Einstieg – »Brotzeitplatz« 400 m, Kletterlänge etwa 480 m; die erforderlichen Stand- und Zwischenhaken stecken; Zeit: 2 1/2 bis 3 Std. vom Einstieg.

Zugang: Von der Scharitzkehlalm (1046 m, Sommerwirtschaft, von Obersalzberg über die Dürreckstraße mit Kfz zu erreichen) östlich erst auf Fahrsträßchen, dann auf einem Steig in den Schluß des Endstales und direkt zum Fuß der Göll-Westwand. Etwa 3/4 Std. vom Parkplatz.

Die Route: Über den Schrofenvorbau, immer den logischsten und einfachsten Möglichkeiten folgend, auf ein ausgeprägtes Band (Standhaken). Von dort schräg rechts hinauf, über eine Rampe nach links empor und gerade über eine Platte (III) zum Stand. Nun links durch eine Rinne (II, I) zu einem weiteren Standplatz. Dann über leichtes Gelände zu einer brüchigen Wandstufe. An ihrer rechten Seite hinauf (III). Oben rechts heraus und über ein Schrofenband nach rechts absteigen. Von seinem Ende schräg links an grasdurchsetztem, griffigem Fels (Stellen III, meist II) zum Standhaken. Weiter über eine steile Wandstufe zu einem Absatz. Nun schräg links immer steiler bis unter einen fast senkrechten Aufschwung, den man links umgeht (III). Dann über leichten Fels zu Stand. Schräg rechts unschwierig bis unter eine steile Wandstufe. Gerade empor (III) und rechts zum Ansatz des Ausstiegskamins (Sanduhr). 25 m im Kamin (III+, mehrere Haken) zum Stand. Von hier an leichtem Fels zum Ausstieg links unterhalb des »Trichterwiesls«.

Abstieg: Man folgt vom Ausstieg den deutlichen Steigspuren nach links zum »Brotzeitplatz«. Von dort zieht sich die Abstiegsroute unterhalb des Mannlgrats nach Westen (Steigspuren), um im unteren Teil auf den »Steftensteig« (von Eisenstiften eines alten Jagdsteigs herrührend) zu treffen. Es ist dies, mit Ausnahme des Abseilens über die Brandensteinführe, die rascheste Abstiegsmöglichkeit aus der Göll-Westwand (stellenweise II). Etwa 2 Std. bis zur Scharitzkehlalm.

Großer Bratschenkopf (2859 m) – **Wetterwand, Südpfeiler**

Hubert Peterka umwarb ihn längere Zeit, und als er ihn mit Willi End 1948 kletterte, waren beide Bergsteiger überrascht – keineswegs enttäuscht –, daß der Wetterwandpfeiler keine extremen Schwierigkeiten bot. Ein großzügiger Anstieg mit bestechender Linienführung ist der Bratschenkopf-Südpfeiler noch immer. Der freie Ausblick gen Süden zu den Hohen Tauern, an den Standplätzen fortwährend zu genießen, setzt einen landschaftlich prächtigen Akzent.

Schwierigkeiten: IV+ (zwei Passagen), stellenweise IV, vielfach III, zum Teil leichter; Pfeilerhöhe ohne Schrofenvorbau 1060 m; Stand- und Zwischenhaken nur teilweise vorhanden; Zeit: 5 bis 6 Std. vom Einstieg.

Zugang: Vom Arthurhaus (1502 m, siehe Seite 120) auf dem zur Erichhütte führenden Weg bis kurz vor die Wiedersbergalm (1539 m). Nördlich auf den Wiedersbergriedl und ihm bis ins Riedingkar (auf der AV-Karte »Gamskarl«) folgen. Nordwestlich zu den Felsen (je nach Schneelage Randkluft) und über sie ins obere Schneekar. Nach rechts zu den grasbewachsenen Steilschrofen, mit denen der Südpfeiler ansetzt.
1 3/4 Std. vom Arthurhaus.

Die herrliche Anstiegslinie des Wetterwand-Südpfeilers am Großen Bratschenkopf, einer großzügigen, mittelschweren Kletterfahrt mit Stellen oberen vierten Schwierigkeitsgrades. Die Wandhöhe indes beträgt über 1000 Meter. Links im Bild der Hochkönigipfel, den hier noch das alte Franz-Eduard-Matras-Haus krönt.

Die Route: Einstieg etwas links der Fallinie des Südpfeilers, bei grasbewachsenen Schrofen. Über sie, den bestgangbaren Möglichkeiten folgend (stellenweise II) zu ihrem höchsten Punkt. An brüchiger Platte Quergang nach links aufwärts. An der folgenden Steilplatte mit kleinen Griffen und Tritten (IV+, Schlüsselstelle) zu einem Felsköpfl empor (40 m, Standplatz). Dann in einem seichten Kamin etwa 12 m hinauf und Quergang nach rechts auf die gestufte Rippe innerhalb des dreieckigen Pfeileraufbaus. Gerade aufwärts zu einem Überhang und darunter auf schmalem Grasband Quergang nach rechts. Danach durch eine kaminartige Steilrinne, zuletzt über von Erosionsrillen durchzogene Platten (III) auf die Höhe des hornartigen, ersten Pfeileraufbaus.

Unterhalb des zweiten Pfeileraufschwungs auf breitem Band unschwierig nach links aufwärts in einen Sattel und auf ansteigendem Band weiter nach links. Über einige plattige Unterbrechungsstellen (III) nach links auf ein markantes Köpfl. Von dort links ums Eck in einen verborgenen Kamin. In diesem aufwärts (eine Stelle IV+, sonst IV), durch seine rinnenartige Fortsetzung (III) weiter empor und links heraus in ein enges Gratschartl. Halblinks an leichtem Fels ansteigend zur Höhe des zweiten Pfeileraufschwungs.

Vor dem dritten Pfeileraufschwung kurzer, ausgesetzter Quergang (IV) nach rechts in eine Rinne. In dieser aufwärts, immer an der rechten Pfeilerwand entlang, bis sie von einem großen, eindeutig auszumachenden Felsblock abgeschlossen wird. (Etwa in halber Höhe der Rinne erblickt man links oben Haken; nicht dort hinauf, Verhauer!)

Unterhalb des Felsblocks kurzer Plattenquergang nach links zum Beginn eines Bandes, das schwach ansteigend nach links (mit einer Unterbrechungstelle, III+) an die Pfeilerkante hinausführt. An ihr mit schöner Kletterei mehrere Seillängen gerade aufwärts, bis sie sich gratartig verschmälert und einen Absatz bildet. Um den folgenden Aufschwung links herum und wieder direkt an der Pfeilerkante aufwärts. Zuletzt über mäßig steile Platten zum Ausstieg am Nordostgrat (Steinmann).

Abstieg: Nördlich hinunter zum nahen Verbindungsweg Matrashaus – Arthurhaus. Auf ihm östlich durch das obere Ochsenkar, an der Torsäule vorbei, zur Mitterfeldalm und südwestlich zum Arthurhaus zurück. 2 1/2 Std. vom Ausstieg des Südpfeilers.

Flachfeld (2472 m) – **Südwand, Alpingendarmerieweg**

Albert Precht, der Paul Preuß unserer Zeit, fand 1974 im linken Teil der Flachfeld-Südwand eine für ihn sicherlich leichte Neutour, die zu einem »Klassiker« im ehemals mittleren Schwierigkeitsbereich geworden ist. Mit Grad III steht sie allerdings schon einigermaßen streng bewertet im AV-Führer. Der Fels ist fest, und die Linienführung der Route könnte idealer kaum sein.

Schwierigkeiten: IV+ und IV (jeweils eine Stelle), eine Stelle IV-, sonst III+ und III; Kletterlänge etwa 300 m; die Standhaken stecken; Zeit: 2 Std. vom Einstieg.

Zugang: Vom Arthurhaus auf dem Hochkönigweg über die Mitterfeldalm auf den Ochsenriedl empor und gegen die Torsäule zu, bis man in einem kleinen, markanten Sattel den Weg nach Norden hin verläßt (Bezeichnung). Die breite Flachfeldwand ist eindeutig auszumachen. Im weglosen Gelände den Steinmännern folgend zuerst in die Gasse zwischen Ochsenriedl und Schoberköpfen hinunter (zuletzt kleine Kletterstelle). Weiter gegen Norden, wobei man zusieht, daß man die Ausläufer von Teufelskirchl und Schoberköpfen nicht zu tief unten quert. Im Kar unterhalb der Flachfeld-Südwand nach links aufwärts. Links der glatten Zone des linken Wandteils erkennt man ein ausgeprägtes Verschneidungssystem, durch das der Anstieg führt. 2 Std. vom Arthurhaus.

Die Route: Zur Einstiegsverschneidung leiten von rechts her schmale, etwas grasbewachsene Bänder. Man erreicht sie über gestuften Fels (III–) und folgt ihnen ausgesetzt nach links zum Standhaken. Weiter schräg links aufwärts und an einer kleinen Verschneidung gerade empor (III). Schräg nach links in den Winkel der Hauptverschneidung und über eine senkrechte, abdrängende Stelle (IV–) zu Stand. Weiter an der Verschneidung gerade empor (III+, III) unter Überhänge. Vom Stand ausgesetzter Quergang nach rechts und an griffarmer Platte gerade hinauf (IV), danach leichter (III) etwas rechtshaltend, zuletzt kurz links hinauf zu Standplatz mit Wandbuch. Direkt über eine senkrechte Wandstelle empor (III+) und leicht linkshaltend in eine kurze, kaminartige Verschneidung. In ihr mit schöner Kletterei in eine gestufte Rinne, die zum Ausstiegskamin führt. Es ist der ganz rechte! Rechts über eine glatte, steile Wandstelle (anfangs IV+) in den Kamin und an ihm mit herrlicher Kletterei hochspreizen (III) zum Ausstieg.

Abstieg: Östlich über den teilweise luftigen Grat (Gehgelände und kurze Stellen II) auf das begrünte Flachfeld. Jetzt exakt auf die Steigspuren achtend immer steiler über Gras und Schrofen in Ostrichtung hinunter und zuletzt durch eine Geröllrinne ins Kar. Südsüdwestlich gegen den Östlichen Schoberkopf zu, bis man wieder auf die Steinmänner trifft, die zum Hochkönigweg zurückleiten.

Eine kleine Skitourenpalette

Die Berchtesgadener Alpen zählen zu den großen Skitourengebieten der Nordalpen. Wie in allen Plateaugebirgen, so lassen sich auch hier ausgedehnte Durchquerungen unternehmen. Reiter Alm und insbesondere Steinernes Meer bieten Tourenskigelände vom Feinsten. Die (normalerweise) Zwei-Tage-Unternehmung »Große Reibn« ist sogar weit über die Region hinaus berühmt geworden. Man beginnt diese

40-Kilometer-Tour am Jenner und geht und fährt am ersten Tag über Schneibstein, Schlum, Jägerbrunntrog, Eisgraben, Lange Gasse, Steinergrube und Funtensee zum Kärlingerhaus. Am zweiten Tag folgen der Anstieg zur Hundstodscharte, die Querung zum Dießbacheck, die Abfahrt in den Hochwieskessel, der (letzte) Anstieg zur Kematenschneid, und endlich die Abfahrt zur Wimbachscharte und durch den steilen, berüchtigten Loferer Seilergraben ins Wimbachgries.

Aschauer hat die »Große Reibn« von Berchtesgaden nach Berchtesgaden an einem Tag gemacht! Doch das ist nicht der Maßstab für »Normalverbraucher«. Im übrigen setzt diese große Skitour sicherste Schnee- und beste Sichtverhältnisse voraus. Dasselbe gilt für die kürzere »Hundstodreibn«, die aus dem Wimbachgries über den Trischübelpaß und durch die Hundstodgruben zur Hundstodscharte führt – und somit die Route der »Großen Reibn« erreicht.

Nachstehend seien einige Tagesskitouren in den Berchtesgadener Alpen empfohlen; sehr bekannte und technisch nicht allzu schwierige, aber auch weniger bekannte, großzügig-steile, in jedem Fall hochalpine Unternehmungen, die gutes fahrerisches Können und – wie sollte es anders sein – lawinensichere Schneeverhältnisse voraussetzen. Letzteres gilt für alle hier beschriebenen Skitouren!

Skibergsteiger im Steintal, das – durch die Ofentalschneid vom Ofental getrennt – parallel südwestlich zu diesem in den Hochkalterstock eingeschnitten ist. Rechts die steilen Felswände der Steintalschneid.

Ofental

Das Ofental ist das am weitesten nördlich gelegene der großartigen Hochkalterstocktäler; neben dem Hocheiskar die bekannteste der Skitouren in diesem Teil der Berchtesgadener Alpen.

Der Anstieg: Von Hintersee (796 m; Parkplatz am Beginn der Hirschbichlstraße) dem Wanderweg östlich der Straße bis zur Abzweigung des Weges ins Ofental (bei der Lahnwald-Diensthütte) folgen. Auf dem bequemen Weg in den dichten Wald empor. Beim Schild »482«, gleich nach Eintritt in den Wald, Abzweigung ins Stein- beziehungsweise ins Sittersbachtal. Der Ofentalweg führt an den Hängen des Salzkopfes weiter. Bei etwa 1330 Meter wäre noch einmal eine Abzweigung südlich in die genannten Täler möglich. Man hält sich aber weiter auf dem Ofentalweg und erreicht bald den untersten Boden des Tals. Über eine steile Stufe ins Kar und in ihm, zuletzt sehr steil, bis zur Ofentalscharte (etwa 2400 m). Etwa 5 Std.

Abfahrt: Entlang der Aufstiegsroute.

Anforderungen: Anspruchsvolle, ausgesprochen lohnende, hochalpine Skitour, die gute Kondition und sichere Abfahrtstechnik verlangt. In der Regel günstig etwa ab Ende März bis Anfang Mai.

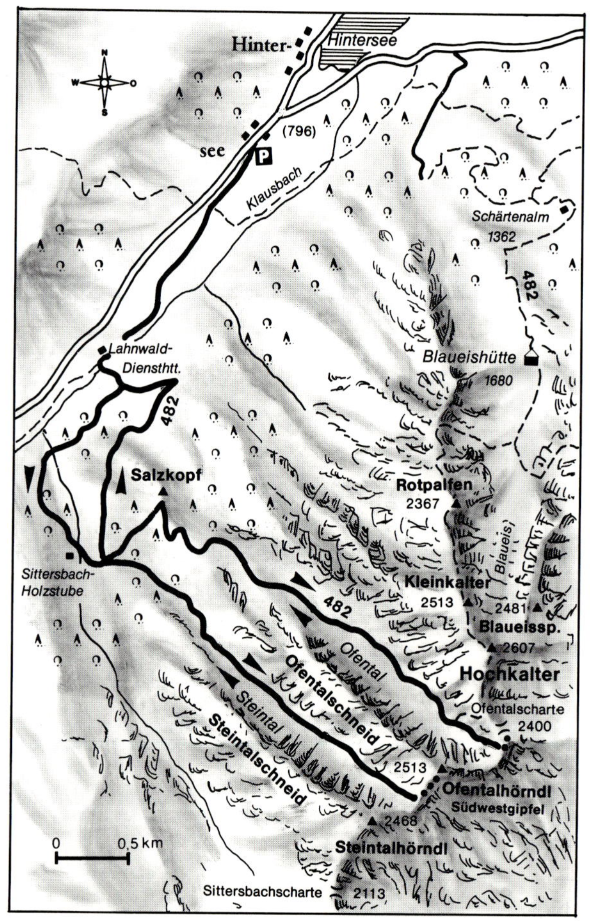

Watzmannkar

Das Watzmannkar ist eine klassische Skitour in den Berchtesgadener Alpen. Für viele Skibergsteiger gehört sie – zu Recht – zum alljährlichen »Pflichtprogramm«. Was dem Watzmannkar seinen besonderen Reiz verleiht, ist die Möglichkeit, unter drei Zielpunkten wählen zu können: Drittes Kind (2165 m), Fünftes Kind (2225 m) und Watzmann-Skischarte. Wer genügend Auftrieb und Kondition hat, kann alle drei nacheinander »abhaken«. Ausgesprochen großartig und informativ sind die Einblicke in die tiefverschneite Watzmann-Ostwand.

Der Anstieg: Von Hinterschönau (Hammerstiel, siehe Seite 118) dem Fahrweg erst südwestlich, dann südöstlich zur Schapbachalm folgen. Weiter über den Schapbachboden bis zu der Stelle, wo der Weg in Richtung Kührointhütte eindeutig nach links (Osten) umbiegt. Man kann auf der Straße bis Kühroint weitergehen oder im Wald steil aufwärts steigen, bis man den untersten Boden des Watzmannkars erreicht. Im weiten Kar südwestlich empor und – je nach Verhältnissen und Laune – entweder in die Skischarte, auf das Fünfte oder auf das Dritte Kind. Jeweils etwa 4 Std. von Hammerstiel.

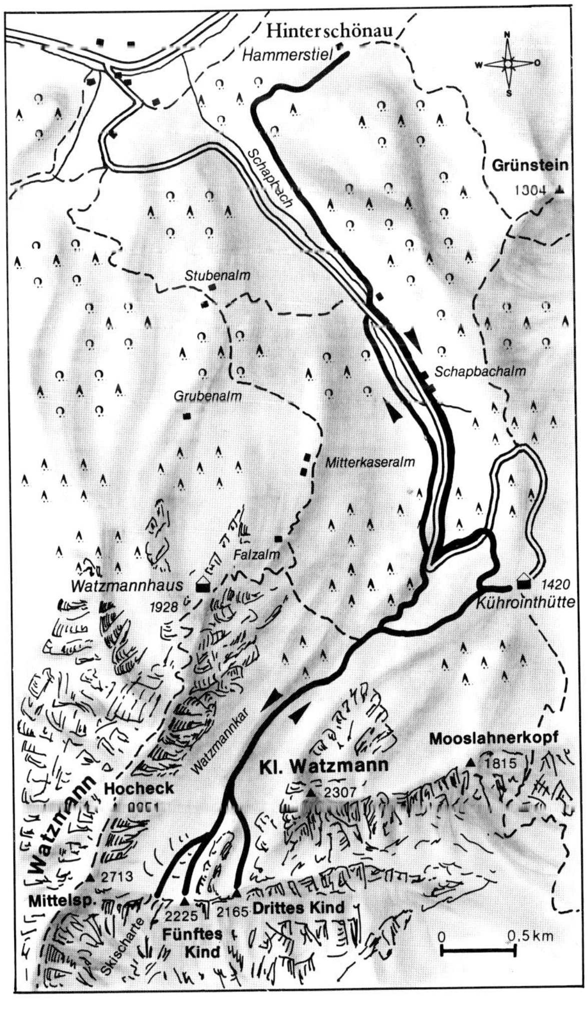

Abfahrten: Entlang der Aufstiegsrouten. Im Schapbachboden fährt man mit Vorteil links des Fahrweges.

Anforderungen: Mitunter pistenähnlich eingefahrene, landschaftlich prächtige Skitour. Aufgrund der großen Beliebtheit wird das Watzmannkar gerne unterschätzt. Die Tour fordert gute Abfahrtstechnik und selbstverständlich lawinensicheren Schnee. Günstig normalerweise von Anfang/Mitte März bis Ende April.

Hoher Göll

Ihm sieht man seine Skitourentauglichkeit nicht auf den ersten Blick an. Nur das schmale Alpeltal vermittelt den Zugang ins Ideal-Tourenskigelände der »Umgäng« beziehungsweise der »Göllsanden«. Bei guten Verhältnissen läßt sich der Hohe Göll bis zum Gipfel mit Ski ersteigen.

Der Anstieg: Von der Dürreckstraße, kurz nach der beschilderten Abzweigung zur Alpeltalhütte (etwa 1100 m) auf deutlich ausgetretenem Pfad östlich durch Wald zu einer Felsstufe, die über ein Band (Sicherungen) erstiegen wird. Dann rechts haltend ins Alpeltal. Steil empor, danach flacher durch lichten Baumbestand und im linken Talast, zuletzt sehr steil, zu einem Punkt, von wo aus man auf den Mannlgrat sehen kann. Über einen kurzen Hang in die nahezu ebenen Umgäng und weiter in die Göllsanden. Wieder steiler hinauf zur Göllscharte. Von dort – je nach Verhältnissen mit Fellen oder die Ski tragend – links über den Gratrücken auf den Gipfel des Hohen Göll. 4 bis 4 ½ Std.

Abfahrt: Sie erfolgt im oberen Teil westlich unterhalb beziehungsweise neben dem Gratrücken. Achtung: Es muß unbedingt wieder bis zur Göllscharte abgefahren werden! Keinesfalls schon vorher vom Grat nach Südwesten abfahren! Von der Göllscharte fährt man entlang der Aufstiegsroute hinunter.

Anforderungen: Rassige, teilweise recht steile Abfahrt, die gutes skiläuferisches Können voraussetzt. Einwandfreie Sicht ist vonnöten. Günstigste Zeit in der Regel von Ende März bis Anfang/Mitte Mai.

Kleine Reibn

Die »Kleine Reibn« im Hagengebirge ist ein Ziel für Skitourenneulinge. Doch wie der Unfall von Josef Aschauer (siehe Seite 91) zeigt, kann auch diese verhältnismäßig einfache Unternehmung ihre Tücken haben. Ihre Vorzüge: Seilbahnauffahrt, kurze Anstiege, meist pistenartig eingefahrene Hänge. Gerade recht für den Skibergsteigereinstand. Dazu kommt die herrliche Schau auf weite Teile der Berchtesgadener Alpen.

Die Tour: Von der Jennerseilbahn-Bergstation (1802 m) kurz auf der Piste abwärts. Wo diese nach links abzweigt, östliche Querfahrt und unterhalb des Pfaffenkegels mäßig steiler Anstieg zum Carl-von-Stahl-Haus (1728 m) am Torrener Joch. Von dort an den zunächst steilen, mitunter felsigen Vorbau des Schneibsteins heran, in Kehren über ihn hinauf, dann flacher in Richtung Gipfelhänge, die mit wei-

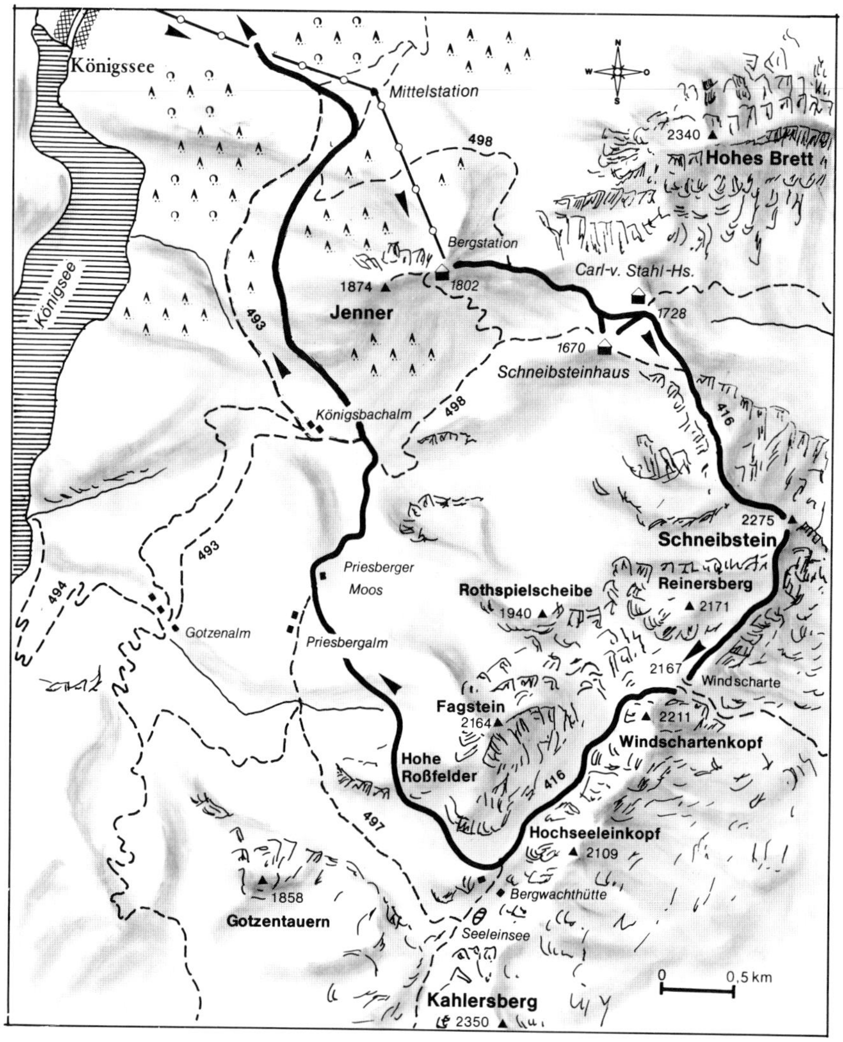

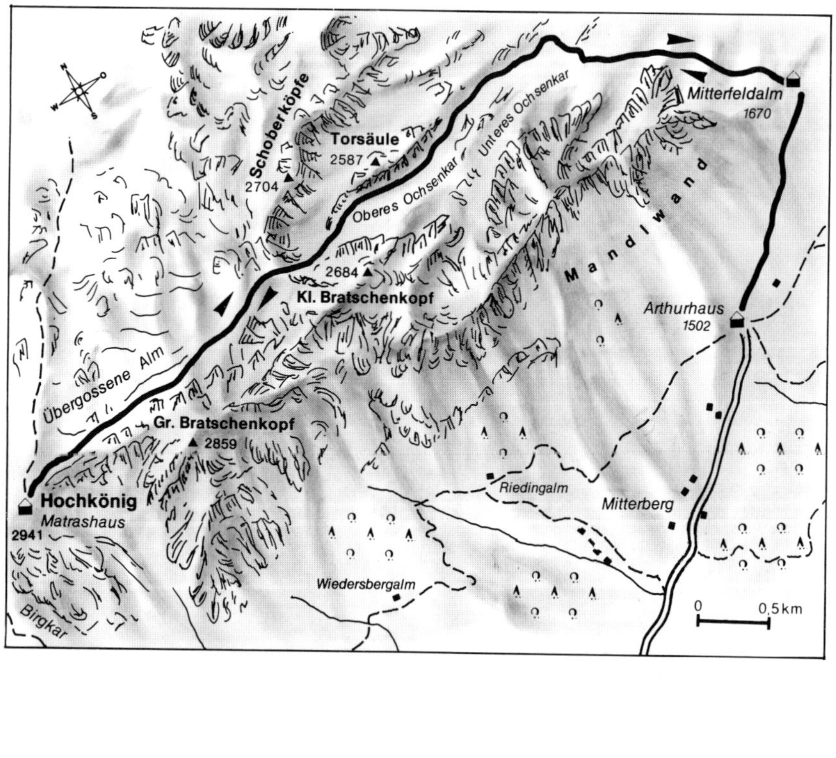

ten Kehren überwunden werden. Zuletzt von Süden her zum Kreuz (2275 m).

Nun zügige Abfahrt in südwestlicher Richtung (einige kurze Gegenanstiege, Markierungsstangen) bis zur Windscharte (2164 m). Dort an den Hängen des Windschartenkopfs rechts queren und in die Mulde zwischen Fagstein und Hochseeleinkopf hinunterfahren. Nicht bis zum Seeleinsee, sondern kurz vor der Bergwachthütte rechts ab und an den Südwesthängen des Fagsteins abwärts bis zu Felsblökken. Jetzt Querung beziehungsweise Anstieg zu den Hohen Roßfeldern. Von dort Abfahrt über schöne Hänge, zuletzt steil, zur Priesbergalm und weiter durch Mulden und übers Priesberger Moos in den Königsberger Graben. Nun besser nicht über die Königsbachalm und Hochbahn ins Tal, sondern bei Hinweistafel waagrechte Querung in nördlicher Richtung zur Jennerabfahrt, die man an der Seilbahn-Mittelstation erreicht. Insgesamt 5 bis 6 Std.

Anforderungen: Verhältnismäßig einfache, jedoch keinesfalls harmlose oder lawinensichere Tour. Eine der bekanntesten Skitouren in den Berchtesgadener Alpen. Eher Hochwinterunternehmung, je nach Schneelage aber auch bis in den März hinein brauchbare Verhältnisse.

Hochkönig

Die höchste Erhebung in den Berchtesgadener Alpen ist ein beliebtes, ja begehrtes Skitourenziel. Gleich, ob über die Ostpreußenhütte, die Mitterfeldalm oder gar durch das Birgkar: eine Skitour auf den Hochkönig gilt allemal als Unternehmung der Superlative. Während die Birgkarroute nur ausgesprochen guten, eher extremen Skibergsteigern vorbehalten ist, und der Anstieg beziehungsweise die Abfahrt über die Ostpreußenhütte über eine kurze Strecke hinweg ebenfalls recht gute Skitechnik verlangt, ist die Route vom Arthurhaus über Mitterfeldalm und Ochsenkar verhältnismäßig einfach. Auch sie verlangt jedoch beste Verhältnisse.

Der Anstieg: Vom Arthurhaus (1502 m, siehe Seite 120) nordöstlich zur Mitterfeldalm, dann nordwestlich unter die steilen Hänge der Mandlwand, die gequert werden müssen. In nahezu gleicher Richtung auf den Ochsenriedl empor, westwärts gegen die Torsäule, an ihr vorbei und durch das Obere Ochsenkar zu einem Steilhang. Über ihn hinauf zur Schweizertafel. Danach trägt man die Skier über einen in Südwestrichtung verlaufenden Schrofenrücken und gelangt durch ein Tälchen auf die »Übergossene Alm«. Über sie an den Gipfelhang. Nochmals steil empor zum Matrashaus. Etwa 5 Std.

Abfahrt: Weitgehend entlang der Anstiegsroute; im unteren Teil nicht auf dem Ochsenriedl, sondern günstiger im Kar selbst. Die Einfahrt ist steil.

Anforderungen: Großzügige, hochalpine Skitour, die absolut lawinensicheren Schnee und gute Sichtverhältnisse voraussetzt. Die Querung unterhalb der Mandlwand ist die kritischste Passage. Kondition vonnöten. Günstige Zeit normalerweise von Ende März bis Anfang/Mitte Mai.

Nachbetrachtung

Man könnte weiter- und weiterschreiben. Über die Alpenvereins- und -hüttengeschichte. Über die Arbeit der Sektion Berchtesgaden, über deren erste (Holz)Hütte am Funtensee im Steinernen Meer, die sie 1879 vom Forstamt erwirbt. Über den Wegebau in der »Saugasse«.

1883 wird das erste Untersberghaus der Sektion Salzburg am Geiereck eröffnet; 1888 das Watzmannhaus der Sektion München. 1900 eröffnet die Sektion Sonneberg das Purtschellerhaus. Ein Jahr später wird die Schutzhütte nahe des Berchtesgadener-Hochthron-Gipfels fertiggestellt und nach ihrem maßgeblichen Finanzier, dem Leipziger Textilfabrikanten und Kommerzienrat Stöhr benannt. Er stiftet auch die Mittel für den Wegebau aus der Gern und unterhalb der Almbachwand entlang bis zum Gatterl, den heutigen Stöhrweg.

1901 weiht die Sektion Lend-Dienten den Birgkarsteig auf den Hochkönig ein. Vier Jahre später steht das Funtenseehaus als Steinbau in seiner jetzigen Gestalt. 1910 wird es aus Anlaß der zehn Jahre währenden Vorstandschaft von Regierungsrat Kärlinger bei der Sektion Berchtesgaden in »Kärlingerhaus« umbenannt.

1916 geht das Jagdgut Blühnbach aus dem Kaiserlich Österreichischen Familienfonds in den Besitz der Familie Krupp über, der es bis 1974 gehört. Der Bohlensteig im Blühnbachtal erhält seinen Namen zu Ehren des Gutsherrn Krupp von Bohlen und Halbach, der *in dankenswerter Weise erkannt hat, daß zwischen den berechtigten Interessen der Jagd einerseits und der Touristik andererseits ein friedlicher Ausgleich möglich ist, sofern nur der gute Wille auf beiden Seiten vorhanden ist.* Da könnten sich heutige Vertreter des Weidwerks ebenso wie fanatisch-extreme »Naturschützer« eine Scheibe abschneiden!

Die 1929 fertiggestellte Eckberthütte trägt ihren Namen nach ihrem Erbauer, einem Krupp-Sohn.

1930 gründet Josef Aschauer die Jungmannschaft in der Sektion Berchtesgaden. 1947 strömen *aus den zerbombten Großstädten die Menschen in überfüllten Zügen in die Berge, um sich neue Kraft für den düsteren Alltag der Hungerrationen zu holen. Mit wachsendem Abstand vom Kriegsende wurde die Versorgungslage nicht besser, sondern immer schlechter, weil ab 1946 durch die organisierte Aussiedlung der Deutschen aus den Oststaaten ständig neue Menschenschübe das Elend vergrößerten. In den Tälern gab es immer weniger Übernachtungsmöglichkeiten, weil jeder neue Aufnahmezwang von Flüchtlingen den Beherbergungsraum verringerte. In nie dagewesenen Scharen zogen auch schlecht ausgerüstete Nichtbergsteiger auf Alpenvereinshütten, die unter normalen Verhältnissen ein Hotelzimmer im Tal genommen hätten. Dazu kam noch die besondere Situation des von der Grenze geteilten Purtschellerhauses, das an der bayerisch-österreichischen Grenze von der Tschechoslowakei bis zum Bodensee der einzige legale Treffpunkt für zerrissene Familien, Liebespaare und Geschäftemacher wurde. Resultat dieser Zustände für die Häuser der Sektion: Purtschellerhaus 19000 Übernachtungen, Kärlingerhaus 19000 Übernachtungen; Stöhrhaus 3700 Übernachtungen.*

Es lagen oft so viele Menschen auf den Tischen, Bänken und am Boden, daß man nur auf- oder abgerundete Übernachtungsziffern feststellen konnte. Das Purtschellerhaus wurde treuhänderisch für die in der russischen Besatzungszone ... aufgelöste Sektion Sonneberg in den ersten Nachkriegsjahren gemeinsam mit der Sektion Hallein des OeAV, dann allein von der Sektion Berchtesgaden verwaltet. Ortskundige Bergsteiger, die sich weder von Hitler 1933 bis 1936 noch von der amerikanischen Militärregierung 1945 bis 1948 Exkursionen nach Österreich verbieten ließen, benützten das Kärlingerhaus sogar als Stützpunkt für Frühjahrsskitouren im Venedigergebiet. Sie fuhren von der Buchauer Scharte ab, setzten sich in Saalfelden in den Zug und kamen auf gleichem Wege wieder zurück. In Bayern bildete sich wie in den anderen Ländern der amerikanischen und britischen Besatzungszone eine Landesarbeitsgemeinschaft der Alpenvereine (Ertl).

Im Oktober 1949 schleppen Bergwachtmänner und hochkarätige Alpenvereinsfunktionäre die aus den Tragflächen eines defekten amerikanischen Flugzeugs herausgeschnittenen Einzelteile einer Biwakschachtel bis nahe zur Watzmann-Südspitze. Sommers darauf werden sie an Ort und Stelle zusammengeschraubt. Ein Jahr später endlich gelingt es, unter der Leitung von Wiggerl Gramminger die Notunterkunft in die Ostwand hinunterzuseilen sowie am »Massigen Pfeiler« aufzustellen und zu verankern.

Georg von Kaufmann, Forstmeister, Tanzmeister und leistungsstarker Bergsteiger aus Ruhpolding, paßt dies ganz und gar nicht. Er stellt bei der Eiskapelle einen Wegweiser zur Biwakschachtel auf und markiert den gesamten Berchtesgadener Weg der Watzmann-Ostwand mit roten Farbtupfern nach dem Motto: wenn schon eine Hütte, dann gehört auch ein bezeichneter Steig dazu. *Später mußte er seine roten Farbkleckse wieder abkratzen. Aus dem Saulus wurde ein Paulus. Anläßlich eines Alleinganges durch die Ostwand im Dezember 1952 berichtete er, eine warme Nacht in der Biwakschachtel verbracht zu haben* (Schmitt).

1958 wird ein *12 Zentner schwerer Küchenherd, der 2800 DM kostete, von einem US-Hubschrauber zum Stöhrhaus geflogen. Als im Spätherbst das Personal auf dem Kehlsteinhaus eingeschneit wurde, bat man ebenfalls um Hilfe eines US-Hubschraubers. Was heute* (1975; Anm. d.V.) *bereits selbstverständlich erscheint, hatte damals noch sensationellen Charakter* (Ertl).

1962 weiht Kardinal Döpfner die neue Blaueishütte ein.

Werke, Ereignisse und die damit verbundenen Menschen. Die Detailgeschichte der Berchtesgadener Alpen ergäbe nicht nur ein Buch, sondern mehrere Bände. Beschränkung auf Schlaglichter ist für die hier vorliegende Arbeit gefordert gewesen. Trotzdem haben mich die vielen Stunden am Schreibtisch abstumpfen lassen gegenüber dem Draußen. Kaum daß ich der ersten Knospen an den winterkahlen Bäumen gewahr wurde. Doch als wir bei Josef Aschauer saßen und Heinz und ich übereinstimmend meinten, daß wir den Göll-Trichter »machen« sollten, regte sich auf einmal wieder das starke Verlangen nach dem Unterwegssein rund um den Watzmann, draußen sein, zu gehen, zu steigen, den Duft des Krummholzes und der Felsen zu atmen, den Körper zu spüren – sich bewußt zu machen und damit umzugehen, als winziger Teil des Universums zu existieren: dies alles ist ein Stück des Erlebnisses Berchtesgadener Alpen.

Ich lege den Schreibstift beiseite. Morgen gehts auf die Hocheisspitze.

Winter; er sollte die stille Zeit in der Natur sein; Zeit des Winterschlafs, Zeit, in der sich das Rad langsamer dreht. Zeit der behaglichen Stunden in der Stube, wenn es draußen Stein und Bein friert. Zeit des Nachdenkens darüber, wie wir behutsam mit »unserer« Bergwelt umgehen können. Denn dies ist gefordert, sollen unsere Enkel uns nicht vorwerfen müssen, wir hätten egoistisch von der Natur Gebrauch gemacht und mit ihr – unserem größten Kapital – Schindluder getrieben.

Literatur

Für ernsthafte Bergsteiger und Kletterer: *Alpenvereinsführerbände* Berchtesgadener Alpen (Zeller/Schöner/Kühnhauser) und Hochkönig (Precht).

Gebietsführer Berchtesgadener Alpen von Hellmut Schöner; *Wanderführer* Berchtesgadener Land von Heini Bauregger (alle Titel beim Bergverlag Rudolf Rother, München); *Kompaß-Wanderführer* Berchtesgadener Land von Christl und Heinz Zembsch.

Tourenbücher: »Wunderschönes Berchtesgadener Land« (drei Bände) von Werner Mittermeier; »Bergsteigen im Nationalpark Berchtesgaden« von Wolfgang Plenk (beide Verlag Anton Plenk, Berchtesgaden).

Reise- und Kulturführer: »Berchtesgadener Land und Rupertiwinkel« von Herbert Schindler (Prestel-Verlag, München).

Kartenwerke: Topographische Karte Berchtesgadener Land 1:50000 (Bayerisches Landesvermessungsamt München); Alpenvereinskarten Steinernes Meer und Hochkönig-Hagengebirge, beide im Maßstab 1:25000.

Für Watzmannfreunde: »Zweitausend Meter Fels – ein Watzmann-Ostwand-Buch« von Hellmut Schöner (Verlag Anton Plenk, Berchtesgaden).

Baumann, E.: Meine Berge, meine Kamera. Dr. Walther Heering Verlag, Bad Harzburg 1935.

Brugger, W. Dopsch, H., Kramml, P. F.: Die Geschichte von Berchtesgaden, Band I (Band II und III in Bearbeitung). Verlag A. Plenk, Berchtesgaden 1991.

Dabelstein, E.: Wände und Grate. Verlag »Das Bergland-Buch«, Salzburg 1949.

D'Oleire-Oldmanns, W.: In: Der Watzmann. Hrsg. Nationalpark Berchtesgaden. Verlag A. Plenk, Berchtesgaden, o. J.

Eichelmann, T. (Hrsg.): Berchtesgadener Sagen. Vonderthann & Sohn, Berchtesgaden 1907.

Ertl, F. (Hrsg.): Hundert Jahre Sektion Berchtesgaden des Deutschen Alpenvereins. Berchtesgaden 1975.

Ganss, O.: Geologie der Berchtesgadener und Reichenhaller Alpen. Verlag A. Plenk, Berchtesgaden 1979.

Höfler, H.: Große Gipfelziele in den Ostalpen. Verlag F. Bruckmann, München 1989.

Höfler, H.: Klettern in den Nördlichen Kalkalpen. Mittelschwere Genußtouren. Verlag F. Bruckmann, München 1991.

Höfler, H.: Leichte Klettertouren Nördliche Kalkalpen. Verlag F. Bruckmann, München 1986.

Höfler, H.: Sehnsucht Berg. Große Alpinisten von den Anfängen bis zur Gegenwart. BLV Verlagsgesellschaft, München 1989.

Hubensteiner, B.: Bayerische Geschichte. Staat und Volk, Kunst und Kultur. Richard Pflaum Verlag, München 1952.

Kaltenegger, P., Werner, R. (Red.): Österreichische Alpenzeitung 69. Jahrgang. Verlag des Österreichischen Alpenklubs, Wien 1951.

Kantezky, R. (Bearb.): Personalbibliographie Historischer Persönlichkeiten des Alpinismus. Deutscher Alpenverein, München 1988.

Karbacher, Ch. Schelle, F., Spiegel-Schmidt, A.: Berchtesgaden in alten Ansichten, Druckgraphik des 19. Jahrhunderts. Verlag A. Plenk, Berchtesgaden o. J.

Kettner, K. (Red.): Die Alpenvereinshütten. Herausgegeben vom Deutschen und vom Österreichischen Alpenverein und vom Alpenverein Südtirol. Bergverlag Rudolf Rother, München 1990.

Klinger, T.: Das Berchtesgadener Land mit Bad Reichenhall und Salzburg. Süddeutscher Verlag, München 1985.

Lahnsteiner, J.: Mitterpinzgau – geschichtlich und heimatkundlich beschrieben. Selbstverlag J. Lahnsteiner, Hollersbach/ Pinzgau 1962.

Landes, M. u. E. (Red.): Alpenvereinsjahrbuch Berg '91. Deutscher und Österreichischer Alpenverein und Alpenverein Südtirol, München, Innsbruck, Bozen 1990.

Landes, M. u. E. (Red.): Alpenvereinsjahrbuch Berg '93. Deutscher und Österreichischer Alpenverein und Alpenverein Südtirol, München, Innsbruck, Bozen 1992.

Lankes, E. (Red.): Deutsche Alpenzeitung. VIII. Jahrgang. I. Halbband (April 1908–September 1908). Verlag von Gustav Lammers, München 1908.

Mann, U., Landes, M. u. E. (Red.): Alpenvereins-Jahrbuch 1972. Deutscher und Österreichischer Alpenverein, München, Innsbruck 1972.

Mann, U., Wittenschläger, C. (Red.): Jahrbuch des Deutschen Alpenvereins 1969. Deutscher Alpenverein, München 1969.

Martin F.: Berchtesgaden. Die Fürstpropstei der Regulierten Chorherren. Verlag Dr. Benno Filser, Augsburg 1970.

Niedermann, E. (Red.): 100 Jahre Sektion Salzburg. Österreichischer Alpenverein 1869–1969. Salzburg 1969.

Precht, A.: Alpenvereinsführer Hochkönig. Bergverlag Rudolf Rother, München 1989.

Rasmo, N., Roethlisberger, M., Ruhmer, E., Weber, B., Wied, A.: Die Alpen in der Malerei. Rosenheimer Verlagshaus 1981.

Richter, E. (Red.): Die Erschließung der Ostalpen. I. Band: Die Nördlichen Kalkalpen. Verlag des Deutschen und Österreichischen Alpenvereins, Berlin 1893.

Sayn-Wittgenstein, F. Prinz zu: Salzburger Land. Prestel-Verlag, München 1977.

Schindler, H.: Berchtesgadener Land und Rupertiwinkel. Prestel-Verlag, München 1989.

Schöner, H. (1): Berchtesgadener Alpen. Berge, Erschließungsgeschichte, Schrifttum. Herausgegeben vom Alpenverein aus Anlaß des 75jährigen Gründungsjubiläums der Sektion Berchtesgaden 1950.

Schöner, H. (2): Berchtesgadener Fremdenverkehrschronik 1871–1922. Fremdenverkehrsverband des Berchtesgadener Landes, Berchtesgaden 1971.

Schöner, H. (3): Rund um den Watzmann. Streifzüge durch die Berchtesgadener Alpen. Bergverlag Rudolf Rother, München 1973.

Schöner, H. (4): Zweitausend Meter Fels. Ein Watzmann-Ostwand-Buch. Verlag Anton Plenk, Berchtesgaden 1981.

Schreiber, H.: Salzburg und Salzburger Land. Hallwag Verlag, Bern und Stuttgart 1975.

Schwarz, E., Wegner, J.: Bayerisches Salz. Salinen, Salzschiffe und Soleleitungen. Pannonia-Verlag, Freilassing 1976.

Werner, P.: Bäuerliche Baukultur im Berchtesgadener Land. Verlag Anton Plenk, Berchtesgaden 1986.

Zebhauser, H.: Chiemgauer Alpen. Wasser, Moore, Wälder, Felsen. Rosenheimer Verlagshaus 1992.

Zeller, M., Schöner, H.: Alpenvereinsführer Berchtesgadener Alpen. Bergverlag Rudolf Rother, München 1982.

Zeller, M., Schöner, H., Kühnhauser, B.: Alpenvereinsführer Berchtesgadener Alpen. Bergverlag Rudolf Rother, München 1990.

Zierl, H.: Nationalpark Berchtesgaden. Geschichte eines Schutzgebietes. Verlag Anton Plenk, Berchtesgaden o. J.

Zusätzlich sind Aufsätze aus den Periodika *DAV-Mitteilungen, Alpin-Magazin, Berge* sowie *Der Bergsteiger* als Quellen verwendet worden.

Register

Kursive Ziffern beziehen sich auf Abbildungen